· 毛泽东谈文论史全编 ·

顾 问：龙新民 郑欣淼 陈 晋 阎晓宏

周世钊论毛泽东诗词

ZHOUSHIZHAO LUN MAOZEDONG SHICI

毕桂发 主编

吴起凡 周彦瑜 吴美潮 编著

中国文史出版社

总　序

2023 年 12 月 26 日，是中国人民的伟大领袖毛泽东同志诞辰 130 周年。经过多年酝酿策划和组织编撰，我们于今年正式出版发行《毛泽东谈文论史全编》（以下简称《全编》）以示隆重纪念。

十年前，习近平总书记在纪念毛泽东同志诞辰 120 周年座谈会上的重要讲话中指出："毛泽东同志是伟大的马克思主义者，是伟大的无产阶级革命家、战略家、理论家，是马克思主义中国化的伟大开拓者，是近代以来中国伟大的爱国者和民族英雄，是党的第一代领导核心，是领导中国人民彻底改变自己命运和国家面貌的一代伟人。" 同时，毛泽东同志又是世所公认的伟大的文学家、史学家、诗人和作家。在深入学习贯彻党的二十大精神、纪念毛泽东同志诞辰 130 周年的重要时间节点上，组织编撰出版这一大型项目图书，为人们缅怀毛泽东同志的丰功伟绩，学习毛泽东同志的伟人品格、政治智慧和文化思想，提供了一套非常重要的文化历史资料；对于弘扬中华优秀传统文化，学习贯彻党的二十大报告中关于"推进文化自信自强，铸就社会主义文化新辉煌"的重要精神，具有十分宝贵的启示和积极的意义。

在组织编撰这部大型项目图书的过程中，我们坚持以习近平新时代中国特色社会主义思想为指导，认真学习党中央关于历史问题的三个决议精神，特别是十九届六中全会通过的《中共中央关于党的百年奋斗重大成就和历史经验的决议》精神，对全部书稿的政治观点和思想内容进行了认真把关，使其符合三个决议精神，也符合习近平总书记十年来有关论述毛泽东同志历史功绩和毛泽东思想指导地位的重要讲话精神，以及关于学习党史国史和弘扬中华传统文化的重要讲话精神。

《全编》计 27 种 40 册 1500 万字。编撰者耗费数十年心血收集、整理、阐析、赏评，把毛泽东在各个时期的文章、诗词、书信、讲话、谈话中引用、化用、批注、圈阅、点评、编选的古今人物和文史作品，把毛泽东传记、年谱、回忆录中提及或引用和评点的古今人物和文史作品，即使片言只语、寸缣尺楮也收集入册，希望能够集散为专、分门别类，尽量避免遗珠之憾，力求内容全面系统、表述科学客观。

这部《全编》有以下几个特点：

资料齐全。毛泽东同志一生酷爱读书，可以说是博览群书、通古贯今。他曾说："饭可以一日不吃，觉可以一日不睡，书不可以一日不读。"他熟读《二十四史》《资治通鉴》等中国历代著名历史著作，熟读中国历代优秀的诗词文学作品，且不动笔墨不读书，读书时做了大量批注和圈画，还常常在自己的文章、诗词、讲话、谈话中引经据典、巧妙运用，真可谓博学约取、学以致用。这就给我们留下了浩如烟海的珍贵史料。在编著这部《全编》时，我们想最大限度地收集、整理、汇编其所涵盖的各个方面的文献史料，力争做到文献可靠、史料精准，可读性、知识性和趣味性兼具，使其成为研究毛泽东思想特别是毛泽东文化思想的重要资料。

分类精细。毛泽东同志喜欢中国古代文学,阅读、圈评了大量各类体式的文学作品,他的诗词创作尤为脍炙人口。因此,收录《全编》中关于毛泽东同志的文史资料,浩瀚如海,编撰者都进行了认真严格的划分整理,将其分三辑,文学类就有两辑,所占分量最大。比如,编撰者将其细分为评点名诗、名词、散曲、辞赋、小说、散文、戏曲的"毛泽东同志评点中国传统文化赏析"7种19册,以及《跟着毛泽东学诗词》《毛泽东诗话》《周世钊论毛泽东诗词》《毛泽东致周世钊书信手迹》与毛泽东读唐诗、宋词、元曲、古文等的"毛泽东与中国诗词曲赋"8种9册。

评述允当。在这部《全编》中,编撰者将每篇作品分为毛泽东评点、人物、事件评述或毛泽东评点、原文和赏析,力求评述或赏析允妥、适当,即深刻理解毛泽东原文含义,紧扣毛泽东的评点,不作过多发挥,文字力求简明生动。同时,编撰者注重史料收集整理的文献性,兼顾知识性和趣味性,这就使得这部大型项目图书兼具很强的可读性。

这部《全编》还有一个最突出的重要特点,那就是比较集中地梳理和呈现了毛泽东同志的历史自信和文化自信。习近平总书记在纪念毛泽东同志诞辰120周年座谈会上的讲话中明确指出,毛泽东同志"是马克思主义中国化的伟大开拓者,是近代以来中国的爱国者和民族英雄"。这个评价反映在毛泽东同志学习和运用、继承和发展中华优秀传统文化方面,鲜明地体现为他的历史自信和文化自信。因此,我们认为这部《全编》的编撰出版,有益于读者更深入体会党的二十大报告论述的"坚持和发展马克思主义,必须同中华优秀传统文化相结合"的重大论断。在这部《全编》中,有关毛泽东圈阅、评点历史人物和文史作品的材料,就很具体地体现了他作为"马克思主义中国化的伟大开拓者"，是如何运用马克思主义的世界观和方法论，去激活中华优秀传统文化的；又是如何通过继承、运用和发挥中华优秀传统文化，为坚持和发展马克思主义提供深厚滋养的。

《全编》除了引用毛泽东同志的相关评点外，主要篇幅是介绍、叙述和评论毛泽东同志评点的对象即历史人物和文史作品，所引毛泽东的评点内容都出自公开的出版物并注明出处。从目前已出版的各类关于毛泽东同志的书籍来看，这是目前更加全面系统反映伟人毛泽东同志的一部大型丛书，但每册又可独立成书，以满足不同读者的阅读喜好与多样需求。当然，限于编撰者的水平和时间，这部《全编》的体例编排和文字表述等方面还有改进和完善空间，恳请专家学者和广大读者朋友不吝批评指正。

《毛泽东谈文论史全编》编委会

2023 年 12 月 18 日

前　言

2006 年，是毛泽东、周世钊逝世 30 周年的纪念年。我们在有关领导与友好的支持与启示下，萌生了编撰这本《周世钊论毛泽东诗词》的思想。

毛泽东（1893 年 12 月 26 日—1976 年 9 月 9 日），字润之（原作咏芝，后改润芝），笔名子任。湖南湘潭人。中国人民的领袖，伟大的马克思主义者，伟大的无产阶级革命家、战略家、理论家，中国共产党、中国人民解放军和中华人民共和国的主要缔造者和领导人，马克思主义中国化的伟大开拓者，近代以来中国伟大的爱国者和民族英雄，中国共产党第一代中央领导集体的核心，领导中国人民彻底改变自己命运和国家面貌的一代伟人。1949 至 1976 年，毛泽东担任中华人民共和国最高领导人。他对马克思列宁主义的发展、军事理论的贡献以及对共产党的理论贡献被称为毛泽东思想。因毛泽东担任过的主要职务几乎全部称为主席，所以也被人们尊称为"毛主席"。

毛泽东被视为现代世界历史中最重要的人物之一，《时代》杂志也将他评为 20 世纪最具影响 100 人之一。主要著作有《毛泽东早期文稿》《毛泽东选集》《毛泽东文集》《毛泽东书信选集》及《毛泽东诗词》等。

周世钊（1897—1976），字惇元，又名敦元、东园。1897 年 3 月诞生于湖南宁乡，1976 年 4 月逝世于湖南长沙。1913 年考入湖南省立第一师范学校，曾任学友会文学部部长，1918 年毕业。1927 年毕业于南京东南大学国文系。曾参加新民学会、文化书社、民盟与民进等组织，并担任《湘江评论》顾问、《湖南通俗报》主编及《南岳日报》主笔等。曾执教于长沙修业小学、湖南第一女子师范学校、省立高级中学与初级中学、长沙明德中学、省立一中、长郡中学、周南女子中学、湖南第一师范学校、长沙师范学校、妙高峰中学等校的国文课。长期担任周南女子中学教导主任，担任湖南第一师范学校代理校长、校长、名誉校长长达 27 年之久。20 世纪 50 年代后，担任湖南省教育委员会委员、人民代表、教育厅副厅长、人民委员会委员、副省长，省政协委员、常务委员、副主席，中国民主同盟湖南省主委、中央委员，中国民主促进会长沙市主委，第二、三、四届全国人大代表、第四届全国人大常委会委员等职。主要著作有：《为长沙师范事敬告当局》《女子教育》《我所认识的毛主席》《第一师范时代的毛主席》《毛主席锻炼身体的故事》《毛主席青年时期的几个故事》《湘江的怒吼》《回忆毛主席"五四"前后在长沙》《我们的师表》《伟大的启示》《伟大的革命号角　光辉的艺术典范》《学好毛主席诗词教好毛主席诗词》《毛主席青年时期的故事》《毛主席青年时期锻炼身体的故事》《少年毛泽东的故事》《毛主席青少年时代的故事》[1]及《周世钊诗词选》等。

我们为什么要编著《周世钊论毛泽东诗词》呢？

首先，希望能有助于毛泽东的研究。2006 年，周一平教授出版了力作《毛泽东生平研究史》[2]。他认为，毛泽东可以说是中国历史人物研究中之"最"。他在多年前就呼吁尽快出版《毛泽东全集》《毛泽东手稿全集》《毛泽东照片全集》等。只有资料充分，才能研究出成果来。本书披露了一些毛泽东诗词、生平的文献，应该是具有文学与史学双重价值，是对目前毛泽东文献的小小补充，希望能有助于毛泽东的研究。

其次，《毛泽东诗词》在人类文化史中具有它特殊的地位。2006 年，中国和平出版社出版了杨飞等编著的《人一生要读的一百本书》[3]，其中就有《毛泽东诗词》。认为《毛泽东诗词》展现了毛泽东的诗人特质，是中国文学史上辉煌夺目的篇章，是 20 世纪影响最大的古体诗集，是富有革命浪漫主义的杰作。《毛泽东诗词》记录了诗人多年革命生涯中的思绪与情怀，内容广泛深刻，思想博大精深，风格雄浑豪迈，气势宏伟壮阔，在人类文化史中具有它的特殊地位。

其三，周世钊是毛泽东的"第一诗友"。周世钊从事文学事业一辈子，对古典诗词造诣尤高。早在 1915 年在湖南省立一师范学习期间就写出了《五律·濯清亭》及《五古·挽易昌陶》这样高质量的诗词。1917 年湖南一师举行"人物互选"，毛泽东得 49 票（其中文学 9 票），名列第一。周世钊得 47 票（其中文学 22 票），名列第二。他爱好文学，具有文才、诗才，深受同学推崇。当时周世钊与毛泽东诗词交流甚多，毛泽东一次就赠送给周世钊 50 首诗词。1949 年后，周世钊的许多诗作均呈请毛泽东指正。《毛泽东诗词集》中就收入了毛泽东答和周世钊的《七律·和周世钊同志》《水调歌头·游泳》及《七律·答友人》三首诗词。1972 年 10 月 2 日晚，毛泽东与周世钊在中南海长谈三小时，谈到林彪问题时，毛泽东念了明朝李攀龙的诗《七绝·怀明卿》和杜甫的诗《咏怀古迹》，并各戏改两字，以讥讽林彪。1976 年初，周世钊还抄写了学习毛泽东新发表的诗作的体会文字。

纵观周世钊与毛泽东的诗词史，他们是诗交最早（1915 年，甚至更早）、诗交时间最长（60 年，甚至更长）、谈诗论词信件最多、酬唱奉和颇欢的"第一诗友"。

目　录

从师袁吉六

（1913 年）

1913 年春天，毛泽东在报纸上看到湖南省立第四师范招生的广告。他想，师范学校毕业后办教育，当教师，是有益于人类的事情。这所学校不收学费、膳食费，又符合自己当时无钱交学费的具体情况，便报了名。过了几天，他以第一名的成绩考入该校预科第一班。[1]

同时，周世钊在湖南宁乡参加湖南第四师范招生初试时被录取，共录 4 名。1913 年 3 月初，他到长沙参加了复试。头一场复试国文，题目是："孔子以六艺教士，与今教育宗旨是否符说"。试场监考是王季范先生，王看了周写的大半页文章，带笑点头，似认为文对了题。接着，考了算学、史地几科。七天后复试取录榜发出，宁乡的周世钊和王熙均正式被录取，被编入四师的预科第一班。[1]从此，周世钊成了正式的师范学生。

湖南第四师范预科第一班共 50 人，年龄最大的 28 岁，最小的 15 岁，当时毛泽东 20 岁，周世钊 16 岁。

上了几天课后，教师和同学之间都有了些认识。第一班学生中个子最高的是易昌陶、王光旟，次之就是毛泽东与周世钊。毛泽东是班上大家注意的一个同学，他态度谦和，最喜和同学讨论问题。毛泽东也喜欢和周世钊讨论问题，这一对友人从此见了面，认识了。

他们有着相似的经历，穷乡僻壤的童年时期，私塾、小学的学习生活，辛亥革命对心灵的激动。他们有着许多共同语言，所以在此以前，他们也可以说是一对未见面的朋友，因此能够一见如故。

1913 年春，袁吉六受徐特立之聘到湖南第四师范任国文教员，他教毛泽东与周世钊所在的预科第一班。1914 年春，第四师范并入第一师范，袁又是毛和周所在的本科第一部第八班的国文教员，直到 1918 年毕业，袁吉六教毛和周的国文达五年半之久。袁吉六不但为毛泽东与周世钊的国文及诗词打下了牢固、深厚的基础，而且师生间结下了深厚情谊。

袁吉六（1868—1932）是袁仲谦的字，外号袁大胡子，祖籍湖南新化县。他勤奋好学，天资聪慧，15 岁中秀才，29 岁中举人，因病不能入京会试，回乡设馆教学，走上教育之路。他坚持勤学苦练，攻诗文，练书法，撰有《文化源流》《文学史》《国文讲义》《分类文法要略》和《诗集》等著作。[4]

袁吉六教课态度特别严厉，常用教鞭敲学生的脚，但教课很生动，能引人入胜，批改作业也很认真。周世钊的作文常被袁先生令重抄传观，并在一次作文批语中说，文有庄子气息。有一天，袁先生到自习室巡视，看见周世钊在阅读《礼记》注疏，大为不满，认为看这些注疏会影响作文，使文字无雄健畅达之气。袁先生叫周世钊立刻停止看这些东西，因为袁先生是教学生学桐城文的，周世钊只好将从图书馆借来的注疏交还了。

袁吉六很重视毛泽东的为人和作文。有一次他在巡视学生作文时，看到毛已写了大半页文章，但在题下用小字注了"民国 2 年 2 月 25 日本期第一次作文"一句话，袁先生大为不满地说：我的题目上没有的字不要写上，嘱令毛撕去改写，大约又过了半小时，袁先生又巡视到毛座位边，见毛未改写，生了气，拿起他的作文本，将已写了的两页作文撕去，叫毛从头写过。这样一来，引起了毛的愤怒，立即站起来，责问为什么撕坏自己的作文？要同他到校长室去辩论。这样相持良久，袁先生无话可说，悄悄走开，毛泽东才坐下来，将撕去的作文重抄一遍，继续写完这篇文章，题目下面仍用小字注出"民国 2 年 2 月 25 日本期第一次作文"字样。

袁吉六倾注全力教育毛泽东与周世钊。毛泽东在其《讲堂录》中有"学不胜古人，不足以为学；才不胜今人，不足以为才"的记载。他发现毛泽东模仿梁启超的文风时，就要求他以唐朝著名散文家韩愈为楷模。毛泽东即从旧书店买来《韩昌黎全集》仔细阅读，受益甚多。袁吉六介绍他们一些必读的古典文学作品，他对毛、周等说："文学是一切学问之源。""文章妙来无过熟，要多写、多想、多记、多问。"毛泽东在《讲堂录》就多处记录了袁先生讲课的内容，如"文以理胜，诗以情胜"。"有感而后有情，有情而后著之于诗"。毛泽东曾在《自传》中说："予之得窥古文涯者，袁胡子之教为多。"[5]

严师出高徒，袁吉六不但教学生国文知识，还教他们作文，写诗填词，造就了毛泽东与周世钊。毛泽东成为"倚马可待，立书万言"之奇才，成为当代诗词国手，周世钊也能写出与毛泽东能够交流的文章与诗词来。

自1913年春至1918年秋，袁吉六与毛泽东、周世钊朝夕相处，教学相得益彰，进步颇大。在这5年半的时间里，毛泽东与周世钊在袁吉六先生的悉心教导下，填写了大量富有青年人气息的诗词作品。遗憾的是这些诗词历经大劫，散失殆尽，所剩无几。迄今为止，能够回忆发现的诗词，毛泽东有1915年的《挽易昌陶》及1918年4月的《七古·送纵宇一郎东行》，[6]还有残句"自信人生二百年，会当水击三千里"等。周世钊的遗稿则有1914年的《五律·开春》、1915年的《挽易昌陶》及《五律·濯清亭》。[7]其诗如下：

五 律·开 春

开春三日雨，傍晚一城晴。
匹练澄红色，微风澹鸟情。
浮空山气活，望远客心清。
隐隐高楼笛，时闻四五声。

五 律·濯清亭

突兀孤亭起，江山入望分。
烟霞朝夕变，弦诵岁时闻。

一雁过秋浦，千林没夕曛。

朱张曾唱和，独立缅清芬。

周世钊手书《五律·濯清亭》

周世钊对这些诗的印象特别深刻，所以在成诗 60 年后仍能追忆起来。后有人评述该诗清新可读。毛泽东的残句"自信人生二百年，会当水击三千里"，毛泽东曾多次回忆起，1958 年 12 月 21 日，曾批注说"当时有一首诗都忘记了，只记得两句：自信人生二百年，会当水击三千里"。1964 年 1 月 27 日，对英译者又说过，1966 年 7 月 8 日，致江青的信中又提到了。[8]

1915 年的学潮中，校长张干要开除毛泽东等 17 名学生，袁吉六曾会同杨昌济、徐特立、王季范等为学生说话，迫使张干收回成命，由开除改为记大过。

有一天，袁吉六先生把周世钊叫到他房里，问他订婚没有，以后又说："我的庶母有一个女儿，与汝年龄相当，性情也好，汝可写信问问父母，看可否结为婚姻？"周世钊只好唯唯而退。过了一段时间，袁先生又问及此事，周世钊确实年龄太小，只好推说，父母认为我年龄太小，暂时最好专门读书，婚姻问题可以缓谈，此后袁先生也没有再提此事。

1936 年，毛泽东在延安与斯诺谈话时，曾提及袁吉六对自己的影响，他说："应该感谢袁大胡子，至今，我还能写出过得去的古文。"[9]

1965 年，毛泽东已是 72 岁的老人了。一天，他邀请郭沫若、章士钊、王季范、周世钊到中南海作客。在交谈时，又回忆起在湖南一师的读书生活，谈到袁吉六先生的学识。章士钊称赞说："此老通古今六史。"郭沫若对曰：

"斯人教天下英才。"毛泽东微笑而谦虚地说:"英才过誉,但'教天下'则符合袁老身份。"[4]

　　1918 年,毛泽东与周世钊在湖南一师毕业时的合影,第四排右二为毛泽东,第五排右一为周世钊。

四言诗·题《明耻篇》

（1915 年 5 月）

1 毛泽东原诗

四言诗①·题《明耻篇》②
（1915 年 5 月）
五月七日③，民国④奇耻。
何以⑤报仇⑥？在我⑦学子⑧。

【注释】

①四言诗：我国古代诗歌中最早形成的一种诗体，全篇都由四字句，或主要由四字句构成，故称。春秋时期及此前的诗歌，如《诗经》中的作品，大多就是四言。汉代以后，格调稍变。南朝宋齐以后，作者渐少。

②《明耻篇》，1915 年夏，湖南省立第一师范学校学生集资刊印。全书辑有七篇文章和一个附件。文章为：（一）救国刍言；（二）中日交涉之前后状况；（三）已签字之中日新约及交换照会；（四）请看日本前此计灭朝鲜之榜样；（五）日本祸我中国数十年来之回顾；（六）高丽亡国后归并日本之惨酷情形；（七）越南亡国惨状略述。附件为：中日贸易出入额之比较。卷首有一师教习石润山写的《感言》。书中揭露日本侵略中国、灭亡朝鲜，法国灭亡越南以及袁世凯卖国的罪行；并陈述了救国方法，力图唤起人们不忘国耻，奋起挽救民族危机。毛泽东阅读该书时，加了许多圈点和着重号，并在多处

写有批语。在该书的目次第二、三、四、五和附件的篇名上方，毛泽东均画了圈，并写有"圈出五篇为最紧要者，其余不圈可也"。本篇是毛泽东写在该书封面上的题志。标题和标点为本书编者所加。

③五月七日：指 1915 年 5 月 7 日，这天下午 3 时日本向袁世凯政府提出签订"二十一条"的最后通牒，限袁世凯政府两天内即 9 日下午 6 时前作出答复。

④民国：中华民国的简称。1911 年武昌起义后，各省纷纷响应。1912 年 1 月 1 日，宣布独立的各省在南京建立了政权，称中华民国，选举孙中山为临时大总统，并组成临时政府。2 月 12 日，清宣统帝退位。孙中山将临时大总统的职位让给袁世凯。3 月 10 日，袁世凯在北京就职。毛泽东写这首诗时，民国是由袁世凯的北洋政府统治着。

⑤何以：如何。

⑥报仇：指洗雪国耻。

⑦在我：这里指我们。

⑧学子：学生。

2 依 据

引自 1994 年南京出版社《毛泽东诗词鉴赏大全》[8]。

3 周世钊论述

1960 年前后，周世钊认为：这几句话表明了毛泽东倒袁抗日的坚决意志，是寻找挽救国家民族危亡的途径。

4 编著者考辨

"在我学子"，指当时的同学。1918 年，新民学会在长沙成立，第一批最早的基本会员中，除罗章龙外，其余 20 名均为湖南一师的同学和校友。毛泽东所在的第八班有基本会员 4 名，即毛泽东、周世钊、罗学瓒、邹蕴真。八班在 1913 年入学时有同学 50 人，1918 年毕业时为 30 人。他们 4 名会员意趣相投，有共同的理想与抱负，可以说是同声相应、同气相求的赤诚学子。

5 手 迹

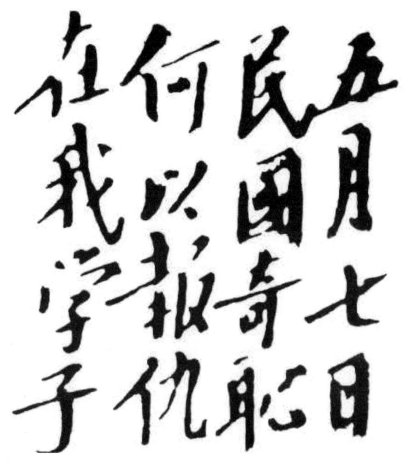

毛泽东手书《四言诗·题〈明耻篇〉》

五 古·挽易昌陶

（1915 年 5 月）

　　1915 年 3 月，湖南第一师范发生了一件十分不幸的事，即第八班学生易昌陶病死于家中。易昌陶，名咏畦，湖南衡山人。1913 年，考入湖南四师，入预科第一班，1914 年，转入湖南一师第八班，与毛泽东、周世钊同班。他们个子都高，座位相近，接触频繁。他们经常一起交流学习心得，相互之间结下了深厚的友谊。他们是共同追求进步的好同学、好朋友。易昌陶的突然去世，使毛泽东、周世钊等同学心情十分沉痛。为此，由校长张干、学监王季范、教员杨昌济、袁吉六、黎锦熙发起，学校于 5 月 23 日开追悼会。师生共送挽诗挽联 256 首（副），并编印成册，题为《易君咏畦追悼录》。毛泽东与周世钊写的《五古·挽易昌陶》均录册中。

　　毛泽东的《五古·挽易昌陶》还抄录在 1915 年 6 月 25 日《致湘生》的信中。信说："读君诗，调高意厚，非我所能，同学易昌陶君病死，君工书善之，与弟甚厚，死殊可惜，校中追悼，吾挽以诗，乞为斧正。"此诗奇迹般地留下了手迹。其诗如下：

1 毛泽东原诗

五 古·挽易昌陶

（1915 年 5 月）

　　去去思君深，思君君不来。愁杀芳年友，悲叹有余哀。

衡阳雁声彻，湘滨春溜回。感物念所欢，踯躅南城隈。

城隈草萋萋，涔泪侵双题。采采余孤景，日落衡云西。

方期沆瀁游，零落匪所思。永诀从今始，午夜惊鸣鸡。

鸣鸡一声唱，汗漫东皋上。冉冉望君来，握手珠眶涨。

关山蹇骥足，飞飙拂灵帐。我怀郁如焚，放歌倚列嶂。

列嶂青且茜，愿言试长剑。东海有岛夷，北山尽仇怨。

荡涤谁氏子，安得辞浮贱。子期竟早亡，牙琴从此绝。

琴绝最伤情，朱华春不荣。后来有千日，谁与共平生？

望灵荐杯酒，惨淡看铭旌。惆怅中何寄，江天水一泓。

这是一首长达四十句的五言古风，也是迄今发现的毛泽东留有手迹的最早、最长的诗作。

《易君咏畦追悼录》还收入了毛泽东的一副挽联：

胡虏多反复，千里度龙山，腥秽待湔，独令我来何济世；

生死安足论，百年会有殁，奇花初苗，特因君去尚非时。

2 依　据

引自 1996 年中央文献版《毛泽东诗词集》[6]。

3 周世钊论述

1915 年，周世钊写了同样的《五古·挽易昌陶》，可以作为毛诗的平行诗，其诗为：

五　古·挽易昌陶
（1915 年）

登台当落景，怀子费踌躇。生离成死别，魂魄复何如？

碧草芜庭径，绿尘聚琴书。猿啼凄夜月，露寒零墓庐。

忆在癸丑夏，遇子湘城隈。少年多意志，狂简不知裁。

痛饮难言醉，狂歌真壮哉！箕踞挥长管，风云纸上开。

相谓天地广，年华去复来。此意今乖舛，回首数吾哀。

善道自昔资，好音清且旨；文章惠讨论，韩欧与左史。

愧我钝如椎，感君直如矢。不观薄俗交，诺诺安可恃！

荃蕙变萧茷，滔天祸无已。痛子中道亡，风俗谁能理。

寻君不可见，思君苦泪零；采苹寄余痛，桃梗更自怜。

拙语写余臆，洒涕对君宣！

这是一首长达三十八句的五言古风，是迄今发现的周世钊诗词中最长的一首。

4 编著者考辨

毛泽东与周世钊的《五古·挽易昌陶》都是最早发表于湖南一师油印的《易君咏畦追悼录》中，以后为多种文献转载。

这两首诗风较相近、情意相同。它们真切地表达了青年学子毛泽东与周世钊对好友早逝的深切怀念，对民族危艰沉重忧虑和以雪耻救亡为己任的学子抱负，抒发了忧国忧民的情怀和改造旧世界的志向。1915 年，正值日本帝国主义向袁世凯政府提出灭亡中国的 21 条、沙皇俄国觊觎中国的时候。挽诗中他们都把对亡友的悼念与对祖国危亡的担忧结合起来，谱成了悲壮的诗篇。毛泽东从秋雁春水回顾"子期竟早亡，牙琴从此绝"的交情；不仅为失去好友而悲痛，更悉"东海有岛夷，北山尽仇怨"，谁来共同商讨救国之道，荡涤这些寇仇呢？周世钊则从夕阳西下，触景生情，回忆起"少年多意志"的豪情壮语，联想到"荃蕙变萧茷，滔天祸无已"的现实，发出了"痛子中道亡，风俗谁能理"的悲音。两首诗都是凄楚悲壮，如出一人。可见他们的思想与诗词同源同宗，且相互影响[10]。

学子时赠诗

（1917 年）

1917 年，湖南一师秋季开学后，学友会已届改选，毛泽东向学校建议，学友会实际是学生会，应由学生组织，一切活动应由学生自行主持。这个建议得到孔昭绶校长的同意。[1]

于是，毛泽东修改学友会的章程，准备改选，他认为一师学生读死书的风气应该改变，所以起草会章时特别注意体育活动和培养研究精神。在总务下分设教育研究部、文学部、美术部、体育部、讲演部等。章程经学校批准，才进行选举。

选举结果，毛泽东任总务兼教育研究部部长，聘请杨昌济为教育研究部指导教师。毛泽东除督促各部积极开展活动外，召开了一次教育研究部的会议，决定创办工人夜学。毛泽东在主持学友会会议时，先是尽量听取大家的意见，很多互相对立的主张，辩论很激烈，他从不插话，不表示可否，等到所有要说话的人都说够了，然后再提出自己的看法，把各自正确的意见总结起来，作出决议，大家都表示同意。毛泽东在学生时期就表现了领导的才能。

学友会设有记事录，毛泽东亲自填写。凡各部活动都摘要记载，无一日间断，有时还加以评议，以督促有缺点的各部向有优点的各部看齐。

学友会改选中，周世钊被选为文学部部长。文学部分国学、英语、日文三组。据周世钊回忆，文学部还有诗歌组。国学组聘请傅熊湘先生为指导员。傅先生字君剑，湖南醴陵人，参加南社，常在《大公报》发表诗作，颇有诗名。他每周进行一次指导。英语组聘请镜伯斯（美国人）为指导教师[1]。

在毛泽东担任总务的学友会中，周世钊对其任职的文学部部长极其负责。其中诗歌组的同学在傅熊湘先生的指导下，在周世钊部长的带领下，学诗成风，他们首先读了《唐诗三百首》，有些同学读了《唐诗别裁》《杜诗镜铨》《杜诗详注》等。自修室、寝室、调养室时闻吟哦之声，有的同学睡觉时也还在选词琢句。组员每有所作，都交到周世钊处，周世钊把它们集合订成一本送交傅先生批改，傅先生发现佳句佳篇，每每加以浓圈密点，并以批语奖掖，引起了组员们作诗的兴趣，很多人虽不会作，也勉强学步，做几句试试。第七班岳德盛作了一首吟城南古迹的七律，经傅先生批阅后，交出传观，认为是当时组员中的压卷之作。[1]

在学诗成风的环境下，有人想学填词，恰好《新青年》的读者校内已有不少的人。《新青年》上偶有写得清新流利的动人词作，更促进人们学习的兴趣，于是买《白香词谱》来阅读学习的人也有不少。在这种良好的环境中，周世钊与毛泽东的写诗填词水平大有提高，兴趣亦很浓。毛泽东当时写的一首诗里，曾有这样两句："自信人生二百年，会当水击三千里"。这是游泳活动的写照与诗词写作的记录。

在那段时间，周世钊与毛泽东都是诗词爱好者，写有许多高质量的诗词作品。他们互相答和，互相交流。根据周世钊回忆，毛泽东一次就赠送答和周世钊的诗词有 50 首之多，可惜后来失散了[12]。

互为第一名和第二名

（1917 年）

1917 年 6 月，湖南一师曾进行了"人物互选"活动。

在第一师范，毛泽东一直好学不倦，善于钻研，他克己严谨，言行一致，作风谦逊，有伟大抱负，同时他富有反抗封建专制的精神和非凡的胆识与机智，有一种特殊的领导和创造才能，有着一种令人心悦诚服的吸引力量，先生们认为他是"异才"，是"伟器"，同学们认为他是"智囊"，是"怪杰"[1]。

周世钊的刻苦学习，炽烈而顽强的好学精神一直为师友同学传诵，他为人温和敦厚，待人赤诚，尤其他爱好文学，具有文才诗才[1]。

毛泽东、周世钊深受同学们的爱戴，莫如从"人物互选"这件事中可以看出，这在 1918 年的《一师校志》上有详细记载。

1917 年，学校当局设有一种考查学生学业与操行的办法，称作"人物互选"。选举内容与办法如下：

选举范围包括三个项目：（一）德育：敦品（敦廉耻、尚气节、慎交游、屏外诱之类）；自治（守秩序、重礼节、慎言笑之类）；好学（不缺课、勤温习、好参考之类），克己（绝嗜欲、耐劳苦之类），俭朴（菲衣食、尚俭约之类）；服务（重公益、勤服务之类）。（二）体育：胆识（冒险进取、警备非常之类）；及卫生、体操、竞技等。（三）智育：才具（应变有方、办事精细之类）；言语（长于演讲、论辩、应对之类）；及文学、科学、美育等。

选举办法是：在学期中的一天课后，各班学生在各自的教室举行，每人至多可以投三票，每票选举一个人。"各举所知将考语事实评注票内。被选举人与考语有数项相合者，可列举数项，务必名实相副。"被选举者可不以本班为限，但事实上各班学生多选本班人，因外班的不熟悉。

《一师校志》上记载的 1917 年 7 月的选举，全校共 12 班学生，575 人，毛泽东和周世钊都在第八班。在"人物互选"中，被选者要满 5 票才能当选。选举结果，全校有 34 人当选。票数第一的是毛泽东，获 49 票；票数第二的是周世钊，获 47 票。超过 40 票的就只有毛、周两同学。票数第三的是邹彝鼎，获 35 票；票数第四的是张昆弟，获 34 票。

毛泽东得的 49 票包括德育、智育及体育。全部同学中，只有六人包括了德育、智育，其他的只有德育、智育或体育之一。德育、智育及体育中包括的细目，也以毛泽东为最多，共有敦品（11 票）、自治（5 票）、文学（9 票）、言语（12 票）、才具（6 票）、胆识（6 票）等六项。其他当选者所占的细目，最多的为周世钊，有四项。而具有敦品项目者，除毛泽东外，只有三人，具有才具项目者，除毛泽东外，只有一人；而言语与胆识两项，其他当选者无一人具备。

周世钊也包括德育、智育两个方面，总计为 47 票，与毛泽东相差两票。它们分别是敦品 5 票、自治 9 票、文学 22 票、好学 11 票，他的文学票数是全部当选者中最多的。

当时的第一师范，每学期还组织一次国文会考，借此比较以促进步。会考时，除笔墨及起草纸外，不得携带他件，不得抄袭成文，不得交谈起身，限五小时齐卷。1917 年 7 月的国文会考，当选学生（即及格者）414 人，其中甲等只有 30 人，周世钊即为甲等当选者，其他还有李维汉等。

在"人物互选"的文学票中，毛泽东已是获高票 9 票，周世钊更是获最高票 22 票。可以看出，他们杰出的文学才华已为同学们所公认。毛泽东再经刻苦自学，加上丰富、传奇的人生经历和社会实践，使他成为一代诗国盟主是十分自然的。而周世钊呢，在湖南一师 22 票的基础上，再经过东南大学国文系六年的诵读，使其诗词水平提高很快。彭靖先生说："周世钊同志诗词功力之深，与这时打下的基础是分不开的。毛主席于诗词，每有所作便寄给他，谦逊地征求他的意见。毛主席深深地了解：周世钊同志是真正懂得诗和词的。"[12]于是，由于他们都具有杰出的文学才华，毛泽东在一师时代，每有所作便赠阅周世钊，一师时代以后，也将诗词寄给周世钊，谦逊地征求他的意见。

周世钊更是每有所作，便请毛泽东审正。两人诗词交往频繁，使他们成为不同寻常的诗友与挚友，这也是十分自然的事了。

在"人物互选"这次群众性的严格鉴定中，毛泽东与周世钊是互为第一名与第二名的。就是说，在总票数上，毛泽东获49票，得第一名；周世钊获47票，得第二名。在文学票数上，周世钊获22票，得第一名；毛泽东获9票，得第二名。

1949年后，周世钊曾就"人物互选"写过一篇文章《得票最多》，全文如下：

得票最多

1917年6月学校为了帮助了解学生的学行真实情况，举行了一次全校学生参加的人物互选。先把学生的学行分作德育、智育、体育三方面。德育包括敦品、自治、好学、克己、服务五项。智育包括才具、言语、文学、科学、美育五项。体育包括胆识、卫生、体操、竞技四项。每个人可投三票，每票止选一人。选举时将被选人姓名和当选项目都写入选举票上，至少要得五票才得当选。

这次十一班学生共四百余人参加投票，当选的三十四人，以毛主席得票最多。他得的票有敦品、自治、文学、言语、才具、胆识六个项目。其他当选的人最多只有四个项目，也没有一人得到胆识和言语两个项目的票的。

互选结果经学校公布后，顿时引起同学们的议论。有的说："多数人的看法的确是正确的。毛泽东得票最多，的确是应该的。"有的说："毛泽东的票应该有好学的项目，他的勤学苦练，深入钻研，是超过一般同学的。"也还有人说："我们的毛伟人真有咬菜根的精神，不讲吃，不讲穿，也不考虑个人的前途，笔下写的，口里谈的，都是怎样改造社会和国家的问题。像他这样抱着雄心大志，以天下国家为己任的人，可惜人物互选的项目中没有哪个项目包括得了。"

当时了解毛主席最多的教师如杨昌济、徐特立、方维夏、王季范、袁仲谦……对他得票独多感到很高兴，认为同学们的看法是正确的。

几年来，毛主席在个人的进修中，在校内校外的各种活动中，的确已经逐渐给全校同学和教师以异乎寻常人的深刻印象。

在这篇《得票最多》中，周世钊没有写他自己，这与他十分谦逊、低调的人格相吻合。

得票最多

一九一七年六月学校为了帮助了解学生的学行真实情况，举行了一次全校学生参加的人物互选。先把学生的学行分德育、智育、体育三方面。德育包括敬品、自治、好学、克己、服务五项，智育包括才具、言语、文学、科学美育五项，体育包括胆识、卫生、体操、竞技四项。每个人可投三票，每票止选一人。选举时将被选人姓名和当选项目都写入选举票上。至少要得五票的才得当选。

这次十一次学生共四百余人参加投票，当选的三十四人，以毛主席得票最多。他的得的票有敬品、自治、文学、言语、才具、胆识六个项目。其它当选的人最多的只有四个项目，也没有一人得到胆识和言语两个项目的票的。

互选结果经学校公布后，顿时引起同学们的议论：有的说："多数人的看法的确是正确的。毛泽东得票最多，的确是应该的。"有的说："毛泽东的票选后有好学的项目，他的助学苦练，深入钻研，远超过一般同学的。"也还有人说：

20×20＝400

"我们的毛伟人真有咬菜根的精神，不讲吃，不讲穿，也不考虑个人的前途，笔下写的，口里说的，都是怎样改造社会和国家的问题。像他这样专心国家大事抱着雄心大志，以天下国家为己任的人，可惜人物互选的项目中没有哪个项目包括得了。"

当时了解毛主席最深的教师如杨昌济、徐特立、方维夏、王季范、袁仲谦……等，对他得票最多感到很高兴，他对于只有他一人得了很平的票觉得有些惊奇，可见他觉得同学们的看法是正确的。

几年来，毛主席在个人的进修中，在校内校外的各种活动中，的确已经逐渐给全校同学和教师以异乎常人的深刻印象。

周世钊手书《得票最多》

人物互選當選名次表 民國六年六月

班級	姓名	總當選票數	細目
第六班三年級	鄒藜鼎	德育 三五	敦品八 自治六 好學十六 克己五
	張昆弟	德育 三四	敦品九 自治九 好學十六
	彭道良	體育 一六	競技
	蕭學湘	智育 一一	服務六 才具五
	劉俊嶧	智育 五	好學
第七班三年級	蕭蔚然	智育 一三	書法 圖畫
	甯純宦	智德育 一二	好學六 英算六
	林中鶴	智育 六	文學
第八班三年級	鄧英華	德育 五	好學
	毛澤東	智德育 四九	言語十二 才具六 膽識六 文學九
	周世釗	智德育 四七	敦品五 文學二十二 自治九 好學十一
	賀果	體育 一〇	競技
	姜心培	智育 五	音樂

湖南省立第一師範學校誌 表第三 人物表 一五五

人物互选当选名次表

五　律·赠周世钊

（约 1917 年，残句）

1 毛泽东原诗

五　律·赠周世钊

（约 1917 年）

侯季多肝胆，刘卢自苦辛。

2 依　据

引自 1994 年南京出版社《毛泽东诗词鉴赏大全》[8]。

曾刊于《嘤鸣集》1989 年第 45 期，并收入唐意诚编著的《毛泽东楹联辑注》中。

3 周世钊等论述

对于这联残句，周世钊本人没有什么论述，而他的诗友彭靖先生在 1984 年发表的《斯人一去邈难追》[12]一文中说："周世钊同志在湖南省立第一师范学校学习时即以其超群的品德和文学才华为师友所赞许。据他说，当时作为他的极好同学的毛泽东主席曾经赠过他几首五言律诗，因为种种原因，他未能保存下来，只记得有这么两句：'侯季多肝胆，刘卢自苦辛'。毛主席在这里，还不是称赞他的诗才，而是称赞他的为人。毛主席以侯赢、季布、刘琨、卢谌为比，既可见周世钊同志当时的英风侠骨，亦可见他们之间的不同寻常的友谊。诗如其人。周世钊同志的这种品德、风义，正是他作为一个真正的诗人的基本条件。"彭靖先生的论述是十分恰当的。这也可认为是周世钊间接地对毛诗的论述。

游　水

（1917 年）

1　毛泽东原诗

<h3 style="text-align:center">七　古^①·游水^②</h3>

（1917 年）

自信人生二百年^③，会当水击三千里^④。

【注释】

①七古：七言古诗的简称。

②游水：游泳或击水。

③人生二百年：据蒋维乔《废止朝食论》说，人可以活两百岁。蒋维乔（1873—1958），江苏武进人。早年留学日本，1921 年任江苏教育厅长，1924 年任东南大学校长。1949 年前移居香港。1951 年回家乡，任武进文献社副社长、江苏省人民政府委员、上海文史馆副馆长等职。

④会当水击三千里：会当：定当。水击：即击水，拍打着水，这里指游泳。水击三千里：《庄子·逍遥游》："北冥有鱼，其名为鲲。鲲之大，不知其几千里也，化而为鸟，其名为鹏。""《齐谐》者，志怪者也。《谐》之言曰：'鹏之徙于南冥也，水击三千里，抟扶摇而上者九万里，去以六月息者也。'"意思是说，大鹏鸟从北海飞向南海，翅膀拍激起三千里的浪花。这里比喻远

大的志向。[13]

2 依　据

引自 1994 年南京出版社《毛泽东诗词鉴赏大全》。[8]

3 周世钊论述

（1）1960 年前后，周世钊认为：毛泽东当时写的一首诗里，曾有这样两句："自信人生二百年，会当水击三千里"。这是游泳活动的写照与诗词写作的记录。

（2）1970 年，周世钊在其词作《蝶恋花·橘子洲头》中写道：

潋滟波光晴照里。橘子洲头，风物长堪喜。领袖当年携百侣，指点江山无限意。　　亿兆疮痍来眼底。誓挽天河，痛把乾坤洗。革命洪潮冲地起，岂徒水击三千里。

（3）1971 年 11 月 27 日，周世钊在其讲解《沁园春·长沙》中指出：

下阕又从追忆过去的一些同学少年，像蔡和森、罗学瓒、何叔衡、陈昌等都是怀着革命的豪情壮志，天不怕、地不怕，把军阀官僚看成一钱不值的粪土。在这里写出作者要团结这样的真正的革命同志，掀起革命高潮。最后用"到中流击水，浪遏飞舟"的词句来表达这种意思。毛主席当时还写了"自信人生二百年，会当水击三千里"的诗句，也正申述了这种伟大的抱负。

（4）周世钊还讲道：毛主席当时还写过一首诗，我们还记得两句"自信人生二百年，会当水击三千里"。多活些年，多为革命做点工作。应是"水击三千里"，击三千里远。

《过魏都》联诗

（1918 年）

1 原　诗

七　绝·过魏都（毛泽东与罗章龙联诗）
（1918 年）

横槊赋诗意飞扬（罗），《自明本志》好文章（毛）。

萧条异代西田墓（毛），铜雀荒伦落夕阳（罗）。

　　1918 年 9 月，毛泽东第一次到北京。毛泽东与新民学会会员李维汉、罗章龙、罗学瓒、陈绍休等二十余人从长沙乘船到汉口，再乘火车到河南。由于铁路被黄河大水冲坏，一时不能前进。1918 年 9 月 15 日晚到 16 日晚，毛泽东等人在许昌停留。他们利用一天时间考察了许昌农村，凭吊了汉魏故都遗址。

　　1977 年，罗章龙回忆说，当天毛泽东与陈绍休、罗章龙等来到许昌老城。老城是三国时的魏都，曹操是毛泽东心目中最有才能的人，诗文俱佳。在游览魏都旧墟时，他们吟诵曹操的《短歌行》及《让县自明本志令》。观眼前景物，抚怀古今，一时激情慷慨，不能自已！于是作了《过魏都》联诗一首："横槊赋诗意飞扬（罗），《自明本志》好文章（毛）。萧条异代西田墓（毛），铜雀荒伦落夕阳（罗）。

这就是毛泽东、罗章龙的联句《七绝·过魏都》成诗史实。当时，新民学会会员之间交流频繁，这首七绝想必为喜爱文学的湖南一师学友会文学部部长周世钊所阅读并深深记忆[14]。

2 依　据

罗章龙 1977 年回忆。

3 周世钊论述

1950 年，周世钊著诗《五律·过许昌》。其诗为：

五　律·过许昌

野史闻曹操，秋风过许昌。

荒城临旷野，断碣卧斜阳。

满市烟香溢，连畦豆叶长。

人民新世纪，谁识邺中王！

《五律·过许昌》与《过魏都》联诗对比，可以明显看出，周世钊曾读到过《过魏都》。周世钊在创作后不久即将这首五律寄赠毛泽东。同样是这首诗，导引出毛泽东的著名诗作《水调歌头·游泳》。

《五律·过许昌》的前四句写作者的行迹和历史上许昌的萧条荒凉，后四句写作者对许昌发生历史性巨大变化的感受。1918 年，毛泽东、周世钊、罗章龙等人的诗交是十分频繁的。周世钊读了《过魏都》，虽然经过了 32 年，他惊人的记忆力仍能记得。所以，《过许昌》与《过魏都》有其相似之处：两首诗所称颂的人物都是曹操，都流露浓厚的苍凉悲壮的情调；两首诗不但合拍押韵，而且还有"落夕阳"与"卧斜阳"字词的重复。

4 编著者考辨

　　与毛泽东同班毕业的周世钊曾在 1949 年后不久著文说过:"1918 年 9 月,毛泽东约同学罗学瓒等 20 多人结伴北上。火车走到河南,铁路被黄河的大水冲坏,一时不能前进。毛泽东就利用候车时间,同大家到附近农村,考察那里农民生活情况。等到水退路通,才得到达北京。[14]"

　　就是这首《七绝·过魏都》,导引了 32 年后周世钊的作品《五律·过许昌》,再导引了 36 年后毛泽东的作品《水调歌头·游泳》。

世界是我们的，做事要大家来

（1920 年）

1 毛泽东原诗

题湖南一师附小礼堂

（1920 年）

世界是我们的；做事要大家来。

2 依 据

引自 1969 年 1 月 9 日《周世钊致周彦瑜》。

3 周世钊论述

（1）1968 年，周世钊唤醒了这副"沉睡"了 48 年的对联。

1920 年夏至 1922 年冬，毛泽东任湖南一师附属小学主事兼师范部国文教员，并被推选为校友会（原称学友会）会长。他以"改造中国和世界"为己任，革新师范教育，开办成年失学补习班和民众夜学，同时创办文化书社，组织马克思主义研究会、俄罗斯研究会，从事建党建团工作，由湖南一师奔赴党的"一大"会场，成为中国共产党的缔造者之一。[4]

在毛泽东任一师附小主事（即校长）的 1920 年，毛泽东手书了一副富有感召力的对联：

世界是我们的；做事要大家来。

这副对联由学生们刻在竹板上，然后悬挂在附小的礼堂内。[1]

1920 年，周世钊与毛泽东过从甚密，周肯定知道题联的事，并记忆深刻。直至近半个世纪以后的 1968 年，这副被历史尘埃湮没了 48 年的对联，又被人们回忆起来了。时任一师名誉校长的周世钊，正从事湖南一师的复建工作，他根据自己和同学的回忆，拟呈函毛泽东，建议再将手书的对联重新悬挂到附小的礼堂内。周世钊在 1968 年 9 月 25 日致函毛泽东，毛泽东于 1968 年 9 月 29 日复函周世钊，认为"对联更拙劣，不可用"。谁料毛泽东却表示不愿意为个人作纪念，遂此作罢。事情虽然没有办成，但是唤醒了这副"沉睡"了 48 年的对联。毛泽东确认了有这副对联，并作了评价。当时周世钊对我们详细叙述了整个过程，也对有关人士谈起过。

（2）1968 年 9 月 29 日，毛泽东复函周世钊，全文如下：

惇元兄：

此信今天收读，甚慰。前两信都未见，可惜。拙作诗词，无甚意义，不必置理。我不同意为个人作纪念，请告附小。对联更拙劣，不可用。就此奉复，顺祝康好！

毛泽东

9 月 29 日

毛泽东和周世钊通信五六十年，数量甚多，一般都能如期收到，可是两次例外。一次是 1945 年周世钊写到重庆给毛泽东的信未收到，另一次就是 1968 年周世钊寄到北京给毛泽东的信未见，以致毛泽东都表示可惜。

此次毛信中所述的"拙作诗词，无甚意义，不必置理"数语，足见毛泽东的胸怀博大、谦虚。同时毛信中所述的"对联更拙劣"一语，系指在半个世纪前的一师附小的大礼堂中有一副对联："世界是我们的；做事要大家来。"

对联原为毛泽东手书，由学生们刻到竹子上。1968 年，友人建议再刻上，谁料毛泽东不愿为个人作纪念，遂此作罢。周在信中还告诉毛，一师附小已恢复毛当年任主事时的原貌。

（3）1969 年 1 月 9 日，周世钊写信给西安的女儿，信中说：

彦瑜：

　　……

我在去年国庆前写了一信给毛主席，中间提了两个要求：①请指示近来各地编印的主席诗词注释本很多，究竟哪些是比较好的（因主席在 1965 年 1 月曾告我，有人在为他的诗词作注释）。②请为一师附小题写主席于 1920 年在一师附小任主事时所亲自撰写的一副对联"世界是我们的；做事要大家来"寄给附小。信中并说明一师附小已恢复主席当主事时的原貌。主席很谦虚地在回信中这样说："此信今天收读，甚慰。前两信都未见，可惜。拙作诗词，无甚意义，不必置理。我不同意为个人作纪念，请告附小。对联更拙劣，不可用。"

　　……

父寄

1969 年 1 月 9 日

4 编著者考辨

以后，这副对联被许多文献采录。如：萧三的《毛泽东同志的青少年时代和初期革命活动》，中国青年出版社 1980 年出版；唐意诚的《毛泽东青年时期撰联故事》，《民间对联故事》，1986 年第 2 期；刘济昆的《毛泽东诗词全集》，香港昆仑制作公司 1990 年出版；余章瑞、余东东的《中华对联鉴赏》，人民日报出版社 1989 年出版；季世昌的《毛泽东诗词鉴赏大全》，南京出版社 1994 年出版；中共中央文献研究室的《毛泽东年谱（上）》中央文献出版社 2002 年出版；杜忠明的《毛泽东对联赏析》，中央文献出版社 2005 年出版等等。

有人对对联作了注释，认为这是一副宽对，又是一副流水对。流水对的特点是将一个意思分成两句来说，其实两句是一个整体，上下联独立起来都不能完整地表达一个确定的意义。"世界是我们的"，告诉同学们，我们是这个世界的主人，世界不是哪一个政党，哪一个群体，哪一个军阀，哪一个个人的，我们每一个人都享有充分的人权。接下来，毛泽东进一步告诉同学们，"做事要大家来"。我们要争取我们的权利，参与管理这个世界的工作，我们要为这个我们自己的世界做事，一个人的力量是有限的，我们要团结起来，大家为一个共同的目标努力。后来，在毛泽东写下的著名的《实践论》里，把群众的智慧、群众的力量、群众的作用等阐述得淋漓尽致。在党的各项工作中，更是强调"从群众中来，到群众中去""密切联系群众""团结就是力量"等等。可以说，这一切都是从"世界是我们的；做事要大家来"这一观点逐渐发展和完善而来的。

虞美人·枕 上

（1921 年）

1 毛泽东原词

虞美人·枕 上
（1921 年）

堆来枕上愁何状，江海翻波浪。夜长天色总难明，寂寞披衣起坐数寒星。　　晓来百念都灰尽，剩有离人①影。一钩残月②向西流，对此不抛眼泪也无由。

【注释】

①离人：指作者的夫人杨开慧。参看《蝶恋花·答李淑一》〔骄杨〕注。1920 年冬，同毛泽东在长沙结婚。

②残月：拂晓时形状如钩的月亮。宋代梅尧臣《梦后寄欧阳永叔》："五更千里梦，残月一城鸡。"

2 依 据

引自 1996 年中央文献版《毛泽东诗词集》。

3 周世钊论述

1969 年，周世钊著《踏莎行·板仓杨开慧同志旧居》，全词为：

踏莎行·板仓杨开慧同志旧居

石泻清泉，花开高树，少年英杰曾游处。皈依革命斗艰危，追随领袖同趋步。　　心系恫矜，身劳驰骛，松摧玉碎无回顾。青山有幸驻忠魂，风云万古长呵护。

4 编著者考辨

周世钊可能在 1921 年时读到过《虞美人·枕上》，虽然几十年过去，1968 年还能写出《踏莎行·板仓杨开慧同志旧居》，以论述和纪念之。

5 手　迹

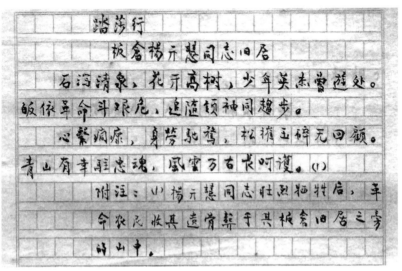

周世钊手书《踏莎行·板仓杨开慧同志旧居》

贺新郎·别　友

（1923 年）

1 毛泽东原词

贺新郎·别　友

（1923 年）

挥手从兹去。更那堪凄然相向，苦情重诉。眼角眉梢都似恨，热泪欲零还住。知误会前番书语。过眼滔滔云共雾，算人间知己吾和汝。人有病，天知否？　　今朝霜重东门路，照横塘半天残月，凄清如许。汽笛一声肠已断，从此天涯孤旅。凭割断愁丝恨缕。要似昆仑崩绝壁，又恰像台风扫寰宇。重比翼，和云翥。

2 依　据

引自 1986 年人民文学版《毛泽东诗词选》。

3 周世钊论述

1968 年，周世钊著《满江红·为杨开慧英勇就义纪念会作》。

满江红·为杨开慧英勇就义纪念会作（1968 年）

清水塘边，早经历、峥嵘岁月。干革命，艰难险阻，志坚心决。睥睨王侯皆粪土，唤呼群众除蟊贼。更辛劳、翊赞树奇勋，参筹策。　　松柏劲，凌霜雪；珠玉碎，留晶洁。看从容笑对，敌人锋镝。碧海扬波迎浩气，青天焕彩昭芳烈。慰忠魂，胜利到全球，红旗密。

4 编著者考辨

毛泽东的《贺新郎·别友》最早正式发表于 1978 年 9 月 9 日的《人民日报》，所以，周世钊肯定没有读到正式发表稿。但是，他有可能读到过 20 年代的原稿。他的这首关于杨开慧的词作可作为他经历了那段时期的一些过程的回忆。他是清水塘毛宅的常客。

5 手　迹

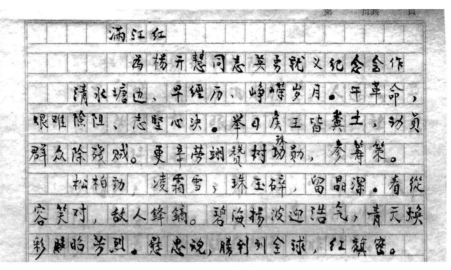

周世钊手书《满江红·为杨开慧英勇就义纪念会作》

沁园春·长 沙

（1925 年）

1925 年，毛泽东著《沁园春·长沙》。

毛泽东在湖南一师读书期间，常和同学们攀登岳麓山，到橘子洲游览，畅游湘江，一起研究学问，讨论国家大事，寻求革命真理，以后又在长沙工作和从事革命活动，多次领导反对军阀政府的斗争。

1925 年 2 月，毛泽东与夫人杨开慧携带长子毛岸英、次子毛岸青回家乡韶山养病，并领导农民运动。这年 8 月，湖南省长赵恒惕电令湘潭县团防局逮捕毛泽东，就地正法。毛泽东得到消息后，立即离开韶山到长沙。9 月上旬，毛泽东与准备到农民运动讲习所第五期学习的庞叔侃、周振岳由长沙动身赴广州。就在毛泽东回到长沙，即将离开湖南去广州办农民运动讲习所期间，重访橘子洲，抚今追昔，激情澎湃，写下了《沁园春·长沙》。这首词1957 年最早发表于《诗刊》。

1 原 词

沁园春·长 沙

独立寒秋，湘江北去，橘子洲头。看万山红遍，层林尽染；漫江碧透，百舸争流。鹰击长空，鱼翔浅底，万类霜天竞自由。怅寥廓，问苍茫大地，谁主沉浮？ 携来百侣①曾游。忆往昔峥嵘岁月稠。恰同学少年②，风华正茂；书生③意气，挥斥方遒。指点江山，激扬文字，粪土当年万户侯。曾记否，到中流击水，浪遏飞舟？

【注释】

①百侣：伴侣，朋友。周世钊可能是其中的一侣。

②同学少年："少年"就是年少，唐代杜甫《秋兴八首》其三："同学少年多不贱，五陵衣马自轻肥。"指少年时代一同学习的同学。这里指毛泽东在湖南第一师范学校读书时的革命好友。

③书生：读书人，指作者和湖南一师的同学们。

2 依　据

引自 1963 年人民文学版《毛主席诗词》。

3 周世钊论述

（1）1959 年 5 月 3 日的《成都日报》以及同时的《工人日报》，刊登了周世钊的《回忆毛主席"五四"前后在长沙》[16]，文章写道：

从 1920 年的秋天到 1921 年的秋天，和毛主席在一起从事革命活动的除新民学会会员外，还有马克思主义小组和社会主义青年团的成员。联系最多、往来最密的十多人，都是精力充沛、干劲十足的青年。平日各有工作，分别活动，很少机会大家齐聚在一起，大家觉得有些不满足。毛主席看出大家的心意，同时为大家聚在一起研究一些进行革命斗争的策略，提议组织星期同乐会。十多人排好次序，每到星期天，依次由一人负责召集，到长沙近郊各名胜地区聚会。像天心阁、水陆洲、开佛寺、碧浪湖、金盘岭、望湘亭、朱家花园等就是他们常常聚会的地方。毛主席回忆这段时期的情景，写下了词《沁园春·长沙》。

这首词不仅欣赏麓山秋水的秋色宜人而因物兴感，充分表现了他英伟豪迈的气概，爽朗阔大的襟怀。"指点江山，激扬文字，粪土当年万户侯"正是他这时候恰如其分的写照。他的头脑中没有丝毫个人名利得失的尘滓，所以能够上天下地，自在翱翔；往古来今，略无罣碍。这种革命的乐观主义精神，使他在追求真理、组织革命的斗争中，战胜了一切紧张、艰苦、阻碍、危难和无数顽固的敌人，而勇往直前，毫无所惧。

这是周世钊最早对毛泽东诗词的正式书面阐述。

（2）1962 年，周世钊撰写《少年毛泽东的故事》书稿，其中有一篇《一曲沁园春》为其对毛泽东《沁园春·长沙》的论述[17]，全文如下。

"一张一弛，文武之道也；张而不弛，文武不能也。"毛泽东同志读《韩昌黎全集》时对这几句话很感兴趣。他认为韩愈主张一个人的生活和工作要有紧张的时候，也要有松弛的时候，那就是说一个人的生活，应该是有劳有逸，劳逸结合。真正贯彻了劳逸结合的精神，就会做到有节奏的劳动，不至于过分紧张，这对于提高劳动效率，增进身心健康，都是有好处的。

1921 年的秋天，毛泽东同志出席中国共产党第一次全国代表大会后回到了长沙。他这时的工作特别忙，要做学校工作（这时，他是湖南第一师范附小的校长，兼教第一师范一班语文课），要在湖南建党和发展社会主义青年团，要帮助长沙市各行业的工人开展工人运动，常从清早忙到深夜，连吃饭、睡觉的时间都被打乱、挤掉。

这时和他在一起进行这些革命活动的除党员、团员之外，还有新民学会会员。联系最多、往来最密的都是些精力充沛、意气风发的青年。平日各人分头进行活动，很少机会大家欢聚在一起，大家觉得很不满足。毛主席看出这些人的心意，就提议组织星期同乐会。十多人排好次序，每到星期天，依次由一人负责召集，到长沙近郊各名胜地区聚会。像天心阁、水陆洲、开佛寺、碧浪湖、金盘岭、望湘亭等处，就是他们常常聚会的地方。

当他们聚会在这些地方时，尽情地谈笑、游眺。会讲故事的讲故事，会说笑话的说笑话，爱好文学的作诗作词。目的就是要使大家敞开胸怀，纵情欢畅。个人的思想问题和工作、学习上的问题也可提出来和大家商量讨论，或和少数人交换意见。这也可使大家解除思想上的疙瘩，解除心情上的烦恼，提高认识，鼓舞斗志。玩够笑够之后，召集人还要办几样可口的饭菜或面点，让大家吃个饱。

中秋的夜晚，他们十来个人坐着"划子"到湘江中去赏月。对着初升的皓月，迎着轻拂的凉风，他们在船上恣意歌唱谈笑。一个小小的划子载着他们的歌声笑声，载着他们的豪情壮志，环绕着长达十里的橘洲（即水陆洲）打圈圈，直到夜阑人静才回家。

他们觉得在紧张劳动之后，得到这样的休息、调节，不但有益于身体的健康，还可以提高工作效率。

这时候，无政府主义泛滥于长沙一部分劳工和知识分子之间，成为宣传马克思主义和建立党组织的巨大障碍。毛泽东同志利用星期同乐会这个组织，通过会员的私人关系，邀约一些无政府主义的骨干分子参加。从谈话、讨论中用马克思主义影响他们，逐渐使他们认识无政府主义的错误，转而相信马克思主义。从这点来说，星期同乐会不但是一种文娱活动的组织，而且具有革命活动的意义与作用。

这一段的生活是毛泽东同志永远也不能忘记的。这首清新豪迈的沁园春词，就抒写他这个时候的心情。

这首词，写他在深秋的日子里，一个人站在长沙城外湘江里面的橘洲上的回忆和感想的。首先描述了眼前景物的可爱：嵯峨的岳麓，长上了满山的红树；澄碧的湘水，穿织着无数的风帆，长空中有飞鹰在盘旋，浅水里有游鱼在来去，秋天的一山一水一鱼一鸟似乎显得格外美秀、活跃。这究竟是谁在鼓舞它们？谁在驱使它们？苍茫大地，万类纷纭，谁又是它们命运的真正主宰呢？他越想越远了。接着他又触发了几年来难忘的往事：当他在学校念书的时候，有多少日子常邀约同学来到这里，这些同学多半是雄姿英发，意气昂扬的少年。当在一起纵谈时势，倾吐胸怀；因物兴感，发为文字，都表现出一种掀天揭地、磊落嵚崎的气概，绝无一点个人名利势位的尘滓掺杂在中间。这些少年将成为抵挡狂澜的中流砥柱，改造社会的骨干力量，是多么值得怀念的同志啊！

从这首词里，可以看出毛泽东同志青年时期改造社会的远大理想和革命的乐观主义精神。

（3）约1963年，周世钊还写了一篇关于阐释《沁园春·长沙》的文章，全文如下：

伟大领袖毛主席很早就十分重视工人运动，中国共产党成立之后不久，毛主席就亲自到安源，发动工人组织起来闹革命。毛主席亲自开拓了安源这个中国工人革命运动的发源地，亲自领导了1922年震惊中外的安源路矿大罢工、粤汉铁路大罢工，以及遍及湖南各地的工人运动。

1925 年 2 月，毛主席从上海回到韶山，在农村半年多的时间内，带病工作，领导家乡的农民运动，建立革命组织——雪耻会（实际上就是农民协会的前身），并发展韶山第一批共产党员，建立了湖南农村第一个共产党支部——韶山支部。

1925 年前后，革命迅猛发展，震动中外的五卅运动和省港大罢工显示了中国无产阶级革命的巨大力量。这是中国革命的领导力量。全国十几个省的农村里，也正在酝酿和发展着大规模的农民运动。湖南农民在毛主席的亲自领导下，组织起来的有十万人左右，表明农民是无产阶级有力的同盟军。这时，在广州的革命军还取得了东征军阀陈炯明的胜利。这一切说明第一次国内革命高潮已经到来。

但是，隐藏在革命阵营内部的蒋介石为代表的国民党反动派，进行猖狂的反革命活动，阴谋篡夺革命领导权，党内以陈独秀为代表的右倾机会主义者则害怕工农运动、害怕革命，把领导权拱手让给国民党。大革命面临着严重的危机。

当这革命的紧要关头，毛主席为了反对党内的机会主义的倾向，为了给中国革命指出正确的方向和全党的阶级觉悟，写了《中国社会各阶级的分析》，对中国革命的对象、领导者、同盟军、前途等根本问题作了马克思列宁主义的分析，给党内的右倾机会主义和左倾机会主义以迎头痛击，给中国共产党和革命人民指明了斗争的大方向。《沁园春·长沙》这首词，写于 1925 年 10 月毛主席从韶山经过长沙去广州的前夕。他满怀革命激情，通过与战友们青年时代战斗生活的回忆，表达了他的远大抱负和对革命的坚定信心，提出了关于革命的领导权问题，给中国革命指出了正确的方向，鼓励真正的革命者勇敢地投入革命大风大浪中去。

讲授这首词，应认真学习《中国社会各阶级的分析》《湖南农民运动报告》及《中国共产党在抗日时期的任务》中的"我们的领导责任"一节。

【注释】

《沁园春》词牌名。词原是一种配合音乐可以歌唱的抒情诗体。词牌是表示音乐性的词调的名称，每个词牌都有它固定的字数、句式、韵脚、平仄。有些词牌原来就是词的题目，后来填词的人采用它的式样来写别的内容，词牌和词的内容就毫无关系了。因此，常在词牌下面写出词的题目或小序。如长沙就是这首词的题目。

词又有单调、双调之别。单调如《如梦令·元旦》《十六字令》，不分段。双调如《沁园春·长沙》，分两段，前段叫上阕，或上片，后段叫下阕，或下片。词的长调还有多至三阕四阕者。（阕：停止，一曲告终，稍稍休息的意思）。

长沙：湖南省会。毛主席1911年从韶山来到长沙，在这里度过了十多年学习和革命活动的峥嵘岁月。

湘江：湖南省内的大江，北流入洞庭湖。

橘子洲：也叫橘洲，又名水陆洲。长沙市西湘江中狭长的沙洲。洲上产橘，故名橘洲。

万山红遍：万山指湘江西岸岳麓山的许多山峰。岳麓山多枫树，秋季枫叶经霜变红，从橘子洲望去，只见一片绯红。

层林：枫林随着山势一层层高上去。

漫江：满江。

舸：大船。

鹰击：形容鹰飞迅速、矫健。击：搏击。

鱼翔：翔本指鸟的飞翔，这里以之形容鱼在水中游动的活泼轻捷。

浅底：指江水清得见底，并不一定是江底。

万类：各种生物。

霜天：秋天。

怅：原意为心中若有所失，不称心，不畅快，有所失。这里不是指消极的情绪。而是一种由思索而感动的心情。

廖廓：广阔高远的天空。

苍茫：广阔无边的样子。

谁主沉浮：主：主宰、支配。沉浮：沉没兴起。词的上调写万物的兴衰变化，引起一个由谁主宰、支配世界广大人民的命运，以指中国革命由谁领导，是由无产阶级领导还是由资产阶级领导自己的命运呢？

百侣：指在湖南第一师范时期的许多进步同学、革命战友。如蔡和森、何叔衡、罗学瓒、陈昌、陈绍休等。

忆往昔峥嵘岁月稠：峥嵘：高峻。用以表明不寻常、不平凡的意思。稠音绸，多、密。

恰：正当、恰好。

同学少年：毛主席在湖南一师时，和蔡和森、罗学瓒诸同学的年龄都在十六七岁到二十岁左右。

风华正茂：风：风采。华：才华。茂：焕发洋溢。

书生：这里指革命的知识青年。

挥斥方遒：挥斥：奔放。遒音酋，强劲有力，又，极尽之意。言革命知识青年强烈的革命豪情奔放，达到极点。

指点江山：江山：既指眼前景物，又指国家形势。从眼前景物到国家现状都是指点谈论的对象。

激扬文字：写出激浊扬清的诗文。

这是周世钊对毛泽东词《沁园春·长沙》最全面、最深刻的阐释。

（4）1964 年 7 月，周世钊在文[18]中写道：

早在革命初期，毛主席就在《沁园春·长沙》一词中写出了"问苍茫大地，谁主沉浮"的句子。他把气焰熏天，骑在中国人民头上的军阀、官僚和帝国主义看成不值一钱的粪土，而把那些被铁蹄所践踏被饥饿所搏噬的老百姓、穷书生看成能够起来掌握自己命运、担当大地主人的人物。

（5）1971 年 11 月 27 日，周世钊在《讲话》[19]中指出：

《沁园春·长沙》作于 1925 年，当时由于毛主席的革命路线的指引，各地工人农民运动都蓬勃兴起，对军阀、官僚、地主、资本家和帝国主义进行了多种多样的斗争，革命形势一片大好。但自从中国共产党成立的第一天起，党内就存在以毛主席为代表的无产阶级革命路线同以陈独秀、张国焘为代表的"左"右倾机会主义的尖锐激烈的斗争。而革命领导权的问题始终是斗争的焦点。1923 年，陈独秀提出：中国国民党目前的使命及进行的正轨应该是统率革命的资产阶级联合革命的无产阶级实现资产阶级的民主革命。当 1925 年前后这段时期陈独秀这些右倾机会主义者看到工农群众革命斗争的势头越来越大，十分害怕。把领导权拱手让给国民党。大革命面临严重的危机。

毛主席认为工业无产阶级是我们革命的领导力量，广大的贫下中农是可靠的同盟军。为了反对陈独秀的右倾机会主义倾向，为了给中国革命指出正确方向，除了于 1926 年写出《中国社会各阶级的分析》之外，还在 1925 年秋冬间写了《沁园春》这首词。

这首词的上阕，以"看万山红遍，层林尽染；漫江碧透，百舸争流。鹰击长空，鱼翔浅底，万类霜天竞自由"象征当时蓬勃发展的工农运动和大好的革命形势。然后提出在这个时期的革命究竟应该由谁来领导？当然只有无产阶级才能领导真正的革命，主宰人类的命运。这种伟大的任务决不是资产阶级所能担负的，也决不是像陈独秀这班右倾机会主义者所能担负的。作者这一没有答复的问题，实在已作了坚定的回答。这就是"问苍茫大地，谁主沉浮"的重要意义。经这一问，对右倾机会主义者是严肃的谴责，对广大党员和广大工农群众是最大的教育和最有力的鼓舞。

下阕又从追忆过去的一些同学少年，像蔡和森、罗学瓒、何叔衡、陈昌等都是怀着革命的豪情壮志，天不怕、地不怕，把军阀官僚看成一钱不值的粪土。在这里写出作者要团结这样的真正的革命同志，掀起革命高潮。最后用"到中流击水，浪遏飞舟"的词句来表达这种意思。毛主席当时还写了"自信人生二百年，会当水击三千里"的诗句，也正申述了这种伟大的抱负。

臧克家注释这首词却说："对着眼前这些生机活泼的自然景物，谁能不感到宇宙的寥廓，因而惆怅地想到一个哲学意味的问题，试问一下苍茫的大地，天上飞的，水里游的，这千类万汇，谁是他们的主宰呢？经诗人这一问，我们觉得诗意深沉了。"这种说法，完全歪曲了这首词的主题思想，完全剥去了这首词的政治内容。照他这种说法，当革命处在危急关头时，毛主席考虑的不是革命的方向和党的领导权的问题，而是在橘子洲头欣赏自然景物的时候，想到无关革命的哲学问题上去了，这显然是对毛主席的诬蔑，应该彻底批判。

但另外一种说法，如"鹰击长空"写军阀横行，"鱼翔浅底"，写劳动人民被压迫。我就不赞成。毛主席也讲过："诗不能落实"。如果每句都要有一个具体的政治内容，那就不好讲了。如"沉沉一线穿南北"，硬说是南北军阀互相勾结，你能找出什么根据？有根据也不能那么具体落实。有时牵强附会，每句话、每个字都要指实，都要说得很具体，反而要把毛主席诗词的政治意义搞糊涂了。也是不对的。

（6）1971 年 11 月 27 日，周世钊还讲过：

师范学院（当指湖南师范学院）中文系要我去讲一首诗。他们提出："鹰击长空"，当军阀横行；"鱼翔浅底"，是否把劳动人民压在最底层？我就不赞成。毛主席也讲过，诗不能落实。这是毛主席1958年3月22日《在成都会议上的讲话》中说的："太现实了就不能写诗了。"这说明诗词是不能完全落实的。如果每句都要有个政治意义，又要落实每件事，那就不好讲了。

（7）1971年11月27日，周世钊在《讲话》[19]中指出：

独立寒秋的"独"字。

与下面携来百侣曾游相对照。

携来百侣曾游的"百侣"，除蔡和森同志外，还有哪些人？

罗学瓒、陈昌、张昆弟、陈绍休……

（8）1971年11月27日，他又指出：

"独立寒秋"的"独"：顶天立地。可以不这样讲，毛主席不会自己讲自己"顶天立地"。1925年，赵恒惕要捉毛主席，命令没有撤销。我那时在南京，徐老在长沙，我因为搞学费到了长沙，没有看到毛主席，因为当时毛主席还是秘密活动，一个人。后来才有"携来百侣曾游，忆往昔峥嵘岁月稠"的感想。这前一句原是"携来百侣众游"，后改"携来百侣曾游"。"百侣"指哪些人？有罗学瓒、陈昌、张昆弟、何叔衡……

4 编著者考辨

（1）按周世钊1971年11月27日《讲话》[19]记录稿中说：

"携来百侣曾游"原是"携来百侣众游"。这是一个新发现。以前从来未见到过此项修改。"众"为什么改"曾"。是否"众"与"百侣"有重复之嫌？

（2）1971年11月27日，周世钊在《讲话》中指出的"有人"注释这首诗却说："对着眼前这些生机活泼的自然景物，谁能不感到宇宙的寥廓，因而惆怅地想到一个哲学意味的问题。""有人"系指臧克家，而周世钊却认为这种说法完全歪曲了这词的主题思想：完全剥去了这词的政治内容。

（3）究竟是哪些人一起活动的呢？周世钊在多处讲解"携来百侣曾游"，"恰同学少年"的"百侣"与"同学"究竟指谁时，他都说是指蔡和森、罗学瓒、陈昌、张昆弟、陈绍休……他从来没有说他自己，这与他的自谦秉性有关。周世钊一直没有写自己，事实上，据唐振南、周仁秀在文[20]披露：

"1917年中秋节，毛泽东邀请罗学瓒、张昆弟、邹蕴真、彭道良、李端伦、张超、周世钊、邹彝鼎、李维汉、萧植藩、陈绍休、罗章龙、蔡和森等16人，租用木船两只，环绕水陆洲游览了一圈。接着，席地坐在橘子洲头的草地里，漫谈"个人及全人类的生活向上问题"。

罗学瓒说：我们正处在一个国弱民穷的时代，需要有大志大勇的人共同来探讨救国救民的真理和方法。

邹蕴真说：人生与忧患同来，种种烦恼皆为我练心之助，种种危险皆为我练胆之机，国家危急存亡之秋，英俊人才大批涌现，就是这个道理。

张昆弟说：古之圣贤豪杰多出于乱世，是因为这些人有社会责任心，敢于承担救国救民的责任。

毛泽东说：今日言救国，非个人广求知识、高尚道德、储蓄才能不可。

周世钊说：欲达此日的，非从学生时代开始不可。

蔡和森说：欲救今日之中国，非卧薪尝胆、十年生聚、十年教训不可。

罗学瓒再次发言道：登高自卑，由近及远。我们大多是师范生，将来多是从事教育工作的。讲救国，就要首先培植救国人才，从小学生培养做起，从为乡梓服务做起。

毛泽东说：这是一个可大可久的基础事业。我是打算当一名小学教师。

讨论热烈非凡，不知不觉已过二更。清风明月，醉酒歌诗，大家还不愿散会。当晚，罗学瓒作《与诸友人雇舟畅游水陆游》诗词二首：

其一：纵眼观天地，朦胧一味秋。我心如不乐，辄寻山水游。登高可望远，买棹任漂流。渔翁争唱晚，樵子叫山陬。自得清幽气，声声相与酬。浮云身世事，谁能复为忧。

其二：龙蛇争大地，豹虎满寰瀛。蹂躏无余隙，巢空草木惊。安得异人起，拔剑扫妖氛。倾洋涤宇宙，重建此乾坤。一同登乐国，万世庆太平。

毛泽东、周世钊也开怀和诗。可惜，没有保存下来。当晚参加游览湘江一起吟诗高歌的陈绍休对毛泽东的诗赞赏道："润之气质沉雄，确为我校一奇士，但择友甚严，居恒骛高远而卑流俗，有九天俯视之慨。观其所为诗文，戛戛独造，言为心声，非修养有素不可臻此！"

这种聚会，给毛泽东留下了终生难忘的记忆。

从文[20]可知，周世钊不但是"百侣"及"同学"，而且在活动中开怀和诗，活动后尚有较详尽的回忆文字，弥足珍贵。周与罗学瓒交往颇多。罗淳朴、诚实、学习刻苦，能书善诗，文理俱佳。1916 年 3 月 28 日，罗学瓒在其《日记》中有自勉诗："不患不能柔，惟患不能刚。惟刚斯不惧，惟刚斯有为。将肩挑日月，天地等尘埃。何言乎富贵，赤胆为将来。"可见抱负之非凡。1923 年 2 月，周世钊从南京赶赴上海半淞园，与刚从法国归来的蔡和森、罗学瓒畅谈人生。1976 年 4 月 26 日，罗学瓒儿子罗立洲率子女参加周世钊追悼会。

5 手 迹

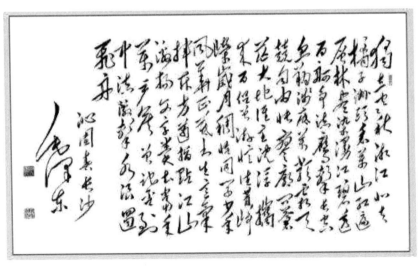

毛泽东手书《沁园春·长沙》

菩萨蛮·黄鹤楼

（1927 年）

1 毛泽东原词

菩萨蛮·黄鹤楼
（1927 年）

茫茫九派流中国，沉沉一线穿南北。烟雨莽苍苍，龟蛇锁大江。 黄鹤知何去？剩有游人处。把酒酹滔滔，心潮逐浪高！

2 依 据

引自 1963 年人民文学版《毛主席诗词》。

3 周世钊论述

（1）1971 年 11 月 27 日，周世钊在《讲话》[19]中写道：

这首仅仅八句的小词，以高度概括的手法将作者在黄鹤楼上所见、所感、所想充分地写了出来。"茫茫九派流中国，沉沉一线穿南北。"写出武汉的形势，关系到全国的形势。这两句从远处着笔，表达作者对全国革命形势的关注。"烟雨莽苍苍，龟蛇锁大江。"写出当前阴沉苍莽的景象；又从近处着笔，表达作者对当时革命前途的担心。

下阕借黄鹤楼的传说，写出当时在右倾机会主义的错误路线领导下，革命阵营里面的人们背离了正确的方向，使革命走到十分艰危的境界。中国革命何处去，这是当时作者深思熟虑，急于要解决的严重问题。对着滚滚而来的万里长江，心潮起伏，最后"心潮逐浪高"一句，用一个"高"字，表现作者对革命必将胜利的信心和一定要将革命进行到底的决心和勇气。

这首词，景中有情，情中有景，情景交织在一起，极其深刻地表达了作者对右倾机会主义者的暴露、谴责，对革命形势的担心和要将革命进行到底的伟大抱负和坚决意志。

（2）周世钊在《讲话》[19]中还指出：

毛泽东也讲过："诗不能落实"。如果每句都要有一个具体的政治内容，那就不好讲了。如"沉沉一线穿南北"，硬说是南北军阀互相勾结，你能找出什么根据？有根据也不能那么具体落实。有时牵强附会，每句话、每个字都要指实，都要说得很具体，反而要把毛主席诗词的政治意义搞糊涂了。也是不对的。

（3）周世钊还讲过：

有人解释"沉沉一线穿南北"是南北军阀串成一气在捣乱。这种说法没有什么根据。毛主席说，他这时的心情是沉郁的。要把每句诗都落实来讲，就要把毛主席诗词的政治内容破坏了，要从整个一首诗词来看，思想感情也要从整个来看：有人讲"龟蛇锁大江"，龟指什么？蛇指什么？怎么对峙？是否指很快乐的情绪？不是的。但"龟蛇锁大江"是写当时的革命气氛不好。因此，一定要从整首词来看。归纳起来，上阕写了毛主席对革命前途的担心。

"把酒酹滔滔，心潮逐浪高！""把酒酹滔滔"的意义在下句"逐浪高"。毛主席自己批注过，心潮：1927年，大革命失败的前夕，心情苍凉，一时不知如何是好，这是那年春季。夏季8月7日，党的紧急会议决定武装斗争，从此找到了出路。

（4）1971年11月27日，周世钊在《讲话》[19]中指出：

龟蛇锁大江。就1927年的革命形势来体会，包括茫茫九派流中国，沉沉一线穿南北。烟雨莽苍苍，龟蛇锁大江。作者的心情与周围的景物起共鸣，相影响。

黄鹤知何去？不要太落实到人。是指背离了革命路线的右倾机会主义者。

西江月·井冈山

（1928 年秋）

1 毛泽东原词

西江月·井冈山
（1928 年秋）

山下旌旗在望，山头鼓角相闻。敌军围困万千重，我自岿然不动。　　早已森严壁垒，更加众志成城。黄洋界上炮声隆，报道敌军宵遁。

2 依　据

引自 1963 年人民文学版《毛主席诗词》。

3 周世钊论述

（1）1964 年 7 月，周世钊在《伟大的革命号角，光辉的艺术典范》[18]中写道：

又如红军的江西反"围剿"时，无论从军队的数量上来说，或者从武器的质量上来说，都比敌人差得太远，但毛主席总是相信有革命觉悟的工农群众，众志成城，壁垒森严，是不可战胜的天兵，所以既写出《星星之火，可以燎原》的文章，又写出："敌军围困万千重，我自岿然不动"的诗句。

（2）1971年，周世钊在《讲话》[19]中说：

"山下旌旗在望，山头鼓角相闻"。当时红军主力29团和28团进攻郴州，失败后，毛主席从井冈山率领31团去迎接28团回山。这时留在山上的队伍只剩下不足一营的兵力，且有不少是伤员病号。一门存在茨坪的破迫击炮，只有三颗炮弹。

"黄洋界上炮声隆"，是讲谁，是谁的炮声？茨坪收存的一门破迫击炮，共只有三颗炮弹，第三发才打响命中。

（3）他又说：

毛主席从青少年时期起就爱读一些优秀的古典诗词，特别是对李白、杜甫、韩愈、白居易、李商隐、辛弃疾、陆游诸家的作品，用了比较多的工夫，熟悉古典诗词的形式、格律和写作技巧。他已发表的37首诗词，基本上采用了古典诗词的形式和它的格律，但是为了更好地更自然地表达他的思想、感情，就不完全按照旧框框办事，而作出了一些改革。如《蝶恋花·答李淑一》一词，按照词律，上下两阕同韵，毛主席却于下阕换了另一个韵；《西江月·井冈山》有些句子不同韵。至于律诗用韵，也不完全限于流行得很严格的韵脚。如江阳通用、支微通用之类。这种采取古典诗词形式格律，而在有必要的时候就突破旧框框的做法，也是毛主席对古典诗词又继承又革新的一个方面。

（4）1971年11月27日，周世钊曾在《讲话》[19]中指出：

毛主席为了更好地更自然地表达他的思想感情，就不完全按照旧框框办事，而作出了一些改革。如《蝶恋花·答李淑一》，上阕"……吴刚捧出桂花酒（jiu）"，有词韵；下阕"……泪飞顿作倾盆雨（yu）"，照词律不应该换，毛主席换了一个韵，这就是革新。采用古典诗词的格律，而在有必要时就突破旧框框的这种做法，也是毛主席对古典诗词继承又革新的一个方面。

"山下旌旗在望，山头鼓角相闻"，指自己山头人很少，妇女儿童用红旗、鞭炮助长声势。前年我到了黄洋界，据那里的人说，"炮声隆"也是自己的炮。那次是何键派吴尚去打的。后来想起茨萍有一门炮，还有三颗炮弹，搬来了，发了两颗不响，第三颗响了。敌人吓慌了，跑了。

（5）1971 年前后，周世钊手稿注释了《井冈山》，全文为：

①井冈山：在罗霄山脉中段，介于江西的宁国、遂川、永新和湖南的酃县之间。东西相距 80 里，南北相距 90 里，周围 550 里。

②旌：旗杆上饰有羽毛的旗子。

③鼓角：战鼓和号角。

④壁垒：古代军营的围墙。

⑤黄洋界：五大哨口（黄洋界、八面山、砵沙村、双马石、桐木岭）之一，海拔 1300 多米，距茨坪 25 里。

⑥1927 年八七会议，决定以湘鄂赣粤四省为中心举行武装起义。建立农村包围城市，武装夺取政权。

1927 年 9 月 8 日，毛主席亲自发动和领导了秋收起义，10 月，进入井冈山中心茨坪，打退了敌人多次的围剿，使井冈山根据地区一天比一天扩大，土地革命一天比一天深入，民主政权一天比一天推广。

1928 年 6 月 30 日，湖南省委派杜修经到井冈山调红军主力进攻湘南郴州。28、29 两团在郴州遭遇失败（8 月失败）。毛主席为了保存革命力量，留 31 团第 1 营会同袁文才、王佐的部队固守井冈山。自己亲率 31 团第 3 营向桂东迎接 28 团等从湘南退回的大队。毛主席在途中给边流特信，要他们修建黄洋界工事。

1928 年 8 月 30 日，湘赣两省敌军各两团向井冈山进犯。毛主席于 9 月 26 日回到井冈山。

⑦山下旌旗在望，（见）

　山头鼓角相闻。（闻）

守军不足一营。地方武装、工人暴动队、妇女队、儿童团都上前线，人民战争的声威。

早已森严壁垒，（战术上重视敌人），不打无准备之仗。

更加众志成城。（人民战争的思想基础），真正的铜墙铁壁是千百万真心实意拥护革命的群众。

黄洋界上炮声隆，报道敌军宵遁。黄洋界是井冈山斗争的缩影，也是全中国革命斗争的缩影。

清平乐·蒋桂战争

（1929 年秋）

1 毛泽东原词

清平乐·蒋桂战争
（1929 年秋）

　　风云突变，军阀重开战。洒向人间都是怨，一枕黄粱再现。　　红旗跃过汀江，直下龙岩上杭。收拾金瓯一片，分田分地真忙。

2 依　据

　　引自 1963 年人民文学版《毛主席诗词》。

3 周世钊论述

　　1971 年，周世钊在《讲话》[19]中说：

　　毛主席诗词采用不少的历史事实和神话、故事，如"一枕黄粱"等，这些在社会上流行已久、为知识分子和一部分群众所熟知的东西，用在作品中有很多作用：一可使作品意义更为鲜明，二可帮助作品语言的形象化，三可增强作品的感染力量。此外，毛主席还借用和化用古人的诗句，却赋予它们与古人原作完全不同的新意。

采桑子·重 阳

（1929 年 10 月）

1 毛泽东原词

采桑子·重 阳（1929 年 10 月）

人生易老天难老，岁岁重阳。今又重阳，战地黄花分外香。 一年一度秋风劲，不似春光。胜似春光，寥廓江天万里霜。

2 依 据

引自 1963 年人民文学版《毛主席诗词》。

3 周世钊论述

大约是 1971 年，周世钊手稿注释：

①寥廓：空阔高远。

②1929 年三四月间蒋桂战争。1929 年 8 月间，蒋与阎锡山、冯玉祥战。

③1929 年 1 月 14 日，毛主席统帅下从茨坪出发，开始有重要历史意义

的东征。开辟了赣南闽西根据地。

④时毛主席被排出红四军的前委领导岗位，留在闽西特委指导工作。

⑤过去"对酒当歌，人生几何""浮生若梦，为欢几何""人生如梦，一尊还酹江月""一生富贵何所期，胡不及时以行乐"，而现在"鞠躬尽瘁，死而后已"。

⑥战地黄花——经过革命战火的洗礼，受过先烈鲜血的浇灌。

蝶恋花·从汀州向长沙

（1930年）

1 毛泽东原词

蝶恋花·从汀州向长沙（1930年）

六月天兵征腐恶，万丈长缨要把鲲鹏缚。赣水那边红一角，偏师借重黄公略。　　百万工农齐踊跃，席卷江西直捣湘和鄂。国际悲歌歌一曲，狂飙为我从天落。

2 依 据

引自1963年人民文学版《毛主席诗词》。

3 周世钊论述

1971年11月27日，周世钊在《讲话》[19]中说：

《蝶恋花·从汀州向长沙》作于1930年7月。这时正是国民党内蒋冯阎在中原大混战，双方动用了一百万多的兵力，打了7个月。蒋介石匪帮对付红军的力量比较削弱了。这是有利于巩固和发展革命根据地的有利形势。但党内在"左"倾机会主义者李立三的把持下，反对毛主席的革命路线，诬蔑毛主席提出的在长时期内用主要力量去创造农村革命根据地，以农村包围城市，以根据地来推动全国革命高潮的正确思想是保守的，右倾的，极端错误的。并决定集中兵力进攻南昌、长沙、九江诸中心城市。高唱要会师武汉，饮马长江。

毛主席始终坚决反对立三路线，提出不打南昌、长沙、九江、武汉等大城市，而过赣江发展革命根据地的正确路线。又拒绝执行李立三要他率领红一军团攻打南昌的命令，而继续在江西广大地区开展游击战争，发展农村革命根据地。坚持执行立三路线的彭德怀，率领红三军团攻入长沙，旋即退出，旋又二次屯兵长沙城外，遭敌人反击，损失很大。毛主席当时正从汀州向长沙来，才亲临前线，耐心说服，红军才撤离长沙，南下开辟了赣南重镇——吉安等地。并在赣江两岸的几十个县内更加深入地发动了土地革命，巩固了红色政权。当时黄公略的红三军没有执行"左"倾机会主义路线，接受了毛主席的思想，坚持正确路线，深入广大农村，发展革命根据地。

了解当时的路线斗争和战斗形势，对于主席这首词就可得出正确的理解。从标题上看，不用"攻"长沙，而用"向"长沙，只是利用当时有利的革命形势，在向长沙前进，沿途发动群众，武装群众，打土豪，惩腐恶，开辟革命根据地。"赣水那边红一角，偏师借重黄公略"。是赞扬黄公略抵制了立三路线，不进攻中心城市，而去赣江两岸打游击，扩大了红色政权的根据地的正确行动。"百万工农齐踊跃，席卷江西直捣湘和鄂"也是说的发动群众起来发展农村革命根据地。要"席卷"的要"直捣"的都是广大的农村，而不是南昌、九江、长沙和武汉等中心城市。最后写出"国际悲歌歌一曲，狂飙为我从天落。"作者相信在无产阶级革命正确路线的指引下，"要为真理而斗争"，"要做天下的主人"，要把"旧世界打个落花流水"的千百万劳苦的工农大众，联合起来，走向革命，一场革命的大风暴必然要到来，红色的江山一定要出现。

渔家傲·反第一次大"围剿"

（1931 年）

1 毛泽东原词

渔家傲·反第一次大"围剿"
（1931 年）

万木霜天红烂漫，天兵怒气冲霄汉。雾满龙冈千嶂暗，齐声唤，前头捉了张辉瓒。　　二十万军重入赣，风烟滚滚来天半。唤起工农千百万，同心干，不周山下红旗乱。

2 依　据

引自 1963 年人民文学版《毛主席诗词》。

3 周世钊论述

1971 年 11 月 27 日，周世钊在《讲话》[19]中指出：毛主席诗词采用不少的历史事实和神话故事，如"不周山"等。

渔家傲·反第二次大"围剿"

（1931 年）

1 毛泽东原词

渔家傲·反第二次大"围剿"
（1931 年）

白云山头云欲立，白云山下呼声急，枯木朽株齐努力。枪林逼，飞将军自重霄入。　　七百里驱十五日，赣水苍茫闽山碧，横扫千军如卷席。有人泣，为营步步嗟何及！

2 依 据

引自 1963 年人民文学版《毛主席诗词》。

3 周世钊论述

（1）1971 年，周世钊在《讲话》[19]中说：

白云山头云欲立，白云山下呼声急。从上下文来理解。

枯木朽株齐努力。邹阳《狱中上梁王书》：“故有人先游，则枯木朽株，树功而不忘。”主席指示，“努力是好字眼，不能属诸腐恶的敌人”。

（2）“白云山头云欲立，白云山下呼声急”跟下句“枯木朽株齐努力”，毛主席批了，“努力”是个好字眼，就是老弱病人都起来反对蒋介石。

十六字令三首

（1934—1935 年）

1 毛泽东原词

十六字令三首
（1934—1935 年）

其一

山，快马加鞭未下鞍。惊回首，离天三尺三。

其二

山，倒海翻江卷巨澜。奔腾急，万马战犹酣。

其三

山，刺破青天锷未残。天欲堕，赖以拄其间。

2 依　据

引自 1963 年人民文学版《毛主席诗词》。

3 周世钊论述

1971 年，周世钊在《讲话》[19]中指出：

毛主席诗词采用不少的历史事实和神话故事，如"离天三尺三"等。

忆秦娥·娄山关

（1935年）

1 毛泽东原词

忆秦娥·娄山关
（1935年）

西风烈，长空雁叫霜晨月。霜晨月，马蹄声碎，喇叭声咽。　　雄关漫道真如铁，而今迈步从头越。从头越，苍山如海，残阳如血。

2 依　据

引自1963年人民文学版《毛主席诗词》。

3 周世钊论述

（1）1971年11月27日，周世钊在《讲话》[19]中指出：

马蹄声碎，喇叭声咽。写行军途中。

苍山如海，残阳如血。实感之外，也象征着战斗的历程。

（2）1971 年 11 月 27 日，周世钊在《讲话》[19]中又指出：

西风烈，是单纯写景，还是指当时的反动势力？

"西风烈，长空雁叫霜晨月。"遵义会议一月开。2 月 26 日下午 4 时，毛主席率军穿越娄山关。画出早春清晨寒气逼人的景象，西风劲吹，浓霜满地，天边挂着一弯残月，雁儿呼叫飞过，红军已经走上了征途，说明红军不怕远征难。

（3）1971 年 11 月 27 日，周世钊还指出：

马蹄声碎，喇叭声咽；苍山如海，残阳如血：写行军那年遵义会议以后，第二次攻克娄山关。贵州"地无三尺平"，喇叭有时听得见，有时听不见。2 月 26 日，毛主席率领红军于下午 4 时动身。"残阳如血"是写当时的实际情况。

（4）1971 年 11 月 27 日，周世钊又指出：

西风烈：画出行军的气象。也包含感情色彩。

七　律·长　征

（1935 年）

1 毛泽东原诗

七　律·长　征

（1935 年）

红军不怕远征难，万水千山只等闲。

五岭逶迤腾细浪，乌蒙磅礴走泥丸。

金沙水拍云崖暖，大渡桥横铁索寒。

更喜岷山千里雪，三军过后尽开颜。

2 依　据

引自 1963 年人民文学版《毛主席诗词》。

3 周世钊论述

（1）1971 年，周世钊在《讲话》[19]中指出：

"金沙水拍云崖暖，大渡桥横铁索寒。"巧渡金沙江在五月份，强渡大渡河更后一些（5月25日），"寒""暖"两字不是写时令，而主要是写人的感触。因为巧渡成功之后，红军跳出了数十万敌围追堵截的圈子，红军战士个个充满了胜利的喜悦。强渡大渡河，困难特大，唯一通道泸定桥长三十丈，由十三根铁索架成，敌人撤去了桥板，桥头由敌人重兵把守，夺取泸定桥和泸定城，付出了鲜血和生命的代价。

（2）他又指出：

"金沙水拍云崖暖，大渡桥横铁索寒"：红军经过大渡河是 5 月 25 日，比过金沙江晚。过金沙江后胜利容易得到，只剩下尾追的，也少了，心情愉快，所以用"暖"。"大渡桥横铁索寒"，石达开就是在这里被消灭的。泸定桥很难过，桥上只有三根铁索，板子也被搬走了。红军冲杀过去时，我们有所牺牲。过了桥，敌人又放火，我们的红军战士从火海里冲了进去，所以用"寒"，这都表示心情。

念奴娇·昆 仑

（1935 年）

1 毛泽东原词

念奴娇·昆 仑

（1935 年）

横空出世，莽昆仑，阅尽人间春色。飞起玉龙三百万，搅得周天寒彻。夏日消溶，江河横溢，人或为鱼鳖。千秋功罪，谁人曾与评说？　　而今我谓昆仑：不要这高，不要这多雪。安得倚天抽宝剑，把汝裁为三截？一截遗欧，一截赠美，一截还东国。太平世界，环球同此凉热。

2 依 据

引自 1963 年人民文学版《毛主席诗词》。

3 周世钊论述

1971 年 11 月 27 日，周世钊在《讲话》[19]中指出：

毛主席诗词采用不少历史事实和神话故事，如"飞起玉龙三百万"等。

清平乐·六盘山

（1935 年）

1 毛泽东原词

清平乐·六盘山
（1935 年）

天高云淡，望断南飞雁。不到长城非好汉，屈指行程二万。　　六盘山上高峰，红旗漫卷西风。今日长缨在手，何时缚住苍龙？

2 依　据

引自 1963 年人民文学版《毛主席诗词》。

3 周世钊论述

1971 年 11 月 27 日，周世钊在《讲话》[19]中指出：
毛主席诗词采用不少历史事实和神话故事，如"长缨"等。

沁园春·雪

（1936 年）

1 毛泽东原词

1936 年 2 月，毛泽东作《沁园春·雪》。

根据《毛泽东年谱》记载：1936 年 2 月 8 日，毛泽东在清涧县袁家沟，侦察渡口情况，督促渡河准备；2 月上旬，遇大雪，作《沁园春·雪》。即：这首词作于红一方面军 1936 年 2 月由陕北准备东渡黄河进入山西省西部的时候。毛泽东在 1945 年 10 月 7 日给柳亚子信中说，这首词作于"初到陕北看到大雪时"。

1945 年 8 月至 10 月，毛泽东到重庆和国民党进行了 40 多天的和平谈判。当时柳亚子向他索要诗稿，毛泽东手书《沁园春·雪》相赠。接着被重庆《新民报晚刊》在 1945 年 11 月 14 日传抄发表，以后别的报纸陆续转载，其稿未经作者最后审定，多有讹误。

1957 年 1 月号《诗刊》正式发表了《沁园春·雪》。这是经毛泽东审定了的定稿。

沁园春·雪①

（1936 年 2 月）

北国风光，千里冰封，万里雪飘。望长城内外，惟余莽莽；大河上下，顿失滔滔。山舞银蛇，原②驰蜡象，欲与天公试比高。须晴日，看红装素裹，分外妖娆。 江山如此多娇，引无数英雄竞折腰。惜秦皇汉武③，略输文采④；唐宗宋祖⑤，稍逊风骚⑥。一代天骄⑦，成吉思汗⑧，只识弯弓射大雕⑨。俱往矣，数风流人物⑩，还看今朝。

【注释】

①此词作于1936年。作者自注："雪，反封建主义，批判二千年封建主义的一个反动侧面。"

②原：作者自注："即秦晋高原。"

③秦皇汉武：秦始皇嬴政，汉武帝刘彻。

④文采：文辞，才华。《韩非子·难言》："捷敏辩给，繁于文采，则见以为史。"

⑤唐宗宋祖：唐太宗李世民，宋太祖赵匡胤。

⑥风骚：本为《诗经》和《楚辞》的代称。元稹《唐故工部员外郎杜君墓系铭序》："至于子美，盖所谓上薄风骚，下该沈宋。"后用以泛指诗文。清赵翼《论诗》："江山代有才人出，各领风骚数百年。"

⑦天骄：汉朝称北方匈奴为"天之骄子"，简称"天骄"。《汉书·匈奴传》："南有大汉，北有强胡。胡者，天之骄子也。"后以泛称强盛的边地民族。李白《塞下曲》："弯弓辞汉月，插羽破天骄。"

⑧成吉思汗：元太祖铁木真。

⑨射大雕：《史记·李将军传》："中贵人将骑数十纵，见匈奴三人，与战，三人还射，伤中贵人，杀其骑且尽。中贵人走广，广曰：'此射雕者也'。又北齐斛律光尝从世宗于洹桥校猎，射落大雕，丞相邢子高叹曰："此射雕手也。"事见《北齐书·斛律金传附斛律光》。射雕手是射箭术最高的人。

⑩数（shǔ）：历数。风流人物：苏轼《念奴娇·赤壁怀古》："大江东去，浪淘尽千古风流人物。"风流人物指杰出的英雄人物。

2 依　据

录自1963年人民文学版《毛主席诗词》。

3 周世钊论述

就是这首《沁园春·雪》，导引了周世钊与毛泽东在 1951 年 8 月 21 日的谈诗论词[21]。一般认为，周世钊抗战前后在湖南蓝田的僻静山区教中学，不大可能读到当时的《新民报晚刊》。那么，他又是从何知道与毛泽东谈起这首词来的呢？

（1）1951 年 8 月 21 日，周世钊记录毛泽东关于《沁园春·雪》的最早阐释：

"《沁园春》一词，只批评了秦皇汉武、唐宗宋祖的不大行，并没有说明谁是行的；至于'数风流人物，还看今朝'的说法，也并没有说明有谁行，指个人也好，指群众也可。"

（2）1971 年 11 月 27 日，周世钊在《讲话》[19]中指出：

毛主席诗词采用不少历史事实和神话故事，如"射雕"、秦皇、汉武、成吉思汗等。

4 手　迹

毛泽东手书《沁园春·雪》

七　律·人民解放军占领南京

（1949 年）

1 毛泽东原诗

人民解放军占领南京
（1949 年）

钟山风雨起苍黄，百万雄师过大江。

虎踞龙盘今胜昔，天翻地覆慨而慷。

宜将剩勇追穷寇，不可沽名学霸王。

天若有情天亦老，人间正道是沧桑。

2 依　据

引自 1963 年人民文学版《毛主席诗词》。

3 周世钊论述

（1）1964 年 2 月 16 日，周世钊在《毛主席诗词十首简注》[23]《毛主席诗词略释》[24]中写道：

七律·人民解放军占领南京①
（1949 年 4 月）

钟山②风雨起苍黄③，百万雄师过大江。

虎踞龙盘④今胜昔，天翻地覆慨而慷⑤。

宜将剩勇追穷寇⑥，不可沽名学霸王⑦。

天若有情天亦老⑧，人间正道是沧桑⑨。

此诗从歌颂南京的解放写出将革命战争进行到底的必要和决心。

【注释】

①1949 年 4 月 20 日，国民党反动派拒绝接受和平协定的条款，人民解放军遂于 20 日夜开始抢渡长江，23 日晚上就占领了南京。

②钟山一名紫金山，在南京城东北，此以代表南京。

③"苍黄"通"仓皇"，急遽慌乱之状。杜甫《新婚别》："誓欲随君去，形势反苍黄"。

④《三国志》：诸葛亮谓孙权，"钟阜龙蟠，石城虎踞。"蟠亦作盘。

⑤慨而慷，是慷慨激昂之意。"慷慨"两字倒用，早见曹操《短歌行》："慨当以慷，忧思难忘。"

⑥孙子："穷寇勿追"。

⑦《史记·项羽本纪》，"今人有大功而击之，不义也"，"君王为人不忍"。项羽因沽仁义之名，不肯乘势击杀刘邦，终被刘邦所败，自刎于乌江。

⑧唐人李贺诗句。

⑨沧海变为桑田是巨大的变化，见《神仙传》：麻姑对王方平说："接待以来，已见东海三为桑田。"这句话就是说，按照人世间的正道，或者说按照社会发展规律，也就应该起着巨大的彻底的变革了。

（2）1964 年 7 月，周世钊在《体会》[18]中写道：

当淮海战役、平津战役已经胜利结束，人民解放军将要南渡长江的时候，蒋介石匪帮的"金陵春梦"眼看就要做不成了，帝国主义在中国的侵略势力眼看就要被"扫地出门"了，这些中国人民最凶恶的敌人，竟装出一种"努力追求和平"和遵守"不干涉中国内政"的样子，进行求和缓兵，企图保存反革命的残余力量，等待时机一到，便好卷土重来，扑灭革命势力。毛主席洞察了他们这种阴谋，除开在《将革命进行到底》的文章中和《向全国进军的命令》中发出"彻底消灭反动势力"和"坚决、彻底、干净、全部地歼灭中国境内一切敢于抵抗的国民党反动派"的号召外，又在《人民解放军占领南京》一诗中，写出"宜将剩勇追穷寇，不可沽名学霸王"的响亮句子。作者在这里既不相信"穷寇勿追"的孙子兵法，更反对效法那沽仁义的虚名、贻纵敌自伤的西楚霸王，为的是对敌人的仁慈就是对自己的残忍，为的是无产阶级革命事业不可中途停顿，为的是社会发展规律也不能以人们的意志为转移，而必须对残余的穷寇乘胜追击，不使它有死灰复燃的希望。这种正确的战略思想，是符合革命形势的需要的，也是符合全国人民的利益的。歌颂革命战争的胜利，则有"虎踞龙盘今胜昔，天翻地覆慨而慷"。

（3）1971 年 11 月 27 日，周世钊在《讲话》[19]中指出：

当时革命阵营中所谓"好心人"和一些所谓"自由主义"人士，他们害怕美帝国主义，对国民党反动派抱同情态度，劝告我党接受南京国民党反动政府的和平要求。说什么国民党反动派是穷寇，按孙子兵法："穷寇勿追"。又说革命再向前进，就会引起美帝的干涉。还有一个外国同志，错误估计了国际和中国形势，也劝我党接受和平谈判，不要渡江，还是南北分治的好。如果这些意见得到采纳，革命人民就要放下武器，中国革命就要半途而废。

1948 年 12 月 30 日，毛主席在为新华社写了《将革命进行到底》的元旦社论。在这革命发展的关头，号召全国人民和各民主力量团结一致，将革命进行到底。当国民党南京伪政府拒绝在《国内和平协定》上签字后，毛主席又向人民解放军发出"奋勇前进，坚决、彻底、干净、全部地歼灭中国境内一切敢于抵抗的国民党反动派……"这就彻底粉碎了美帝和蒋匪帮的缓兵阴谋，贯彻了将革命进行到底的决定。

南京解放之后，毛主席写了这首热情歌颂伟大胜利的史诗，再一次激励人民解放军猛追穷寇，彻底肃清国民党反动派存在的残余力量。并将这诗传达到前线，这对前线全体指战员是很大的鼓舞，而对于那些劝阻过江的所谓"好心人"也是很好的教育。"宜将剩勇追穷寇，不可沽名学霸王"。从历史经验中证明将革命进行到底是颠扑不破的真理。穷寇必追，如落水狗也要打，也如毒蛇不要怜惜，中国人民最凶恶的敌人，万万不要宽恕。毛主席这几句精湛的诗，完全代表了全国革命人民的意志和希望。诗的最后写出"天若有情天亦老，人间正道是沧桑"。进一步使大家懂得旧社会的破灭，新世界的建立，蒋家王朝的覆亡，人民中国的诞生，是符合不以人们意志为转移的社会发展规律的，这就进一步使人坚定将革命进行到底的信心与斗志。

（4）1971 年 11 月 27 日，周世钊还讲过：

诗的第一句就是讲解放了南京，"虎踞龙盘今胜昔，天翻地覆慨而慷"。这首诗把南京解放当成天大的喜事来歌颂。不仅中国人民高兴，而且全世界人民都高兴。诗的最后一句："天若有情天亦老，人间正道是沧桑。"这里，把社会发展规律说明是完全必要的。"正道"：社会发展规律；"人间"：就是社会；"沧桑"：沧海变桑田，是唐代诗人李贺的现话，毛主席用在这里有了新的意义，天是没有感情的，如有感情也会头痛。另一种解释，天是自然的，没有感情，不以人们的意志为转移的。

（5）1971 年 11 月 27 日，周世钊又曾指出：

《七律·人民解放军占领南京》："百万雄师过大江"，"人间正道是沧桑"，"江""桑"都是阴韵，在古诗通用，律诗不通。这是形式，主要还在内容。采用古典诗词的形式格律，而在有必要时就突破旧框框的这种做法，也是毛主席对古典诗词既继承又批判的一个方面。

毛主席还借用和化用了古人的诗句，把它赋予与古人原作完全不同的新意。化用贾岛的"秋风吹渭水，落叶满长安。"这是毛主席对古典诗词既继承又革新的一种革命。这又是一个方面。

（6）1972 年，周世钊在其《七律·登钟山》[7]中写道：

《登钟山》诗中的"龙盘虎踞水流东"就是从毛泽东的《七律·人民解放军占领南京》中的"虎踞龙盘今胜昔"脱化而来的。

4 手 迹

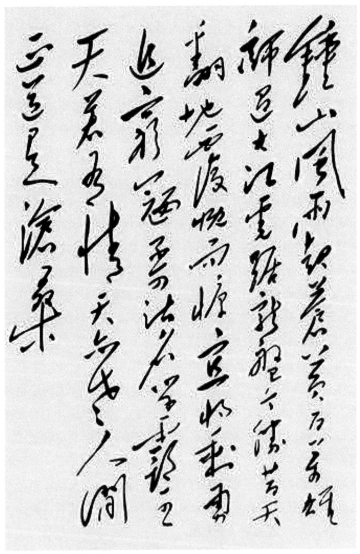

毛泽东手书《七律·人民解放军占领南京》

七　律·和柳亚子先生

（1949 年）

1 毛泽东原诗

七　律·和柳亚子先生

（1949 年）

饮茶粤海未能忘，索句渝州叶正黄。

三十一年还旧国，落花时节读华章。

牢骚太盛防肠断，风物长宜放眼量。

莫道昆明池水浅，观鱼胜过富春江。

2 依　据

引自 1963 年人民文学版《毛主席诗词》。

3 周世钊论述

　　1971 年 11 月 27 日，周世钊在全市中学语文教师学习《毛主席诗词》报告大会上的讲话中指出：毛主席诗词采用了不少的历史事实和神话、故事，如"富春江"等。

函赠《感愤》

（1949 年）

1949 年 10 月 28 日，周世钊在新中国成立后第一次致函毛泽东，全信如下：

润之主席学长兄：

不见面已二十二年，不得书已十三年。我记得你在西安事变不久以前，奉读兄由延安寄来的信，欣喜之余，写了一封简单的复信，这两次的信不知已承收到否？

这些年来，我很惭愧，自己因循颓废，没有长进。因湖南自马日事变后，环境恶劣，我非豪杰之士，不能奋起斗争，不免渐渐堕入了苦闷、消沉的深渊，甚至完全丧失了前进的勇气。记得在抗战的末期我曾写了一些旧诗，中有一律："人世纷纷一戏场，独惊岁月去堂堂。沐猴有冕终为笑，载鬼同车亦自伤。卅载青毡涸骏骨，九州明月乱离肠。长沙自古称清绝，我欲高歌学楚狂。"如此，可见我生活烦恼的一斑了。

我固然不敢自己宽恕自己，但也不肯承认我是自甘暴弃的人，我还能在沉闷的生活中谨守我教书的岗位，和粉笔、黑板结了不解之缘。今年暑假，在长沙将解放的时候，由于同事和学生的强拉代理一师校长（原任一师的校长是熊梦飞）一直到现在，虽很想奋发精神，为文教事业尽一点力，但终恐事与愿违，不易收到很好的结果。

现在全国已将完全解放，革命大业也将达到完成的阶段。这一方面应可稍慰兄三十年艰苦奋斗的心怀，一方面也部分地满足了全国劳苦大众的期望。不过此后新社会新国家的建设工作至艰至巨，还要劳心力、绞脑汁，一切意外困难的袭击，恐怕也不能尽免。好在有着坚贞不渝精神和精练正确的决策，事业虽艰，成功必可。除新社会之烂汗，致斯人于康乐，使消沉已久的人能够看到这种空前伟大的盛况，真要感到无限欢欣和快适。只恨自己无能，不能为涓埃之助，又使我感到十分的惭愧。

长沙自解放后政治刷新，社会也日趋安定。不过大多数人的生活在这大变动中感到一些困苦，一些干部工作努力有精神，使人敬佩无极，但有的还或不能掌握政策，和中央的决定常生偏差，有的不免带些关门主义的色彩。此后对下级干部的训练恐怕也会要劳及领导者的心神。

第一师范的全体学生和前后校友早些时候听到外间传说，兄将于今年冬季回湘一趟，都极欢祈地、热切地盼望能早靓光彩，一聆教诲。如有一天真的南来，一定不会使他们失望。他们都很真诚地想为新民主主义的教育努力，只是有不知从何处下手之感，极望于万机之余多加指导。一师的一部分老同学组织了一个城南学社，宗旨是研究马列主义和毛泽东思想并参加实现新民主主义之革命工作，这个社的社员也极盼有详密的指导。

三十年前兄在修业小学教书时的一个小学生陈泽同，后来在湖南大学学工毕业后做过很久的工程师，最近草拟了一个建设湘潭工业区的计划。他再三要我写一封介绍信同时将此计划书寄上。关于工程我是外行，不过，陈泽同是一个笃实努力的青年，对于他敬仰的老师的革命大业想竭尽他的能力来帮助，尤其想在兄正确的领导下继续地学习。如果兄认为陈泽同的计划有可采的地方，可不可交到工业部门负责的人去讨论。如有要陈泽同驱策的地方，他一定愿不顾一切地奋勇来干。他现在长沙等候指示。

要陈说的话很多，不知何处说起。又因为新政府开始组织，万机待理，日不暇给的时候，更不敢多烦清听了，如承蒙赐复至为期盼！

敬祝健康！

周世钊上

十月廿八日

在这封信中，周世钊披露了《七律·感愤》。就是由于这封信，导引了毛泽东于 1949 年 11 月 15 日的复函。函中毛泽东对诗中的"凋骏骨"反其意而用之，谓："骏骨未凋。"

在这封信中，其诗为初稿，以后正式定稿为：

七　律·感　愤

人世纷纷粉墨场，独惊岁月去堂堂。

沐猴加冕终贻笑，载鬼同车亦自伤。

卅载青毡凋骏骨，九州明月系离肠。

烟尘满眼天如晦，我欲高歌学楚狂。[7]

1971 年 6 月，右起楚中元、周世钊、王季范、张国基等在延安。

骏 骨 未 凋

（1949 年）

1949 年 11 月 15 日，即距周世钊 10 月 28 日发出的信函 19 天后，毛泽东复函周世钊，全信如下：[26]

敦元学长兄：

迭接电示，又得十月二十八日长书，勤勤恳恳，如见故人。延安曾接大示，寄重庆的信则未收到，兄过去虽未参加革命斗争，教书就是有益于人民的。城南学社诸友来电亦已收到，请兄转告他们，感谢他们的好意。兄为一师校长，深庆得人，可见骏骨未凋，尚有生气。倘有可能，尊著旧诗尚祈抄寄若干，多多益善。

除台湾、西藏外，全国各地大约几个月内即可完成军事占领。但大难甫平，民生憔悴，须有数年时间方能恢复人民经济，完成土地制度的改革及提高人民政治觉悟水平，这些任务均有待于文教工作的协助。

陈泽同先生的意见书已收阅，当交此间工业机关研究，请兄为我代致谢意。他的工作问题请告他直接向湖南当局要求解决，不要等候我的答复。谨此奉复。

敬颂

教祺

毛泽东

1949 年 11 月 15 日

对于周世钊这位毛泽东在湖南省立第一师范学校读书时的同班同学，新民学会第一批会员，他与毛泽东在新民学会里，达到了"同声相应、同气相求"的程度。他们在 1927 年分别后，周常常思念毛泽东，作诗曰："九州明月系离肠"。这封信不仅表达了毛泽东对周世钊的拳拳情意和正确评价，而且阐明了毛对文教工作的重视。边彦军等指出："毛泽东在致力于推进我国经济建设事业的同时，十分重视文化教育事业的建设。他强调文教工作要协助中心工作并为其服务，1949 年 11 月 15 日在给周世钊的信中说，'恢复人民经济，完成土地制度的改革及提高人民政治觉悟水平，这些任务均有待于文教工作的协助'。"

此信脉络清晰，层次分明，热情真挚，既有对二十多年友情的回顾，又有对建设新中国的瞻望；既有对故人的褒奖，又有对文教工作的重视和鼓励。在语言运用上，此信行文质朴，自然流畅，鼓舞人心。后来周世钊收到信后，欢欣鼓舞，决心为新中国建设事业贡献自己的全部力量[18]。

毛泽东在信中特别提出诗词问题："倘有可能，尊著旧诗尚祈抄寄若干，多多益善。"周世钊遵照毛泽东的嘱示，以后不断给毛泽东抄寄旧诗，此处的旧诗当指旧体诗词。这使得两颗诗人的心联系得更加紧密了。

新中国成立后，一些外国人评论毛泽东时常说："一个诗人赢得了一个新中国。"这话是有一定道理的。毛泽东有着坚强的马列主义信仰，有着坚韧不拔的革命斗志，同时，他心中充满着诗的感情，他有一颗炽热的诗心。他关怀诗，关怀诗人，向诗友周世钊索诗，而别人向他索诗时，他不一定都能满足。例如，1941 年 1 月 31 日，毛泽东致毛岸英、毛岸青的信中说："岸英要我写诗，我一点诗兴也没有，因此写不出。[27]"即使是毛泽东的长子毛岸英向他索诗，在他没有诗兴时，他也就写不出诗，可见诗人作诗之严谨。

周世钊的骏骨已凋与毛泽东的"骏骨未凋"虽一字之差，然而对周而言，则是久旱逢甘霖，使之如枯木逢春，其鼓舞、开导之功实莫大焉！"骏骨未凋"也是毛泽东对周世钊《七律·感愤》的答复。

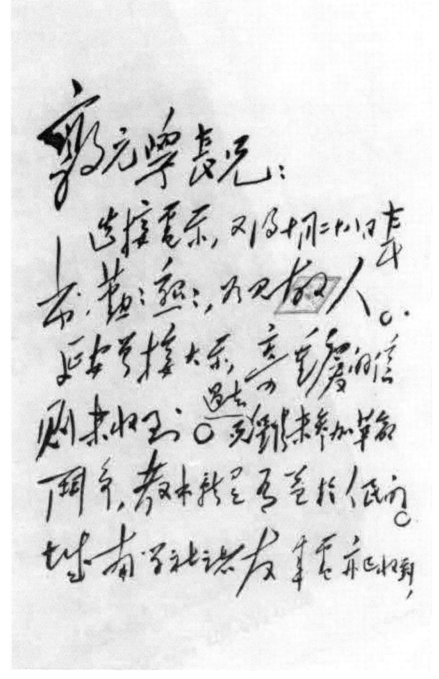

毛泽东手书致周世钊（1949 年 11 月 15 日）

兄为一师校长，深庆得人

今后，但大军所至，民必弃旧，须有
数年时间，方得按级人民纲领，
完成土地制度的改革，及按照
人民政协共同纲领，这些任务
均有待于我军之协助。

陈毅同志拟于月内来
沪，当交上阅二三条，并研究，
请予以我以告知。

这种小问题请去他处接
向别有专管要求解决
不要等候亦勿希冀。诸此
奉复。敬颂
教祺　　　毛泽东
一九〇九年七月十五日

最早的诗论

（1950 年）

1950 年 3 月 14 日，毛泽东致函蒋竹如，全信如下：

竹如学兄有道：

得示极慰，迟复为歉。惠我瑶章，弥见勤勤恳恳，深情厚意，如对故人。律诗是一种少数人吟赏的艺术，难于普及，不宜提倡，惟用民间言语七字成句有韵而非律的诗，即兄所指民间歌谣体制，尚是很有用的。弟于律诗，不会作而好读，前复东园兄信请他抄旧作寄我，未见寄来，却似乎因此引出尊兄寄来的诸多大作，使我非常高兴。韩信将兵，多多益善，寄重庆诗未收到，倘蒙多寄大作，极表欢迎。专此奉复，敬颂教礼！

问候东园兄。

毛泽东
一九五〇年三月十四日

此信中两次写到的"东园兄"，即周世钊。此信的由来过程大致是：1949 年 11 月 15 日，毛泽东致函周世钊，嘱周"倘有可能，尊著旧诗尚祈抄寄若干，多多益善。"周世钊因故未能及时寄去诗词，而将该信给同学蒋竹如看了，蒋给毛寄去许多诗词，使毛非常高兴。并谓"韩信将兵，多多益善"。所以，此信也可以说是写给蒋竹如和周世钊两人的。

《毛泽东诗词集》[6]中指出："作者（毛泽东）留下一些关于诗歌的文稿，

这次经过精选，发表书信七封，批语、引言、后记、谈话等五篇，作为附录刊在书后。"12 件附录中最早的是 1957 年 1 月 12 日《致臧克家等》。所以可以说这封信是毛泽东最早的关于谈论诗歌的文稿，既是最早的诗论，也是最深刻的诗论文字。而此信与周世钊有着密切关系。

蒋竹如先生（1898—1967），又名集虚、庆蒲、继琬，湖南湘潭人。语言文字学家。1915 年至 1920 年，就读于湖南一师本科第一部第 13 班。以后在湖南一师等校任教。他曾在湖南一师与毛泽东同校学习。他在一师的"人物互选"中以好学 6 票、文学 5 票而当选。他与毛泽东、周世钊的关系密切，在学习与工作中结下了深厚友谊。

毛泽东手书致蒋竹如（1950 年 3 月 14 日）

要做人民的先生，先做人民的学生

（1950 年）

1 毛泽东原对联

要做人民的先生；先做人民的学生。（1950 年）

2 依 据

1950 年 12 月 29 日《毛泽东致周世钊》。

3 周世钊论述

对于湖南第一师范，毛泽东与周世钊都有着深厚的感情，常常饮水思源。1949 年后，毛常给一师指示，使一师能沿着正规的普通师范的轨道不断前进，为祖国培育大量人民教师。周自 1949 年担任一师代理校长以来，以后一直任校长及名誉校长至 1976 年逝世，为一师历史上任期最长的校长，对一师的发展和国家的教育事业作出了贡献。他们两人对一师的师友也有过许多关怀和援助。

（1）1950 年 10 月 5 日，毛泽东约王季范和周世钊到中南海吃饭。饭后，毛泽东、周世钊等坐在休息室里谈话。

周世钊说："主席晏睡的习惯是不是对健康有妨害，是否可以考虑改变？"

毛泽东说："这种习惯养成已久了，不是我喜欢晏睡，是形势所驱，事实所迫，不得不如此的。当时抗日战争在华北各地展开，战场很多，每个战场上汇报请示的电告多在晚上到达延安总部。这些报告，有的要求指示进退的，有要补给武器物质的。当时，我们的物质条件差，我们接着这些电报，不能把它们搁置到明天，必须即刻研究回答，有的要找人商量，有的要开会讨论，将商量讨论的结果以电报回复，常常要到天亮才能完成这些工作，所以我们索性通夜工作，天亮以后才收拾睡觉。到北京以后，情况虽有改变，但党中央和国务院一些重要文件要审批的也多是下午送来，只好在晚上把它们办了，晏睡的习惯仍没有多大改变，事实需要，不得不如此。"

"您通夜工作，但要找人商量，找人开会，别人怎么办？"周世钊问。

"他们也只好不睡。像刘少奇、周恩来、朱德、任弼时等都成了夜里不睡的同志。"毛泽东回答。

"一些工作人员呢？"周世钊又问。

"那好办，他们轮班服务。"毛泽东又答。

周世钊和王季范告别前，毛泽东对周世钊说，"你要我对一师师生提出一点希望，你为我写一个草稿何如？"周世钊考虑一会后说："我写不好，但您这样吩咐了，只好试试看。"这就是毛泽东嘱周世钊代拟为一师的题词草稿。

（2）1950年12月29日，毛泽东致函周世钊，全文如下：

惇元兄：

嘱写的字①给你写了，不知可用否？

临行一信，长沙一信，都收到，很感谢！所说各事都同意，可以做（有些是要逐步地做）。师范教育会议，待与马先生②一谈，大略是可以的罢。

晏睡的毛病正在改。实行了半个月，按照太阳办事，不按月亮办事了。但近日又翻过来，新年后当再改正。多休息和注意吃东西，也正在做。总之如你所论，将这看作大事，不看作小事，就有希望改正了。

祝您及您的同事们工作顺利，新年快乐。

毛泽东

12月29日[1]

【注释】

① 嘱写的字：指毛泽东应周世钊于 1950 年 10 月 5 日的要求为湖南省立第一师范学校书写的校牌"第一师范"和题词"要做人民的先生，先做人民的学生"。此次写有四张宣纸条幅，其中三张写的是"湖南第一师范毕业"。一师按原件缩小制作了一批"湖南第一师范毕业"的毕业证章，并将其中的"第一师范"放大作为校名。"要做人民的先生，先做人民的学生"则作为校训。题词为周世钊草拟，毛泽东书写[4]。

② 马先生：指马叙伦。当时任中央人民政府教育部部长。

毛泽东的题词属于准对联，其手书见于《毛泽东题词墨迹集》及《书家毛泽东》等。

（3）1968 年，周世钊为纪念毛泽东题词而作词。其词如下：

满庭芳·隆重纪念毛主席为第一师范题词：
要做人民的先生，先做人民的学生十八周年

云日扬辉，江山含笑，欢呼声动南城。导师指示，教诲特谆谆。先向人民学习，才能做群众先生。青年辈，恭承宝训，铭座又书绅。　　光荣尊典范，辛勤劳动，体脑兼营。又长期淬砺，改造灵魂。永葆红心一片，抓革命，无限忠诚。神州行，舜尧亿兆，风化暨寰瀛。

（4）1970 年，周世钊为纪念毛泽东题词曾写过一篇文字，全文如下：

发扬革命传统，争取更大光荣

今天是伟大领袖毛主席为我们第一师范题词的二十周年纪念日，请让我在这里敬祝毛主席万寿无疆。并对一师领导同志、军代表和全体革命战士、革命师生致以热烈的祝贺。

1950 年年底，毛主席就为一师作了"要做人民的先生，先做人民的学生"的伟大指示，同时又写了"第一师范"四字标牌，这是伟大领袖对一师全体师生的深切关怀、伟大的教导和殷切的期望，也是对全国的领导干部和教育工作者的深切关怀、伟大教导和殷切的期望。

毛主席曾教导我们："我们的文学艺术家、我们的科学技术人员、我们的教授教员，都在教人民、教学生。因为他们是教育者，是当先生的。他们都有一个先受教育的义务。"各位同学是要当人民的先生的，所以到师范学校来读书受教育是符合毛主席指示的。但是仅仅学校里读一些书，受学校老师的教育，还有一定的局限性，所以毛主席又教导我们要在做先生之前接受人民的教育。接受贫下中农的再教育，以学习劳动人民的高尚品质、提高自己的政治觉悟、坚定自己的阶级立场。同时在与工农结合的过程中也从实践中学习许多生产斗争知识和阶级斗争知识。这个指示意义极为深远，我们一定要好好听从好好实践，以做好当先生的光荣任务。

怎样做好人民的先生？当然离不了学习、向劳动人民学习、接受贫下中农的再教育。也要从书本上学习，批判地接受一些古今中外的文化遗产。毛主席又教导我们，有一些人，学习得较好，历史上无问题，有"自来红"的思想，就放松了自己的学习和改造。也有一些人，读了一点书，有了一点知识，自己就骄傲起来，自以为了不起，看别人不来，更看文化较低的人不来，不愿向别人学习，这就阻碍了自己的改造和进步。毛主席曾批评过有些骄傲自满的知识分子："有一种人就当自己了不得，认为他是地上全知、天上全晓，这样自满自是的人，肯定是没有什么希望的了！"我相信我们的同学在毛主席"先做人民的学生"的教导下，一定会体会到没有自来红，只有改造红的道理。一定会有当工农兵的小学生的决心，永远保持老实谦虚的态度，认真学习加强改造，得到不断地进步。这是一定要做到的，也是一定能够做到的。

在毛主席为一师题词的同时，徐老已在毛主席的嘱咐下对一师作了"实事求是，不自以为是"的指示。徐老认为这是毛主席的作风，也是共产党的党风，他希望一师培养这种作风。徐老这个指示也正是与毛主席的指示一致的。只有不自以为是、不自以为红、不自以为了不起，才能虚心抓学习、认真抓改造，拜劳动人民为师，得到不断地进步。这个指示也是我们应该认真体会贯彻的。

当然，要做人民的学生的方面很多，我在这里就只谈了这一点。

当前国内外的形势大好，湖南的形势也大好，而且越来越好。在省的党代表大会上提出来要在十年时间内把湖南建设成为适应独立作战的工农业全面发展的工业省。这个光荣而艰巨的战斗任务，加到大家的身上。这个光明美好的希望就在我们面前，相信大家在学习贯彻毛主席指示的时候，将以豪迈的心情、奋发的志气为完成党的号召奋勇前进，作出巨大的贡献！

毛泽东的诗词无论在思想性与艺术性上都堪称一流，在对联方面的造诣也是技高一筹。对联是诗中之诗。"要做人民的先生，先做人民的学生"就是青年知识分子不仅要掌握书本知识，还要了解自己的教育对象，要培养对工农大众的感情，才能真正当好先生。这是毛泽东认识论的重要内容，"做人民的学生"的过程就是理论联系实际的过程，是一个再认识的过程，认识经过实践的检验就会上升到一个更高的阶段，再指导实践，就是"做人民的先生"的过程，实践认识，再实践再认识，经过如此不断地反复，人们对客观事物的认识才会上升到一个比较高的高度。

这是一幅宽对，它在很多中学、大学被广泛地做对联使用。全联言简意明，语气亲切，含义深远，富于哲理，辩证地阐释了先生和学生的辩证关系，反映了毛泽东实践和认识辩证统一的哲学思想。

4 手　迹

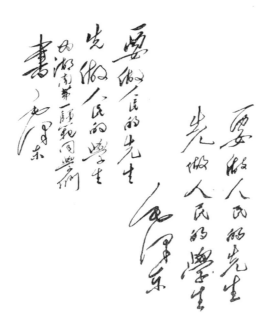

毛泽东手书周世钊草拟的准对联

要做人民的先生、先做人民的学生

周世钊手书"要做人民的先生，先做人民的学生"

解释《沁园春·雪》

（1951 年）

1951 年 8 月 21 日，周世钊在其日记中写道：

下午三时半，毛主席约至中南海，陪同毛主席夫妇在南海划船，又到中海上休息。叶子龙秘书以手相机照了几张照片。在那里吃了晚饭，谈了一些闲话，十时返校。

道腴七叔来京事，已得毛主席同意，将嘱湖南省府送其来京，楚中元入文史研究馆亦得主席许可。

毛主席谈话摘抄：

"一切旧书，都作历史看待，就都有价值了。"

"一些年老的知识分子，也可以作历史看待。"

"《沁园春》一词，只批评了秦皇汉武、唐宗宋祖的不大行，并没有说明谁是行的；至于'数风流人物，还看今朝'的说法，也并没有说明有谁行，指个人也好，指群众也可。"

"土改是空前绝后的工作，如有机会参加，不可错过。"

毛泽东与周世钊是挚友。只有挚友才有 1951 年 8 月 21 日的相聚，又是划船，又是照相，又是吃饭，又是推荐人事，又是推心置腹地无所不谈，而历时六七个小时之久。

毛泽东创作《沁园春·雪》已经86年了。

《沁园春·雪》是毛泽东诗词的代表作，是一首具有伟大历史意义的文艺作品。该词发表以来，轰动诗坛、政界，多少人写了学习心得、注释，多少人又有和作。

毛泽东唯一一次对《沁园春·雪》的注释是1958年12月21日的自注：

雪：反封建主义，批判两千年封建主义的一个反动侧面。文采、风骚、大雕，只能如是。须知这是写诗啊！难道可以谩骂这一些人们吗？别的解释是错的，末三句，是指无产阶级。

在20世纪初，毛泽东与周世钊同读于湖南省立第一师范学校第八班，同学五年半，他们间建立了牢固的友谊。1918年，他们两人都是第一批参加新民学会的基本会员，他们是挚友。

我们从周世钊的为人——温和敦厚、待人赤诚以及谈话是1951年来考虑，周世钊记日记必然仿真，决不敢有丝毫失真，可见其可信度是甚高的。周世钊记下的《毛主席谈话摘抄》实际上就是《毛主席语录》。这次毛泽东的解释从未发表过，所以不为人知。而两次注释各有异同。我们除了披露这段文字外，并对其两次注释予以研究比较如下：

对"五大帝"的研究比较为：

——惜秦皇汉武，略输文采；唐宗宋祖，稍逊风骚。一代天骄，成吉思汗，只识弯弓射大雕。这是毛泽东《沁园春·雪》中对五大帝的评议。

——《沁园春·雪》一词，只批评了秦皇汉武、唐宗宋祖的不大行，并没有说明谁是行的。这是毛泽东向周世钊自释《沁园春·雪》时对五大帝的解释。

——雪：反封建主义，批判两千年封建主义的一个反动侧面。文采、风骚、大雕，只能如是。须知这是写诗啊！难道可以谩骂这一些人们吗？这是毛泽东自注《沁园春·雪》时的注解。

从这三段文字中，毛泽东对五大帝的评议是：略输文采，稍逊风骚，只识弯弓射大雕。他批评了五大帝是不大行的，认为两千年的封建主义是一个反动侧面，值得批判，从用词"反动侧面"来看，还是带有贬低五大帝的味道。然而，并没有说明谁是行的。

对"末三句"的研究比较为：

——俱往矣，数风流人物，还看今朝。这是毛泽东《沁园春·雪》中的末三句。

——至于"数风流人物，还看今朝"的说法，也并没有说明今朝有谁行，指个人也好，指群众也可。这是毛泽东对周世钊自释《沁园春·雪》时对末三句的解释。

——末三句，是指无产阶级。这是毛泽东在自注《沁园春·雪》时对末三句的注解。

从这三段文字中，毛泽东提出了末三句的命题，在1951年时，没有说明有谁行，今朝的风流人物既可以是个人，也可以是群众。可是到了1958年，毛泽东斩钉截铁地指出，今朝的风流人物只能指无产阶级了，既不是群众，也不是个人了。

秦皇汉武、唐宗宋祖、成吉思汗，均为曾经叱咤风云的一代豪杰，他们谱写了雄壮的中国历史，是历史人物。今朝的风流人物，应是继往开来的俊杰，将被将来称为历史人物，这就是历史。

袁吉六先生之墓

（1952 年）

1952 年，袁吉六家乡的有关部门及袁吉六的亲朋好友筹划给他修葺坟墓，委托罗元琨（毛泽东与周世钊在一师上学时的历史教员）给毛泽东写信，请他给袁吉六题写碑文。

其实，早两年的 1950 年 10 月 5 日，毛泽东邀请原第一师范的老师与学友徐特立、王季范、熊瑾玎、周世钊和谢觉哉等人来到中南海的家中作客，叙谈当中，毛泽东向周世钊打听昔日的先生和同学的消息，询问原一师的张干、袁吉六等先生的情况，周世钊告诉他，袁吉六先生因积劳成疾，早已在 1932 年病逝。

袁吉六先生逝世 20 年后的 1952 年 10 月中旬，罗元琨给毛泽东写信，请求给袁吉六题写碑文。1952 年 10 月 22 日，毛泽东给罗元琨复信说："10 月 19 日赐示敬悉。李先生交来两件（指罗元琨托李漱清交给毛泽东的两篇文稿。一篇是罗元琨的自传，另一篇是罗写的《第一师范时代的毛主席》），均已拜读，极为感谢！自传兴会飙举，评论深刻，可为后生楷模。另件所述'特色诸点，得之传闻，诸多不实，请勿公表为荷。两件奉还。袁先生墓文（指毛写的"袁吉六先生之墓"）遵嘱书就，烦为转致……"

罗先生接到毛泽东随信邮来的碑文，非常激动。毛泽东党政要务缠身，却专门为一位已故的普通老师题写墓碑文，足见他忘不了老师授业解惑之情。

罗先生当即将碑文转呈新化县政府，并告知袁先生亲属。后来，有关部门举行了隆重的墓碑安放仪式，毛泽东亲书的"袁吉六先生之墓"七个大字镌刻在白玉般的大理石上，矗立在袁吉六先生的坟前。

袁吉六先生在世时，致力于教书育人，却贫病交加一生；未曾想百年之后，竟受到已成为新中国主席的学生毛泽东的深切悼念，备享哀荣。毛泽东给他的老师亲题碑文，在众多的先生中，也仅有袁先生一人。这也是毛泽东一生中唯一题写的碑文。[4]毛泽东饱含深情题写的墓碑同青山绿水一起，日夜陪伴着毛泽东与周世钊共同的恩师。

毛泽东手书"袁吉六先生之墓"

浪淘沙·北戴河

（1954 年）

1 毛泽东原词

浪淘沙·北戴河

（1954 年）

　　大雨落幽燕，白浪滔天，秦皇岛外打鱼船。一片汪洋都不见，知向谁边？　　往事越千年，魏武挥鞭，东临碣石有遗篇。萧瑟秋风今又是，换了人间。

2 依　据

引自 1963 年人民文学版《毛主席诗词》。

3 周世钊论述

1971 年 11 月 27 日，周世钊指出[19]：

有次我到洞口视察工作，第×中学正在教《浪淘沙》。讲到"萧瑟秋风"，他说：毛主席的诗词没有这种萧瑟之感，"萧瑟"应作"爽朗"讲。我是闻所未闻。（笑！）萧瑟就是萧瑟，"萧瑟秋风"是曹操的原诗"秋风萧瑟，洪波涌起"倒装过来的。"换了人间"，不是曹操那个时代了，现在想的关心的是"打鱼船"莫非遇到了紧急情况。不要那样去咬词。

七 律·和周世钊同志

（1955 年 10 月 4 日）

1 毛泽东原诗

七 律·和周世钊同志
（1955 年 10 月 4 日）

春江浩荡暂徘徊，又踏层峰望眼开。

风起绿洲吹浪去，雨从青野上山来。

尊前谈笑人依旧，域外鸡虫事可哀。

莫叹韶华容易逝，卅年仍到赫曦台。

【注释】

春江：指涨水的湘江。

层峰：连绵不断的山峰，这里指岳麓山。

绿洲：指橘子洲，在长沙之西的湘江中。

尊前：尊同"樽"，酒杯。尊前，酒席前。

域外鸡虫事可哀：国外的某些事情像鸡虫得失一样渺小，纠缠这些小事的人是可悲的。唐杜甫《缚鸡行》："小奴缚鸡向市卖，鸡被缚急相喧争。家中厌鸡食虫蚁，不知鸡卖还遭烹。虫鸡于人何厚薄？吾叱奴人解其缚。鸡虫得失无了时，注目寒江倚山阁。"

韶华：美好的年华，指人的青年时代。

赫曦台：在长沙市岳麓书院。南宋朱熹曾称岳麓山顶为赫曦，后因称山上的台为赫曦台。清代因山上的台已毁，将原"赫曦台"匾额悬于岳麓书院"前台"，由此前台更名赫曦台。赫曦，指太阳光明盛大的样子。

2 依 据

引自 1983 年版的《毛泽东书信选集》[26]。

3 周世钊及研究者论述

1955 年 10 月 4 日，毛泽东致函周世钊，并和诗一首。全信如下：

惇元兄：

惠书早已收读，迟复为歉。承录示程颂万遗作，甚感，并请向曹子谷先生致谢意。校额诸件待暇当为一书，近日尚未能从事于此。读大作各首甚有兴趣，奉和一律，尚祈指政。春江浩荡暂徘徊，又踏层峰望眼开。风起绿洲吹浪去，雨从青野上山来。尊前谈笑人依旧，域外鸡虫事可哀。莫叹韶华容易逝，卅年仍到赫曦台。

顺问

近佳

毛泽东

1955 年 10 月 4 日

信中的程颂万，系湖南宁乡人，晚清诗人。

信中的曹子谷，即曹籽谷（1876—1960），名典球，湖南长沙人。1949年前担任过湖南省教育厅厅长，湖南大学校长。1949 年后曾任湖南省政协常委、湖南省文史研究馆副馆长。

信中的奉和一律缘于：1955 年 6 月 20 日，毛泽东在长沙由程潜、周世钊等人陪同，上午先到涨水的湘江游泳，后登岳麓山，中午在山巅望湘亭用餐，谈笑甚欢。周后以《七律·从毛主席登岳麓山至云麓宫》赠毛。这是毛答周世钊的酬和之作。

本信最早发表在 1983 年出版的《毛泽东书信选集》[26]中。该书共收入毛泽东在 1920 年至 1965 年期间的 372 封书信。这些信中有毛泽东诗词全文的只有 3 封信，一封是 1955 年 10 月 4 日致周世钊的，信中有《七律·和周世钊同志》；又一封是 1956 年 12 月 5 日致周世钊的，信中有《水调歌头·长江》；第三封是 1957 年 5 月 11 日致李淑一的，信中有《蝶恋花·答李淑一》。

1955 年 4 月，周世钊被任命为湖南省教育厅副厅长兼湖南省第一师范学校校长，1955 年 6 月，随毛泽东上岳麓山直至云麓宫，写了那首《从毛主席登岳麓山至云麓宫》。毛信中讲的大作各首中就有这首七律。而上节所述的那幸福的一天，就是这首和诗写作的背景材料。

毛泽东的和诗被编入 1986 年版的《毛泽东诗词选》中。该诗原来无题，一些学者就以首句"春江浩荡暂徘徊"为题。后来我们在文[11]中建议将诗题改为《七律·和周世钊》。而在文[6]中定题为《七律·和周世钊同志》。当时没有附上周世钊的原诗。迟至 1991 年文[28]重印及文[6]中再附上周世钊原诗《七律·从毛主席登岳麓山至云麓宫》，并作如下注释。

七律·从毛主席登岳麓山至云麓宫①

滚滚江声走白沙，飘飘旗影卷红霞。
直登云麓三千丈②，来看长沙百万③家。
故国几年空兕虎④，东风遍地绿森麻。
南巡喜见升平乐，何用书生颂物华⑤。

【注释】

①云麓宫：在岳麓山的云麓峰顶，系道教宫观。近旁有望湘亭，是纵览长沙风貌的观景点。

②三千丈：此言云麓峰极高，夸张手法，并非实数。李白《秋浦歌·其十五》："白发三千丈，缘愁似个长。"

③百万：这里是虚数。

④故国几年空兕（音 si 寺）虎：故国，这里指故乡。空：尽，引申为绝迹。兕，古代兽名，似水牛，独角青色。兕虎，泛指猛兽，这里比喻凶恶的敌人。

⑤物华：自然美景。杜甫《曲江陪郑南史饮》诗："自知白发非春事，且尽芳尊恋物华。"

1991年，这首和诗引起江泽民同志的瞩目。是年3月16日，江泽民同志在湖南岳麓书院视察。久雨初晴的长沙市岳麓山下，湖南大学岳麓书院古树吐绿，金色迎春花盛开。下午3点35分，三辆淡黄色旅行车在书院大门前停下。江泽民同志特地来视察这座历史悠久的学府。同行的有中央宣传部部长王忍之、湖南省委书记熊清泉和湖南省省长陈邦柱同志。这时，正在岳麓书院一带参观游览的群众纷纷汇集拢来，热烈鼓掌并高声呼喊："江总书记！您好！"江泽民同志满脸笑容向群众招手，健步走向书院门前的赫曦台。

岳麓书院文化研究所所长陈谷嘉教授向江泽民同志介绍：南宋著名的理学家朱熹来岳麓书院讲学时，经常与书院的山长张栻到岳麓山顶观日出。后来人们把岳麓山称为"赫曦峰"，并在峰顶建"赫曦亭"以为纪念。清朝时，书院山长罗典把亭移到这里，改名为"赫曦台"。"'赫曦'是什么意思？"江泽民同志谦虚平易地问。

"是太阳喷薄欲出的情景。"

"哦，'曦'是晨曦的意思，"江泽民同志继续问道，"这个'赫'是什么意思呢？"

"是光明之意，这赫曦台后来成了学生进行文娱活动的场所。"

江泽民同志举步登上赫曦台，陈教授又向他介绍墙壁上一个约两米高的"寿"字：清代时，罗典设"鹿鸣宴"以庆贺科举题名时，书院来了一个道士，出言能诗善对，并要求留宿书院：自行睡在赫曦台上。道士于第二天一早就不见了，在墙上留下了这个"寿"字。字形如龙蛇盘绕，颇有气势，据说是道士用扫帚蘸地上的黄泥所写。

江泽民同志听到这有趣的故事后，欣然用手顺着"寿"字的笔势比画着，欣赏着。

江泽民同志走到赫曦台正中，轻声吟读上面一首毛泽东的诗《和周世钊同志》：

江泽民同志说："主席的诗我基本上都能背的，这首是何时发表的？我没有读过。"江泽民同志特别喜爱毛主席的诗词。几天前在韶山时，他曾情不自禁地背诵过毛主席的《七律·到韶山》《沁园春·雪》和《蝶恋花·答李淑一》等。他吩咐秘书"抄下来"。

2003年，罗炽在文[30]中充分赏析了这首和诗。他说："大凡赓和之作，不外依韵（依所和对象之诗韵）、用韵（用所和对象之原字，但不拘其次序）、步韵（亦称次韵，即按所和对象之原韵、原字次序作诗）三种。此外，还有一种，即依据所和对象诗之意蕴，抒发自我之情怀，而不拘其字韵，只需标题上附以'和'字即可。毛泽东的这首和诗就属此类。"

罗炽先生还认为："在我读到的毛泽东的唱和诗词中，从审美的角度讲，窃以为这首《和周世钊同志》的七律为最美。"

2003年，李子建在文[27]中指出："毛泽东诗词中运用动词最集中、最具特色的要数《七律·和周世钊同志》中的颔联对仗：'风起绿洲吹浪去，雨从青野上山来。'这首诗联意境美，词句美，动态美。前无古人，后待来者。十四个字中有'起''吹''去''从''上''来'六个动词，其中'风'对'雨'，'绿洲'对'青野'，'吹浪'对'上山'，'去'对'来'，灵动俱在，巧夺天工。历代诗家称颂苏轼《过惶恐滩》中颈联两句诗的动词用得好：'长风送客添帆腹，积雨浮舟减石鳞'用动镜头来深化意境，其中用了'送''添''浮''减'四个动词，不愧为大手笔，但与毛泽东诗中的'起''吹''去''从''上''来'六个动词相比，则未免'略输文采''稍逊风骚'了。"

2004年，龚国基在文[31]中认为"这首与老朋友的唱和诗通过重登岳麓山远眺的描述，抒发了对友人对家乡的一往情深，表现了作者永葆青春、奋进不息的豪情壮志和乐观、豁达的人生态度。意境开阔，文辞优美，哲理深刻，超凡脱俗，是一首感物咏怀的佳作。"

2005年，冯锡刚在文[32]《最喜诗人高唱至》中指出，翻开一部《毛泽东诗词集》，得有幸唱和的是柳亚子、郭沫若和周世钊三人。周是毛泽东的同学和同乡，他与毛泽东之唱和似不类于柳亚子和郭沫若，唱和往往带有私交的色彩。而在毛泽东的心目中，柳亚子是"一位有骨气的旧文人"，郭沫若是一位事功意识很强的政治活动家。所以，毛泽东与柳、郭的唱和更富有政治色彩。

2005年，钱理群、袁本良在文[25]中对这首诗的评述是："故地情深，老友情深。此诗清正和雅，显现了对世事人生的达观心境。"这首诗是该书中唯一的一首和诗。被称为"20 世纪第一和" [25]。文[26]认为，这首诗最早发表于1983 年出版的《毛泽东书信选集》中，而其手迹最早发表在 1983 年第 12 期《学习与研究》及 1983 年 12 月 26 日的《湖南日报》上。

4 编著者考辨

迄今为止，我们尚没有发现周世钊对毛泽东《七律·和周世钊同志》的任何论述。

5 毛泽东手迹

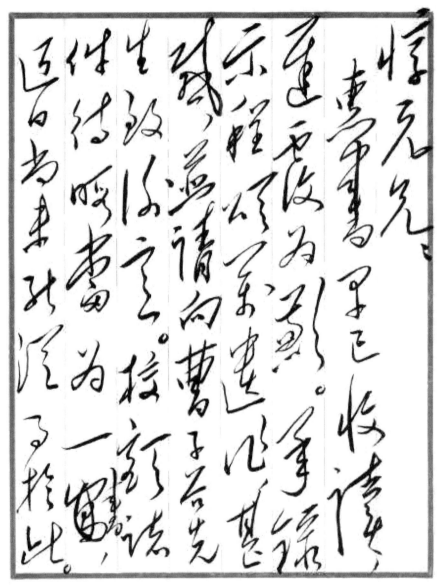

毛泽东手书致周世钊（1955 年 10 月 4 日）

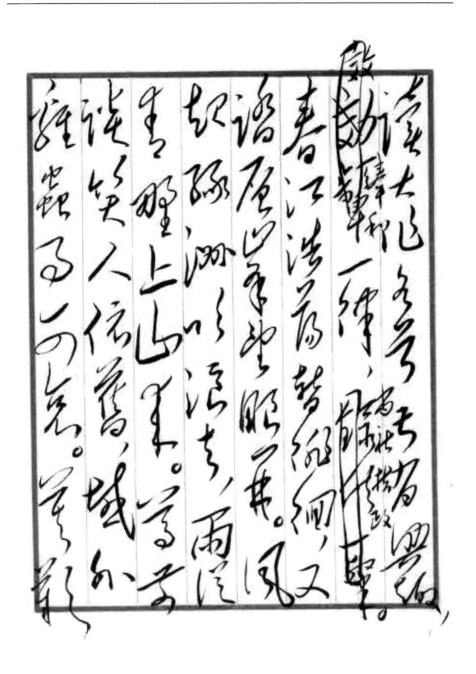

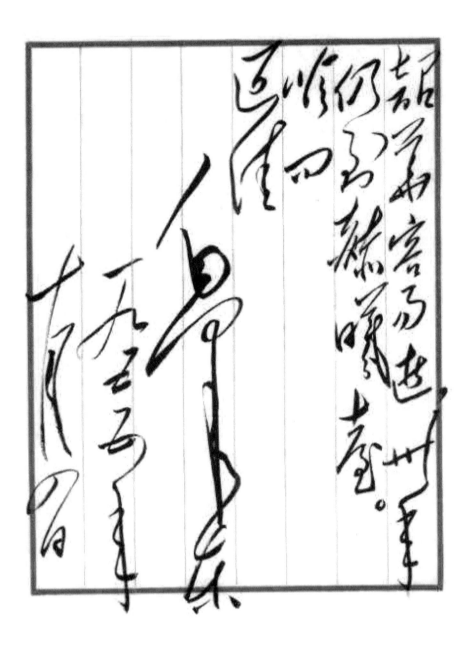

6 周世钊手迹

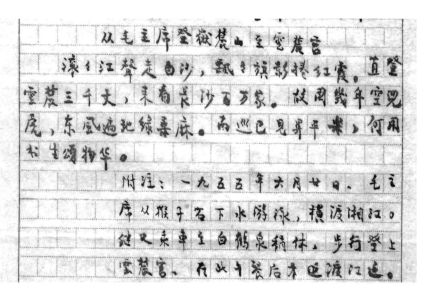

周世钊手书《七律·从毛主席登岳麓山至云麓宫》

大作读悉

（1955 年）

1955 年 11 月 24 日，毛泽东致函周世钊，谈了调查研究诸问题。全信如下：

惇元兄：

你的信好久就收到了，你的大作及附件各种都已读悉。极为感谢！嘱写的字至今未能应命。你那里还不那样急需罢，我想等一等再讲，如何？你下去跑没有？最好一年下去跑几次，每次两三星期也好。我最近出外跑了一次，觉头脑清新得多。你下去时，不只看学校，还可看些别的东西。

再谈。顺问

教安

毛泽东

1955 年 11 月 24 日

毛信中所述的"嘱写的字"为：1955 年，周世钊曾致函毛泽东，请求为湖南省第一师范学校题写校名。

毛泽东函中所述"大作"当是包括《苏幕遮·过橘洲》等诗词。对于这些周世钊诗词，毛泽东表示"极为感谢"以作答复。

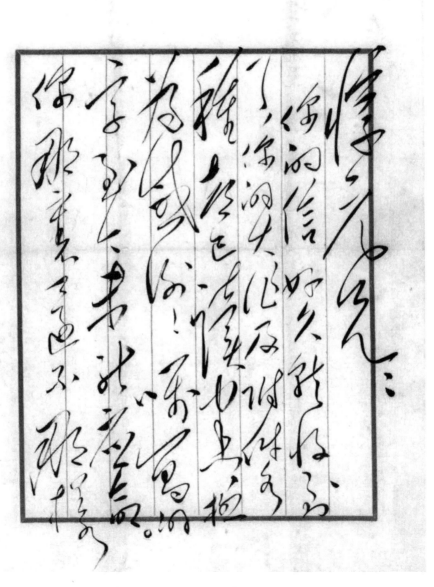

毛泽东手书致周世钊（1955 年 11 月 24 日）

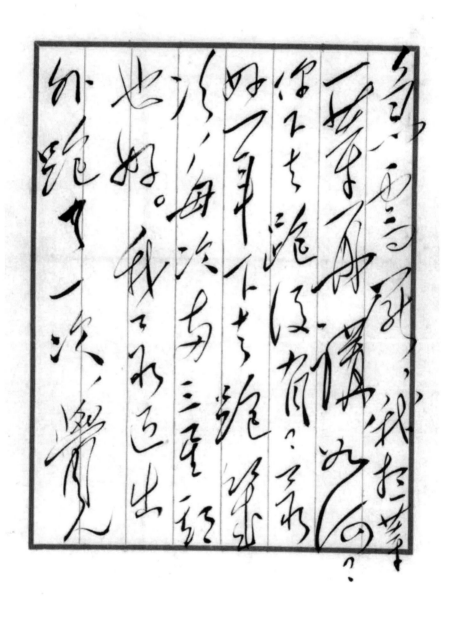

水调歌头·长 江

（1956 年）

1 毛泽东原词

　　1956 年 12 月 5 日，毛泽东因周世钊于 6 年前寄赠的《五律·过许昌》而致函周世钊，并答词一首。全信如下：

惇元兄：

　　两次惠书均已收到，情意拳拳，极为高兴。告知我省察形情，尤为有益。校牌仍未写，因提不起这个心情，但却时常在念，总有一天要交账的。时常记得秋风过许昌之句，无以为答。今年游长江，填了一首水调歌头，录陈审正。

水调歌头·长　江

　　才饮长沙水，又食武昌鱼。万里长江横渡，极目楚天舒。不管风吹浪打，胜似闲庭信步，今日得宽馀。子在川上曰：逝者如斯乎！　　风樯动，龟蛇静，起宏图。一桥飞架南北，天堑变通途。更立西江石壁，截断巫山云雨，高峡出平湖。神女应无恙，当惊世界殊。

　　暂时不会出国，你们的意见是正确的。

　　问好！

毛泽东
1956 年 12 月 5 日

2 依　据

引自毛泽东 1956 年 12 月 5 日信。

3 编著者考辨

毛信中所述的："秋风过许昌"，即是周世钊赴北京参加国庆观礼路过许昌时所作的《五律·过许昌》一诗。不过这是 6 年以前所写，而毛泽东却是"时常记得"，可见印象之深[1]。

词名《长江》，在 1957 年 1 月交《诗刊》创刊号发表时改题《游泳》。并将"逝者如斯乎"订正为"逝者如斯夫"。1959 年 1 月 29 日《新民晚报》也转载了原稿。在 1963 年 12 月出版的《毛主席诗词》中将"一桥飞架南北，天堑变通途"改为"一桥飞架，南北天堑变通途"，以后又改成原稿样。这些更改，可足证毛泽东对于自己的诗词是精益求精，平等待人，与人真诚相见，不耻下问，广泛征求意见，他所说的"录陈审正"是出自肺腑的。正因为他此时虚怀若谷，从而使别人能坦率地表达意见。

"你们的意见是正确的"，系指毛泽东同意周世钊等的建议，不去印度尼西亚访问了。

李子建在文[27]中研究本词的文章，认为"纵观全词的艺术构思仅仅围绕一个'水'字，上片的豪壮、舒展、宽余的心情，是从'万里长江横渡'的水中得之；'逝者如斯夫'的兴叹，是由水而发。下片的'风樯动'，是水上之景；'一桥飞架南北'，是越水；'更立西江石壁'，是拱水；'高峡出平湖'，是蓄水。巫山神女是助禹治水的水神"。

4 手 迹

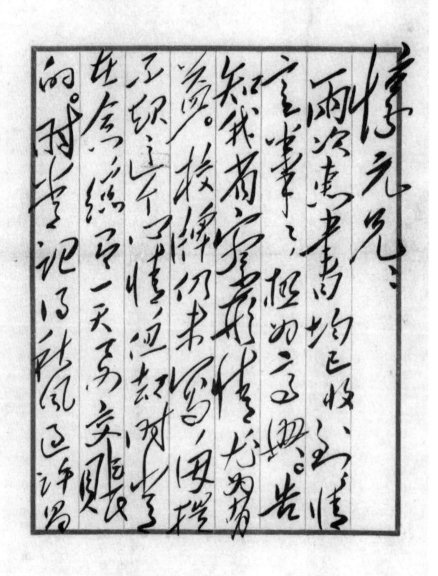

毛泽东手书致周世钊（1956 年 12 月 5 日）

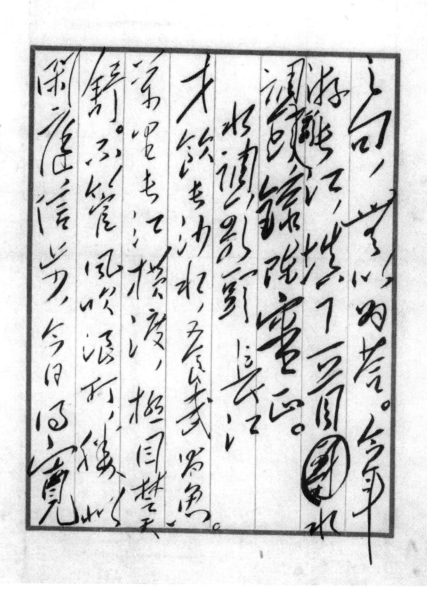

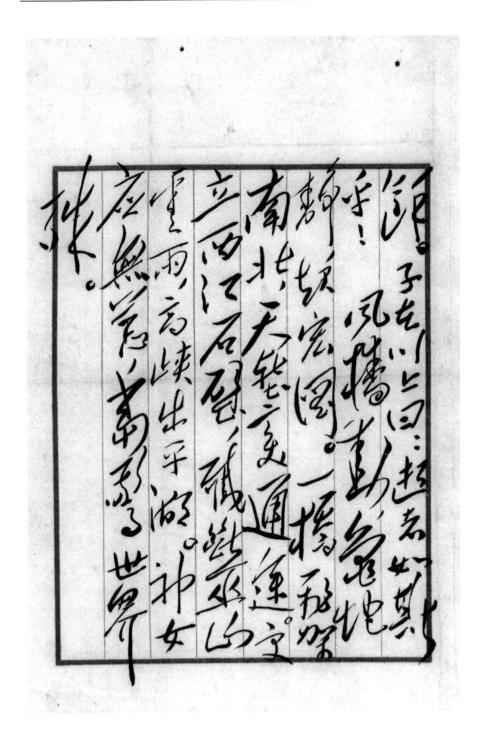

子在川上曰：逝者如斯夫！风樯动，龟蛇静，起宏图。一桥飞架南北，天堑变通途。更立西江石壁，截断巫山云雨，高峡出平湖。神女应无恙，当惊世界殊。

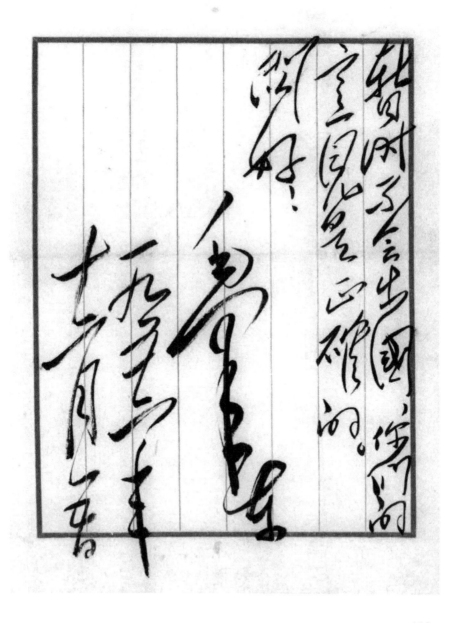

水调歌头·游　泳

（1956 年）

1 毛泽东原词

水调歌头·游　泳

（1956 年）

才饮长沙水，又食武昌鱼。万里长江横渡，极目楚天舒。不管风吹浪打，胜似闲庭信步，今日得宽馀。子在川上曰：逝者如斯夫！　风樯动，龟蛇静，起宏图。一桥飞架南北，天堑变通途。更立西江石壁，截断巫山云雨，高峡出平湖。神女应无恙，当惊世界殊。

2 依　据

引自 1963 年人民文学版《毛主席诗词》。

3 周世钊论述

叶君健在文[35]中写道：

1975 年，袁水拍在当时"批孔"的气氛下，作了这样的修改和引申：

"孔丘，春秋时代政治上的顽固分子，反动思想家。他一生致力于维护和复辟奴隶制。由于他逆历史潮流而动，就哀叹过去的一切像流水似的一去不复返。"

这样一解释，"逝者如斯夫"的调子就很低沉了。这显然与原诗的意境不尽符合。我心里很不踏实，在长沙访问周世钊老人时，我特别就此句向他求教。他说：原文"逝者如斯夫"后面还有"不舍昼夜"句，这是"川流不息"的意思，并非"批孔"，也毫无消极的含义，而是号召人们要不断努力，积极建设社会，因为接着的一阕是"……起宏图。一桥飞架南北，天堑变通途……"这个理解很重要，使我意识到注释里面也有很大的政治，与原作的内容具有极为紧密的有机联系。我想这种情况对任何文学作品的翻译和注释都是如此。[35]

《水调歌头·游泳》的价值

1957 年 1 月号《诗刊》最早正式发表了《水调歌头·游泳》，全词为：

水调歌头·游　泳

才饮长沙水，又食武昌鱼。万里长江横渡，极目楚天舒。不管风吹浪打，胜似闲庭信步，今日得宽馀。子在川上曰：逝者如斯夫！　　风樯动，龟蛇静，起宏图。一桥飞架南北，天堑变通途。更立西江石壁，截断巫山云雨，高峡出平湖。神女应无恙，当惊世界殊。

1961 年，蒙哥马利再度访问中国。在武汉，毛泽东和蒙哥马利谈了两次话。夜晚，蒙哥马利下榻的宾馆，工作人员忙忙碌碌地为他准备行装。第二天，他将启程返回英国。这时毛泽东来了。毛泽东说："为你送行，送你一件礼物。"蒙哥马利喜出望外，握着毛泽东的手久久没有放开。毛泽东送给他的礼物是一幅由毛泽东创作并亲笔书写的《水调歌头·游泳》。陪同蒙哥马利的中国人告诉他："这是无价之宝，主席亲笔写下自己的诗词送给外国客人是极罕见的事情。"陪同毛泽东前来的中国人告诉他："这是主席早晨四点钟起床后写的，上面还飘着墨香呢！"蒙哥马利端详着遒劲有力的方块汉字，连声向毛泽东道谢。毛泽东说："不要忘了，我们还将在长江进行游泳比赛呢！"

毛泽东对《水调歌头·游泳》的一个标点符号反复推敲，堪称趣闻……

《水调歌头·游泳》共有 5 幅手稿。最具代表性的则是答周世钊的那幅；即是常被人引用的一幅。例如 1957 年建成的武汉长江第一桥桥头就立了《游泳》碑。《毛泽东诗词选》等著作选用这幅手稿。季世昌著的《毛泽东诗词鉴赏大全》把这幅手稿用在书脊上。毛泽东的堂侄女毛小青开办的"韶山毛家菜馆"在显著地位立了《游泳》牌。

为什么说《水调歌头·游泳》那幅手稿就是周世钊信中的呢？毛泽东诗词研究家季世昌在其著作[36]中写道：

笔者曾在一本关于毛泽东诗词讲解的书中谈到毛泽东曾于1956年12月将一首《水调歌头》词书赠黄炎培、周世钊二先生，标题均为《水调歌头·长江》，而另有一幅手书却题为《水调歌头·游泳》。

1993年，周世钊先生之女儿周彦瑜、女婿吴美潮给我来信指出："另有一种手书，其实即为赠周世钊的稿，只是把词题处理了而已。"（意思是将"长江"改成了"游泳"）我据以核对，果然，目前最为流行的《水调歌头·游泳》的那一幅手书，即为从毛泽东1956年12月5日致周世钊信中所录，且最后的署名和书写日期——"毛泽东一九五六年十二月五日"都一模一样，毫无二致。手书上有两处做了改动：一是标题，诚如前述，将《水调歌头·长江》改为《水调歌头·游泳》；二是"逝者如斯夫"的"夫"字原文笔误作"乎"，后改为"夫"。

这一幅手书是在毛泽东生前发表的，因而可以认为，这幅手书的改动是得到毛泽东本人认可的；同时，这一幅字写得行云流水，潇洒美观，可以认为是毛泽东的得意之作。具有书法经验的人都知道，要写得一幅好字，有时是可遇而不可求的。也许这就是为什么要在这幅字上将标题和"夫"字作改动而不另写的缘故吧。因而我们也就可以知道这幅字之所以在群众中广泛流传，受到特别喜爱的原因了。

蝶恋花·答李淑一

（1957 年）

1 毛泽东原词

蝶恋花·答李淑一
（1957 年）

我失骄杨君失柳，杨柳轻飏直上重霄九。问讯吴刚何所有，吴刚捧出桂花酒。　　寂寞嫦娥舒广袖，万里长空且为忠魂舞。忽报人间曾伏虎，泪飞顿作倾盆雨。

2 依　据

引自 1963 年人民文学版《毛主席诗词》。

3 周世钊论述

（1）1964 年 7 月，周世钊在《体会》[18]中写道：

他创作的诗词，基本上采用了古典诗词的形式和它的格律，但为了更好地更自然地表达他的思想、感情，就不完全按照旧框框办事而作出一些改革。如《蝶恋花·赠李淑一》一词，按照词律，上下两阕同韵，但毛主席却于下阕换了另一个韵。《人民解放军占领南京》本是用的阳韵，但第二句押了江韵。这种采取古典诗词格律、形式，而又不死守古典诗词格律、形式，在有必要的时候就突破旧框框的做法，也是毛主席对古典诗词又继承又革新的一个方面。

（2）1971 年 11 月 27 日，周世钊在《讲话》[19]中指出：

他已发表的三十七首诗词，基本上采用了古典诗词的形式和它的格律，但是为了更好地更自然地表达他的思想、感情，就不完全按照旧框框办事，而作出了一些改革。如《蝶恋花·答李淑一》一词，按照词律，上下两阕同韵，毛主席却于下阕换了另一个韵。

（3）他又指出过：

如《蝶恋化·答李淑一》，上阕"……吴刚捧出桂花酒（jiu）"，有词韵；下阕"……泪飞顿作倾盆雨（yu）"，照词律不应该换，毛主席换了一个韵，这就是革新。

4 编著者考辨

迄今为止，我们未曾发现有如此坦率地直指毛泽东诗词韵脚的文字。

5 照　片

1994 年春，吴美潮率子女于北京南山沟请教李淑一。

七律二首 · 送瘟神

（1958 年 7 月 1 日）

1 毛泽东原诗

七律二首 · 送瘟神
（1958 年 7 月 1 日）

读六月三十日《人民日报》，余江县消灭了血吸虫。浮想联翩，夜不能寐。微风拂煦，旭日临窗。遥望南天，欣然命笔。

其一

绿水青山枉自多，华佗无奈小虫何！

千村薜荔人遗矢，万户萧疏鬼唱歌。

坐地日行八万里，巡天遥看一千河。

牛郎欲问瘟神事，一样悲欢逐逝波。

其二

春风杨柳万千条，六亿神州尽舜尧。

红雨随心翻作浪，青山着意化为桥。

天连五岭银锄落，地动三河铁臂摇。

借问瘟君欲何往，纸船明烛照天烧。

2 依 据

引自 1963 年人民文学版《毛主席诗词》。

3 周世钊论述

（1）1971 年 11 月 27 日，周世钊在《讲话》[19]中指出：

《送瘟神》《到韶山》《登庐山》《答友人》四首七律写于 1958 年至 1961 年之间。这些诗的主题思想大部分相同。如"天连五岭银锄落，地动三河铁臂摇"，歌颂了社会主义革命和建设的伟大成就，三面红旗无比威力以及广大劳动人民可敬可爱的精神面貌。同时也就是对诬蔑三面红旗的那些家伙的严正驳斥和反击。

（2）1971 年 11 月 27 日，周世钊又在《讲话》[19]中指出：

"坐地日行八万里，巡天遥看一千河。"我不懂。我问毛主席。毛主席回了我几句话，我照读："这是有数据的。地球直径约一万二千五百公里，以圆周率 3.1416 乘之，约得四万公里，即八万华里，这是地的自转（即一天时间）里程。坐火车轮船汽车要付代价，叫作旅行。坐地球不付代价（即不买车票）。日行八万华里，郭老讲主要指作者本人，毛主席也是"坐地日行八万里"。

牛郎：晋人。

"一样悲欢逐逝波"有两种解释：一种是取血吸虫消灭了，像"逝波"一样过去了，过去到现在像牛郎一样流传下来了；一种是说劳动人民的悲，血吸虫的欢。郭老说，这是讲旧社会一样的流传下来了。

"绿水青山枉自多"到"万户萧疏鬼唱歌"，讲旧社会。"巡天""坐地"到处都一样。下面一首"春风杨柳万千条"，写新社会，在党的领导下，把血吸虫消灭了。如果照前一种讲法，那就不要"纸船明烛照天烧"了。从整体讲，郭老讲的是好的。瘟神，也不光指血吸虫，也指帝王将相、帝国主义。

4 毛泽东论述

1958 年 7 月，周世钊被选为湖南省副省长。受任新职，思绪万千，致函毛泽东，陈述复杂思想。周信是 10 月 17 日发出的，谁料只隔一周，毛泽东于 10 月 25 日就复函周世钊。

惇元兄：

赐书收到，10 月 17 日的，读了高兴。受任新职，不要拈轻怕重，而要拈重鄙轻。古人有云：贤者在位，能者在职，二者不可得而兼。我看你这个人是可以兼的。年年月月日日时时感觉自己能力不行，实则是因为一不甚认识自己；二不甚理解客观事物——那些留学生们，大教授们，人事纠纷，复杂心理，看不起你，口中不说，目笑存之，如此等类。这些社会常态，几乎人人要经历的。此外，自己缺乏从政经验。临事而惧，陈力而后就列，这是好的。这些都是实事，可以理解的。我认为聪明、老实二义，足以解决一切困难问题。这点似乎同你谈过。聪谓多问多思，实谓实事求是。持之以恒，行之有素，总是比较能够做好事情的。你的勇气，看来比过去大有增加。士别三日，应当刮目相看了。我又讲了这一大篇，无非加一点油，添一点醋而已。

坐地日行八万里，蒋竹如讲得不对，是有数据的。地球直径约一万二千五百公里，以圆周率 3.1416 乘之，得约四万公里，即八万华里。这是地的自转（即一天时间）里程。坐火车、轮船、汽车，要付代价，叫作旅行。坐地球，不付代价（即不买车票），日行八万华里，问人这是旅行么，答曰不是，我一动也没有动。真是岂有此理！囿于习俗，迷信未除。完全的日常生活，许多人却以为怪。巡天，即谓我们这个太阳系（地球在内）每日每时都在银河系里穿来穿去。银河一河也，河则无限，"一千"言其多而已。我们人类只是"巡"在一条河中，"看"则可以无数。牛郎晋人，血吸虫病，蛊病，俗名鼓胀病，周秦汉累见书传，牛郎自然关心他的乡人，要问瘟神情况如何了。大熊星座，俗名牛郎星（是否记错了？），属银河系。这些解释，请向竹如道之。有不同意见，可以辩论。十一月我不一定在京，不见也可吧！

毛泽东

1958 年 10 月 25 日

信中，毛泽东称周世钊为"贤者在位与能者在职"可以兼的人，又把周世钊 10 月 17 日的信叫作"赐书"，这在 1983 年出版的《毛泽东书信选集》

的 372 封信中也是极少见的。足资说明，这两位友人之间的关系非同一般，了解透彻，相互尊敬。

毛泽东的《七律·送瘟神》写于 1958 年 7 月 1 日，最早发表在 1958 年 10 月 3 日的《人民日报》上。诗发表后的第 22 天，即 1958 年 10 月 25 日，毛泽东写下了自己的注释，达 400 字。这恐怕是公开发表中最长的一篇毛泽东自注文字了。

信中讲的牛郎星不属大熊星座，它是天鹰星座中的α星。大熊星座中的星和牛郎星都属银河系。

5 手 迹

毛泽东手书致周世钊（1958 年 10 月 25 日）

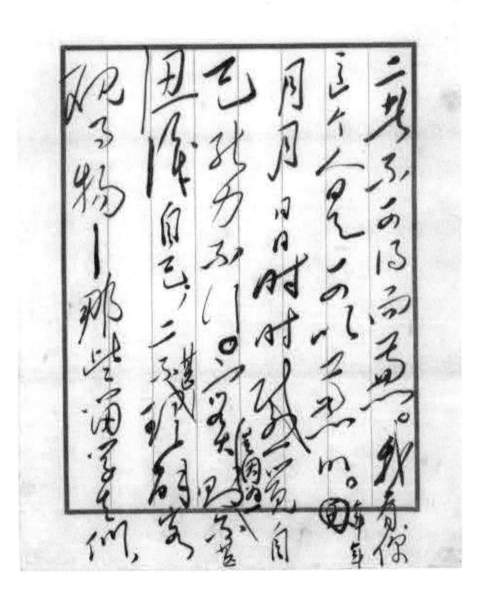

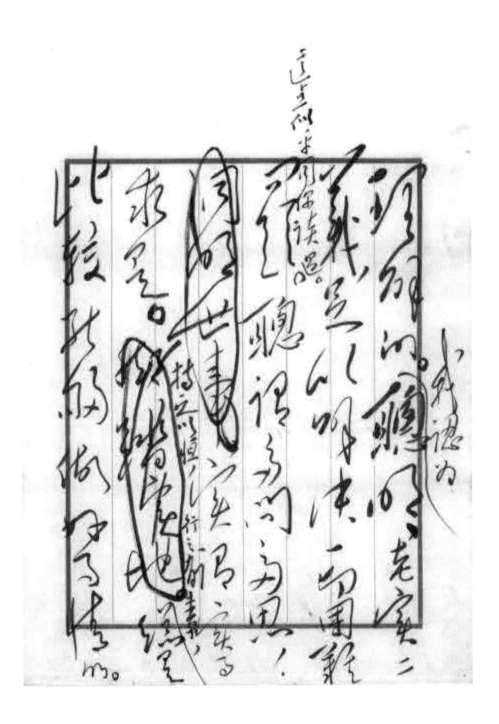

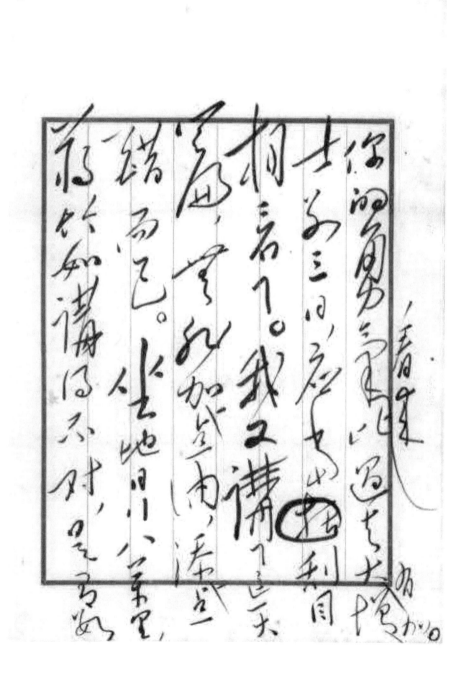

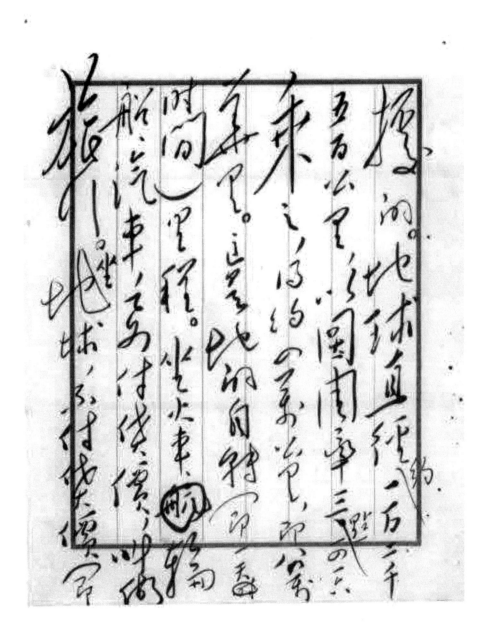

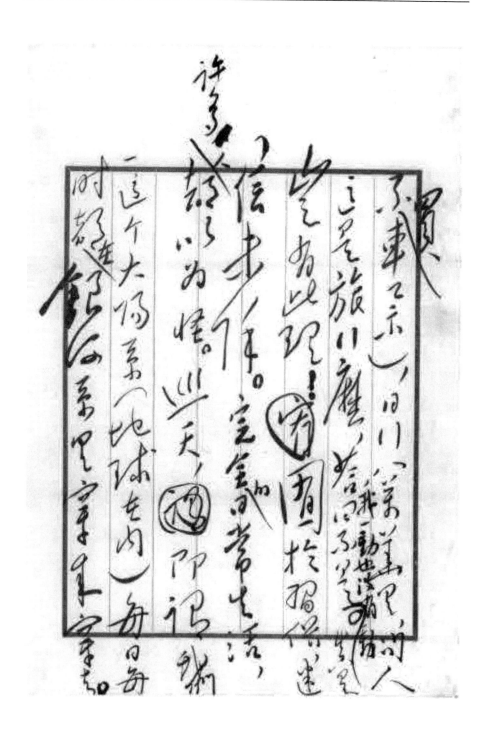

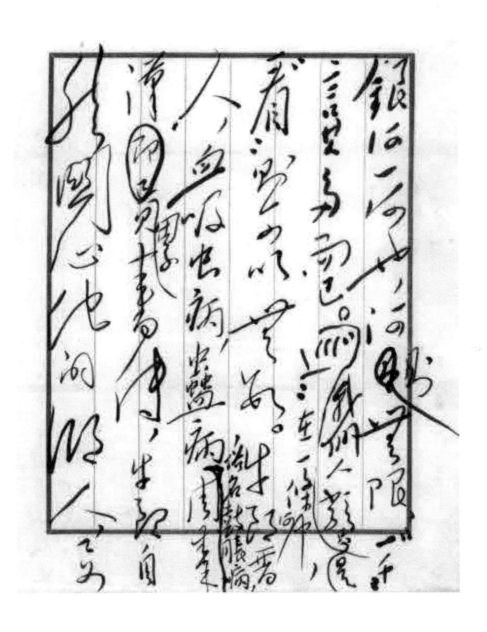

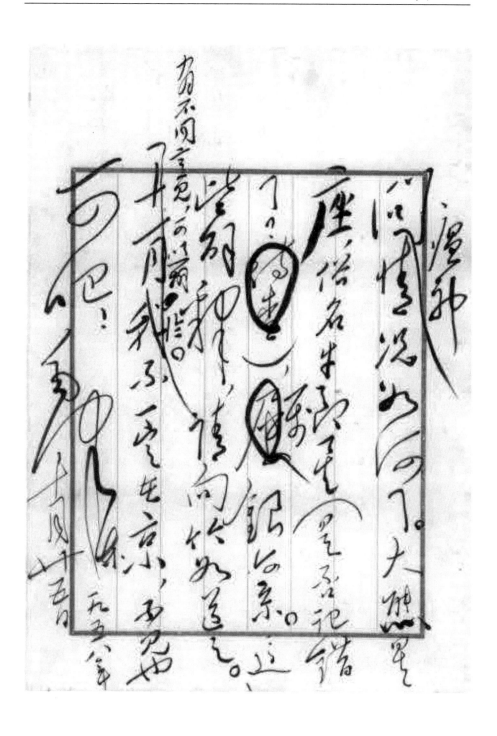

七　律·到韶山

（1959 年）

1 毛泽东原诗

七　律·到韶山

（1959 年）

一九五九年六月二十五日到韶山。离别这个地方已有三十二周年了。

别梦依稀咒逝川，故园三十二年前。

红旗卷起农奴戟，黑手高悬霸主鞭。

为有牺牲多壮志，敢教日月换新天。

喜看稻菽千重浪，遍地英雄下夕烟。

2 依　据

引自 1963 年人民文学版《毛主席诗词》。

3 周世钊论述

（1）1960 年国庆日，周世钊到韶山，写了一首词《江城子·国庆日到韶山》。

江城子·国庆日到韶山[7]

良辰嘉庆到韶山。赤旗边，彩灯悬。万朵红霞，荡漾碧峰前。似水人流流不尽，腾语笑，久留连。　　夜来场上响丝弦。鼓填填，舞翩翩。革命斗争，唱出好诗篇。唱到牺牲多壮志，人感奋，月婵娟。

此词是及时寄毛泽东请其审正的。

（2）1964 年 2 月 16 日，周世钊在《略释》[24]中写道：

1959 年 6 月，毛主席回到了离别了 32 年的家乡，抚事感怀，写出了这首感情深挚的伟大诗篇。既歌颂了过去在艰苦的革命斗争中不怕牺牲、敢于胜利的革命英雄人物，又写出了眼前社会主义新农村一片欣欣向荣的可爱景象。前半段写过去，用一咒字领起，后半写现在，用一喜字结束，意思是十分明显的。

【注释】

①逝川：谓时间的飞逝如同昼夜不停的流水一样。《论语》："子在川上曰：'逝者如斯夫，不舍昼夜'"。

②黑手：指反动统治阶级的罪恶之手，如言魔手。此句言反动统治阶级用反革命的暴力，包括军队、警察、法院、牢狱等猖狂地镇压农民的武装斗争。杀人如麻，残暴已极。有人把这句释为劳动人民夺取政权，是错误的。

③下夕烟：农业生产战线的英雄们直到暮色苍茫时才从工地收工回来，足见生产积极性之高。诗："日之夕矣，牛羊下来。"

（3）1964 年 7 月，周世钊在《体会》[18]中写道：

有歌颂革命斗争中的英雄人物的，如"为有牺牲多壮志，敢教日月换新天。"有歌颂生产战线上的英雄人物的，如"喜看稻菽千重浪，遍地英雄下夕烟"。

第一个特点是：革命的政治内容和完美的艺术形式的统一。

试以《到韶山》一首七律为例，在以 56 个字写成的格律严谨的律诗里面用高度的艺术概括手法写出了 32 年的革命斗争史。旧社会农民被剥削、被压迫、被屠杀的种种惨痛，用一"咒"字反映出来，人民公社化后的农村新面貌又用一"喜"字作概括的勾画。前后对比，爱憎鲜明。诗中只用

"为有牺牲多壮志，敢教日月换新天"两句，写出了不怕牺牲、前仆后继、为革命事业献身的英雄形象；又只用"喜看稻菽千重浪，遍地英雄下夕烟"两句，写出公社社员集体生产热情高，干劲足，效果好。着墨不多，很多英雄人物使人敬、使人爱、使人永远不能忘记的高贵品质，活现在字里行间。这是何等巧妙的艺术手法！我们看到早几年传抄出来的这诗的末句是："人物风流胜昔年"。主席经过几回修改才定为"遍地英雄下夕烟"。从这里可以看到主席对于写作的态度是十分严肃认真的。我认为末句改得恰好，这样才把新农村中劳动人民可爱的精神面貌表现得很具体、很生动、很鲜明。我们读这两句诗，仿佛就看到了：韶山公社的一群群勤劳健壮的男女社员在暮色苍茫中从生产工地上收工回家，当他们走过稻田豆垅的时候，对着眼前一望无际、随风起伏的禾苗和豆叶的绿浪，引吭高歌、喜笑颜开的样子。我们从"下夕烟"三个字看出那里的社员们收工在夕烟已起之后，自然会联想到他们出工在曙光初照之前。他们这种出工早、收工晚搞好集体生产的热情、干劲也就深深地感动了我们，使我们进一步认识人民公社的优越性，三面红旗的正确性。

（4）1971 年 11 月 27 日，周世钊在《讲话》[19]中指出：

《送瘟神》《到韶山》《登庐山》《答友人》四首七律写于 1958 年至 1961 年之间，这些诗的主题思想大部分相同。

"喜看稻菽千重浪，遍地英雄下夕烟"等等句子，从各个方向歌颂了社会主义革命和建设的伟大成就，三面红旗无比威力以及广大劳动人民可敬可爱的精神面貌。同时也就是对诬蔑三面红旗的那些家伙的严正驳斥和反击。

（5）周世钊还讲过：

比如"红旗卷起农奴戟，黑手高悬霸主鞭"是农民起来反对蒋介石这个黑手残杀人民。臧克家说，黑手是劳动人民的手。真是胡说八道，毛主席讲手是黑的，脚是黑的，又是一个讲法。毛主席在《延安文艺座谈会上的讲话》中说："这时，拿未曾改造的知识分子和工人农民比较，就觉得知识分子不干净了，干净的还是工人农民，尽管他们手是黑的，脚上有牛屎，还是比资产阶级和资产阶级知识分子都干净。"（见《毛泽东选集》第三卷第 808 页）毛主席在《湖南农民运动考察报告》中说："他们举起那粗黑的手，加在绅士们的头上了。"（见第一卷第 18 页）显然以上两处"手是黑的"和"粗黑的手"

都不是反动派。1927 年刚建立了人民政权,马日事变以后,革命人民又不知被屠杀了好多。一般讲"黑帮""黑线"都是讲坏的。如照他这样讲,"为有牺牲多壮志"的"为"又没有来历了。

(6)1974 年,周世钊著《沁园春·韶山颂》[7]。

沁园春·韶山颂

岳岳韶峰,旭日东升,岁月堂堂。自青年发愤,恨深腐恶;中宵起舞,誓拯痍疮。身乏半文,心忧天下,唤醒工农共激扬。旋天手,要倒颠历史,新写篇章。　　运筹导引前航,使暴雨惊雷起四方。看星星火种,原燎九域;彤彤赤帜,彩焕重洋。局划三分,势孤两霸,大地沉浮仗主张。东风里,喜五洲四海,遍被晴光。

我们是否可以推断,在 1959 年 6 月 27 日毛泽东会见同学诗友周世钊时,他就以当天新作示周,并征求意见。

我们是否可以作另一种推断,据李锐《庐山会议实录》一书记载,毛泽东 29 日一上庐山,就将新作《到韶山》《登庐山》写给周小舟,附信征求意见。周世钊与周小舟师生情深。周小舟很可能在不久即将《到韶山》示周世钊以早睹为快,同时请教他的国文老师周世钊。

周世钊读了这首《七律·到韶山》后,于次年导引著了《江城子·国庆日到韶山》。

5 编著者考辨

《到韶山》与《国庆日到韶山》中,为有牺牲多壮志与唱到牺牲多壮志,有字词的重叠。《韶山颂》也是意义相仿。三首诗词起到了异曲同工的作用。有人认为,《国庆日到韶山》及《韶山颂》可作为《到韶山》的答和之作,这有待进一步的研究与考证。

6 手 迹

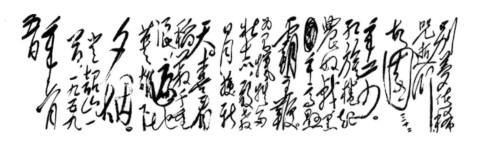

毛泽东手书《七律·到韶山》

46 年后的 2005 年 12 月，毛泽东雕像群由杭州运抵湘潭，重现了毛泽东 1959 年回韶山的历史画面。[37]

1959 年 6 月 27 日，毛泽东、周世钊、李淑一等合影于长沙蓉园。

七 律·登庐山

（1959 年 7 月 1 日）

1 毛泽东原诗

七 律·登庐山

（1959 年 7 月 1 日）

一山飞峙大江边，跃上葱茏四百旋。

冷眼向洋看世界，热风吹雨洒江天。

云横九派浮黄鹤，浪下三吴起白烟。

陶令不知何处去，桃花源里可耕田？

2 依 据

引自 1963 年人民文学版《毛主席诗词》。

3 周世钊论述

（1）1964 年 2 月 16 日，周世钊在《简注》[23]和《略释》[24]中写道：

毛主席登上庐山，看到祖国山河的壮阔伟丽，也看到社会主义建设的崭新面貌和雄伟气势，自然产生了快慰豪迈之感。云横九派，浪下三吴两句，高瞻远瞩，情景交融，寄寓了无限的豪情深意。篇末一问，写出全诗作意所在，与水调歌头里写的"神女应无恙，当惊世界殊"意义相近。借批判陶令的逃避现实斗争和搞个体生产的道路以回答当时国际国内对人民公社的诬蔑和攻击，有极大的启发教育意义。

【注释】

①庐山登山公路自 1952 年 9 月开始修筑，至 1953 年 8 月 1 日全线通车。全长 35 公里，共有三百多处将近四百处的山弯。

②古人说，江至荆州界分为九道，或谓江至浔阳分为九派。

③黄鹤，概指长江上游武汉等处。

④三吴有几说：或以为会稽、吴兴、丹阳，或以为苏州、常州、湖州，或以为苏州、润州、湖州。这里泛指长江下游南京、上海等地。

⑤陶渊明又名潜，字元亮，东晋柴桑（九江）人，曾为彭泽令。《桃花源记》系他所著诗文中很重要的一篇。中有"其中往来种作，男女衣着，悉如外人。""自云先世避秦时乱，率妻子邑人来此绝境，不复出焉，遂与外人间隔……乃不知有汉，无论魏晋……"等语。

（2）1971 年 11 月 27 日，周世钊在《讲话》[19]中指出：

《送瘟神》《到韶山》《登庐山》《答友人》四首七律写于 1958 年至 1961 年之间，这些诗的主题思想大部分相同。

"云横九派浮黄鹤，浪下三吴起白烟"等等句子，从各个方向歌颂了社会主义革命和建设的伟大成就，三面红旗无比威力以及广大劳动人民可敬可爱的精神面貌。同时也就是对诬蔑三面红旗的那些家伙的严正驳斥和反击。

（3）1971 年 11 月 27 日，周世钊在《讲话》[19]中又指出：

云横九派浮黄鹤，浪下三吴起白烟。

三吴：苏州、湖州、常州；会稽、吴郡、吴兴。

三、九：多数。

黄鹤：黄鹤楼，代表武汉，象征革命气氛，大好形势，烟云浩渺，波澜壮阔。

（4）他在记录稿中指出：

云横九派浮黄鹤，浪下三吴起白烟。从气氛上来看，指一派兴旺景象。"九""三"代表多数。三吴，不必吴州的那样解释，不必指具体地方。

4 编著者考辨

1971年11月27日，周世钊在《讲话》[19]中说，有的注释家把这最后一问，说成毛主席在肯定陶渊明，肯定了桃花源里可耕田。此处"有的注释家"指的是郭沫若。郭沫若在1964年2月2日的《人民日报》发表了《桃花源里可耕田》，郭沫若说："陶潜这样'躬耕自资'的高贵的一面，庐山，你应该是陶潜的见证人……毛主席在《登庐山》这首诗中怀想到陶潜，不用说是很自然的。'陶令不知何处去，桃花源里可耕田？'强调了陶潜耕田的一面，这正是陶渊明值得毛主席怀念的本色，同时也正表现了今天的时代精神。'桃花源'是陶潜所假托的乌托邦，是他所想象的地上乐园。那样的地上乐园，在今天来说，是遍地都是了。"

甚　快

（1959 年）

1959 年 12 月 29 日，毛泽东致函周世钊。

东园兄：

　　信及诗收读，甚快。我尚好。某先生楚辞，甚想一读。请你代候蒋竹如兄。又请你代候曹子谷先生，谢谢他赠诗及赠南岳志。顺祝

平安

毛泽东
12 月 29 日

　　此信在《毛泽东书信选集》发表时误为 1956 年 12 月 29 日，后经中央档案馆齐得平考证，认为此信应是 1959 年的，我们仔细研究后，完全赞同齐说。齐文刊在《党的文献》[38] 上，他认为：

　　毛泽东写信的时间同是"十二月廿九日"，没有写明年份。这三封信是分别写给钟学坤、孙燕和周世钊的，1976 年毛泽东逝世以后由中共中央办公厅转到中央档案馆收藏。收信人和有关机关在上交时，对每一封信的写成时间都作了说明。给钟学坤的信为 1959 年，给孙燕的信为 1960 年，给周世钊的信为 1956 年。

为了考证毛泽东给周世钊那封信的写成年份，1992 年 6 月 11 日，我同周老的女婿吴美潮探讨过。我说，我认为比 1956 年要晚一些。他赞同我的意见。我请他查查周老有无对此事的记录。同年 6 月 30 日，吴美潮同其夫人周老之女周彦瑜写信告诉我："关于 1956 年 12 月 29 日的信，时间确实错了，经我们再三研究辨认，查阅周老的记录，现已可初步确定为 1959 年 12 月 29 日。以后如有所得，必整理成文寄上。"吴美潮后来说，1956 年 12 月 5 日，毛泽东给周世钊写过一信，说"两次惠书均已收到，情意拳拳极为高兴……今年游长江填了一首水调歌头，录陈审正"。非有急事，不到一个月再次写信，是不大可能的。我认为吴美潮的看法很有道理。1997 年初吴美潮又告诉我："周老的秘书陈明新（现任湖南省政协民族委员会副主任）编著的《领袖毛泽东与周世钊》一书中说那封信是 1959 年的。书中写道："我从 1958 年起至 1976 年止，任周世钊的秘书，时间长达 18 年。在这期间，我目睹了毛泽东和周世钊的许多次交往"，"我留心地作了部分记录"，"仅从 1958 年我任周世钊的秘书以来，由我经手的毛泽东来信就有 10 余封"。该书"毛泽东的诗友究竟是谁？"一节中列举了毛泽东给周世钊的 12 封信。其中"第七次是 1959 年 12 月 29 日，毛泽东复信给周世钊说：'信及诗收读，甚快。我尚好。某先生楚辞，甚想一读。请你代候蒋竹如兄。又请你代候曹子谷先生，谢谢他的赠诗及赠南岳志'"。读完此书，我写信询问作者认为"十二月二十九日"的信写于"1959 年"的根据。答复是：关于毛主席第七次给周老信的问题，"我查了一下记录，没有记是哪天收到的。但是当时的情况我记得很清"，"请您相信，我是对的。"问题已经十分清楚，毛泽东"十二月廿九日"写给周世钊的那封信是 1959 年，而不是 1956 年。

综上所述，我认为，根据书体、书写用纸、当事人和有关人员的证明，可以肯定，毛泽东"十二月廿九日"写给孙燕、周世钊的两封信和毛泽东写给钟学坤的信同是 1959 年写的。

毛泽东对人对事的评价，往往言简意赅，一言九鼎。此信中所称的收到的信，可能包括《鹧鸪天·衡邵道中》《五律·入鄱县》等，毛泽东谈了这些诗词，其感受是"甚快"，这也是很高的评价了。

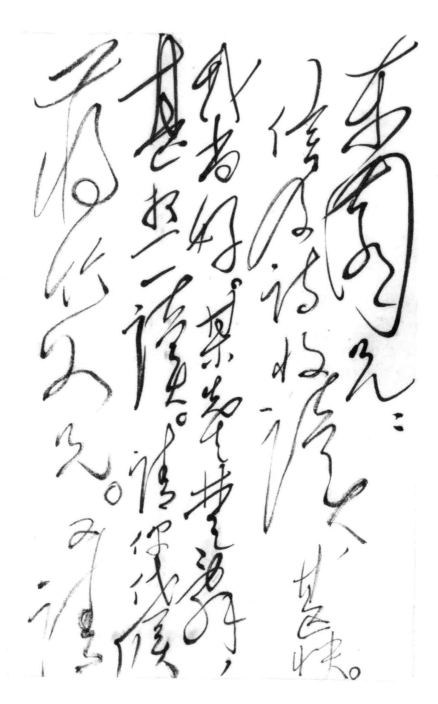

毛泽东手书致周世钊（1959 年 12 月 29 日）

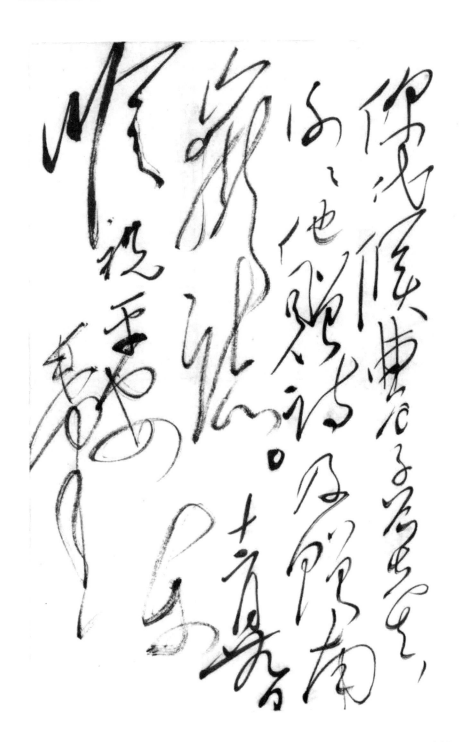

七　绝·为女民兵题照

（1961 年 2 月）

1 毛泽东原诗

七　绝·为女民兵题照

（1961 年 2 月）

飒爽英姿五尺枪，曙光初照演兵场。

中华儿女多奇志，不爱红装爱武装。

2 依　据

引自 1963 年人民文学版《毛主席诗词》。

3 周世钊论述

（1）1964 年 2 月 16 日，周世钊在《简注》[23] 及《略释》[24] 中写道：

这是对新中国新儿女英雄的写照。"不爱红装爱武装"，充分表现在党的教育下广大妇女新的精神面貌。

（2）1964 年 7 月，周世钊在《号角》[18]中写道：

有歌颂新中国妇女精神面貌的，如"中华儿女多奇志，不爱红装爱武装"。

4 手　迹

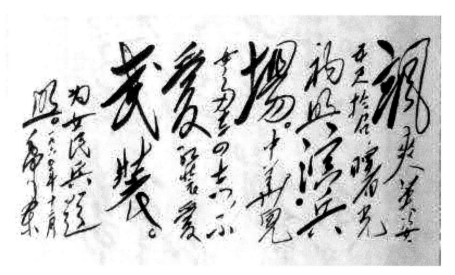

毛泽东手书《七绝·为女民兵题照》

诗一首·答周世钊

（1961 年）

1961 年，毛泽东在接到周世钊的许多书信和诗词后，兴奋地挥笔撰著《诗一首·答周世钊》。

诗一首·**答周世钊**

九嶷山上白云飞，帝子乘风下翠微。
斑竹一枝千滴泪，红霞万朵百重衣。
洞庭波涌连天雪，长岛人歌动地诗。
我欲因之梦寥廓，芙蓉国里尽朝晖。

毛泽东撰著《诗一首·答周世钊》的依据何在？

2003 年，在毛泽东诞辰 110 周年时，中央文献出版社出版了《毛泽东诗词全编鉴赏》。显然，这是由权威出版社出版的权威著作。披露的史实应当是可靠的，第一手的。第 315 页上说："顺便提一下，在林克留存的抄件上标题也是《答周世钊》，推断可能抄自该诗的初稿。"[30]毛泽东《七律·答友人》的初稿写于 1961 年，他的秘书林克曾对毛泽东的一些诗词手稿进行抄写。林克抄写的"九嶷山上白云飞……"一诗的标题为"答周世钊"。所以说，毛泽东在 1961 年撰写的该诗的标题就是"答周世钊"，正如文[30]中第 314 页上所说"原题为《答周世钊》"。

由此可见，1961 年，毛在撰著该诗初稿时是写了《诗一首·答周世钊》，这就是毛泽东一写"友人是周世钊"。

　　毛泽东撰著《诗一首·答周世钊》是他在 60 年代唯一不带有政治色彩的诗作。1961 年，毛泽东 4 次回湖南指导工作，饱享乡情湘韵，他又收到周世钊寄赠的书信和诗词，于是赋诗抒情，由湘南九嶷山到湘北洞庭湖，从古老的历史神话到当今的工农业生产建设，神奇烂漫的遐想，美好感人的祝福，化作一曲友情赞歌、怀乡恋曲。诗人用充满热情，洋溢诗意的笔触，理想主义描绘出湖南的壮丽形象。

　　文[31]中认为，本诗是毛泽东同志诗词中色彩最绚丽的一首。白云、翠微、斑竹、红霞、连天雪、尽朝晖等等，流光而溢彩！色彩不等于感情，却是十分活跃的感情语汇。以色写情，常常使诗人与读者瞬息间心心相印，灵犀互启。本诗是答友人周世钊的，而且是湖南老家的友人，故情不自禁地调动了纯净、明快、赏心、悦目的色彩。这些色彩，将故乡的久远而优美的神话，将斑竹掩映、霞光铺彩的潇湘美景，将衔远山、吞长江、气象万千的洞庭风光，天然混成地融合在一起，形成了一种温馨的、乡土味儿和家常味儿极浓的感情氛围；有了这样的氛围，诗人便更能怡然自得地向老同学倾诉自己的衷曲了。

　　有人问，这首《诗一首·答周世钊》的原件究竟在何处？

　　1963 年 12 月，随着《毛主席诗词》的出版而正式发表了《七律·答友人》。自发表日始，向周世钊函借、面借《诗一首·答周世钊》的人和单位纷至沓来，保留下来的借函有袁水拍的，有胡愈之的，有文物出版社的，等等。周世钊在一次整理毛泽东来信时，曾对 1949 年 11 月 15 日信后写道："原信，辗转借阅，因而遗失，此系未遗失前誊摹抄。" 1949 年 11 月 15 日的原稿周世钊盼了 27 年，一直到去世前也未能见到。在 1983 年编《毛泽东书信选集》时才由李锐交出。因此，《诗一首·答周世钊》是否也是别人借去了？不管如何，《诗一首·答周世钊》的存在性是不容质疑的。

詩 一 首

答周世钊

毛 澤 東

九嶷山上白云飞，

帝子乘风下翠微。

斑竹一枝千滴泪，

红霞万朵百重衣。

洞庭波涌连天雪，

长岛人歌动地诗。

我欲因之梦寥廓，

芙蓉国里尽朝晖。

出版前让毛主席订正时的印刷稿

七 绝·为李进同志题所摄庐山仙人洞照

（1961 年 9 月 9 日）

1 毛泽东原诗

七 绝·为李进同志题所摄庐山仙人洞照
（1961 年 9 月 9 日）
暮色苍茫看劲松，乱云飞渡仍从容。
天生一个仙人洞，无限风光在险峰。

2 依 据

引自 1963 年人民文学版《毛主席诗词》。

3 周世钊论述

（1）1964 年 2 月 16 日，周世钊在《简注》[23]中写道：

劲松不管暮色苍茫，乱云飞渡，依旧保持它的从容常态，正如坚持真理，坚持原则的革命者不管一些反动派掀起任何恶浪，飇起任何邪风，依旧岿然不动，屹立不摇，大有"天垮下来擎得起"的雄伟气概。虽然要经历许多艰苦的斗争，走过许多曲折的道路，但最后必然会要登上胜利的高峰，得到成功的快慰。"无限风光在险峰"一句，包含着古今多少英雄人物的斗争经验，表现着伟大的作者战胜一切恶势力，把革命进行到底的决心和信心。同时也是向全国人民发出的一个伟大号召：号召全国人民要坚持阶级斗争、生产斗争和科学实验，以建设繁荣富强的社会主义祖国，必须艰苦奋斗，再接再厉，不达目的，决不罢休。那些见难而退、浅尝辄止、只想侥幸成功的人，是永远没有成功的希望的。

（2）1964 年 2 月 16 日，周世钊在《略释》[24]中写道：

此诗以劲松比坚强的革命者。劲松不管暮色苍茫，乱云飞渡，依旧保持它的从容常态，正如坚持真理、坚持原则的革命者不管一些反动派掀起任何恶浪，飑起任何邪风，依旧岿然不动，屹立不摇，大有"天垮下来擎得起"的雄伟气概。虽然要经历许多艰苦的斗争，走过许多曲折的道路，但最后必然会要登上胜利的高峰，得到成功的快慰。"无限风光在险峰"一句，包含着古今多少英雄人物的斗争经验，表现出伟大的作者战胜一切恶势力，把革命进行到底的决心和信心。同时，这也是向全国人民发出的一个伟大的号召：号召全国人民，在各个不同的战线上，在各种不同的工作岗位上，都必须艰苦奋斗，再接再厉，不断斩除前进道路上的荆榛，战胜各种各样的阻碍和困难，以坚毅不拔的决心和毅力，不达成功的目的，决不罢休，才能在阶级斗争、生产斗争和科学实验的三大革命运动中作出成绩，贡献力量，达到建设现代化的社会主义强国的远大目标。那些见难而退、浅尝辄止、只想不费力气、侥幸成功的人，是永远没有成功的希望的。

（3）1964 年 7 月，周世钊在《体会》[18]中写道：

主席在"无限风光在险峰"一句中指出了一个颠扑不破的真理：一切革命的道路都是不平坦的，必须不断和艰难险阻相搏斗，必须不断在崎岖曲折的路途中斩棘披荆地奋勇向前，有时还要积年累月搞持久战；经过一个又一个的斗争，克服一个又一个的困难，然后才有可能攀上胜利的高峰，得到成功的快慰，然后才有可能在扫除一切害人虫之后进入"玉宇澄清"，"山花烂漫"的美好境界。所以一切逆流之来，乌云之起，对一个伟大的无产阶级革命战士来说，是很好的锻炼和考验，不但不会动摇他的战斗意志，反而使他更加坚强，更加奋发，更加提高他的斗争艺术和策略，而促其逐渐达到成功。"梅花欢喜漫天雪"正是这种精神的写照。

（4）1971 年 11 月 27 日，周世钊在《讲话》[19]中指出：

《七律·为李进同志题所摄庐山仙人洞剧照》《七律·和郭沫若同志》《卜算子·咏梅》《七律·冬云》《满江红·和郭沫若同志》，这几首诗词是 1961 年至 1963 年写的，都是以反帝反修（主要反修）为主要内容的。用了"暮色苍茫""乱云飞渡"写出它们所造成的恶劣气氛和影响。

秋风万里芙蓉国

1961 年 12 月 26 日，毛泽东 68 岁生日时，他致函周世钊^①，全信为：

世钊同志：

惠书收到，迟复为歉。很赞成你的意见。你努力奋斗吧。我甚好，无病，堪以告慰。"秋风万里芙蓉国，暮雨朝云薜荔村^②"。"西南云气来衡岳，日夜江声下洞庭^③"。同志，你处在这样的环境中，岂不妙哉？

毛泽东

1961 年 12 月 26 日

【注释】

①1961 年 12 月 26 日的书信：文^[6]在其《七律·答友人》诗后的注释中写道："《答友人》这首诗写作者（指毛泽东）对湖南的怀念和祝愿。友人即周世钊（1897—1976）。周是湖南宁乡人，作者在湖南省立第一师范学校的同学，曾加入新民学会。这时任湖南省副省长。解放后与作者信件来往颇多，并有诗词唱和。1961 年 12 月 26 日作者给周的信中，在引用'秋风万里芙蓉国，暮雨千家薜荔村'，'西南云气来衡岳，日夜江声下洞庭'两联以后说：'同志，你处在这样的环境中，岂不妙哉？'可以跟本诗印证。"

②秋风万里芙蓉国，暮雨朝云薜荔村：出自五代谭用之《秋宿湘江遇雨》，原诗为：秋风万里芙蓉国，暮雨千家薜荔村。

③西南云气来衡岳，日夜江声下洞庭：长沙岳麓山云麓宫的对联，赞岳麓山的气势。

毛泽东手书致周世钊（1961 年 12 月 26 日）

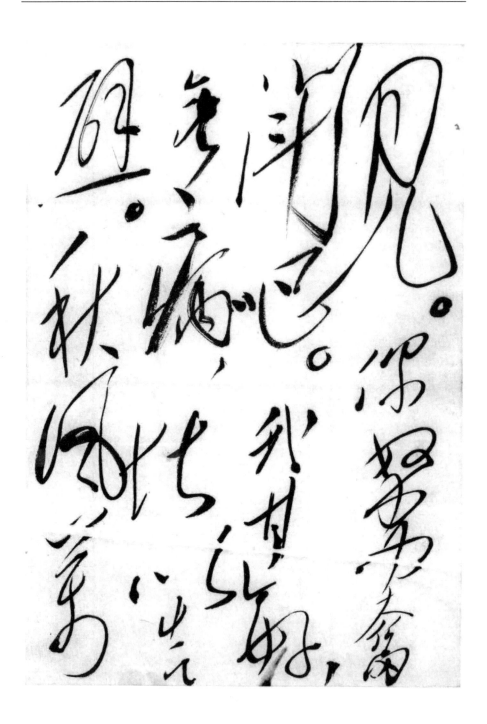

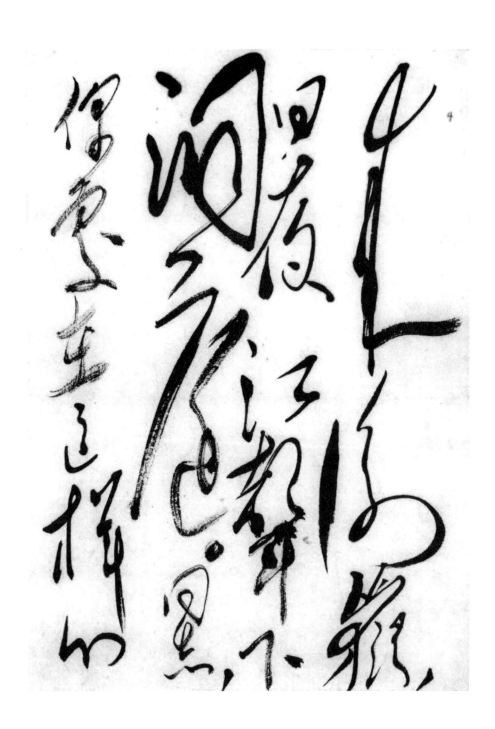

四言诗·养生之道

（约 1961 年）

1 毛泽东原诗

四言诗·养生之道

（约 1961 年）

基本吃素，饭后百步。

遇事不怒，劳逸适度。

2 依　据

　　这首诗见于《毛主席概括的养生法》（1984 年 2 月 21 日《报刊文摘》），后又见于徐涛《毛泽东的保健养生之道》（《缅怀毛泽东（下）》，中央文献出版社，1993 年 12 月版）[40]、张步真《红墙里的桑梓情》（八一出版社，1993 年版）[41]、何联华著《毛泽东诗词新探》（武汉出版社，1996 年 2 月版）[42]。

3 周世钊等论述

　　周世钊在致周彦瑜信中曾提到毛泽东的养生之道。

《毛主席概括的养生法》说："据《体育报》讯，毛主席曾概括徐特立①养生法，主要有两条，刊登如下：基本吃素，坚持走路。心情舒畅，劳逸适度。毛主席后来进行了推敲，把它改了两句成为"基本吃素，饭后百步。遇事不怒，劳逸适度"。劳为纲、抑喜怒、少量酒、多吃素。

《毛泽东的保健养生之道》说："晚饭少吃口，饭后百步走，娶个老婆丑，活到九十九。"主席又说："我也有个原则：遇事不怒，基本吃素，多多散步。劳逸适度。"

《红墙里的桑梓情》说毛泽东"坚持吃素，多多走路，不要发怒"。《毛泽东诗词新探》也说："基本吃素，经常走路。遇事不怒，劳逸适度。"流行于六十年代初，当时正值经济困难时期，提倡"劳逸结合"，这四句话传为毛泽东的养生之道。

【注释】

①徐特立（1877—1968），中国无产阶级革命家、教育家，湖南善化（今长沙）人。1905年入宁乡师范学校读书。早年曾在长沙周南女校任教，辛亥革命后任湖南省临时参议会副议长。曾赴日进行教育考察，后在湖南第一师范任教，是毛泽东与周世钊的老师。五四运动时期，提倡并亲自参加留法勤工俭学。1924年夏回国，后任湖南省立第一女子师范校长，并创办农村师范农运讲习所。1927年加入中国共产党，同年参加南昌起义。1928年赴苏联学习，1930年回国，任中华苏维埃共和国中央执行委员兼教育部副部长。参加了长征。后任八路军驻湘办事处代表、陕甘宁边区政府教育厅长、中宣部副部长、自然科学院院长。1949年后，任中宣部副部长、中央人民政府委员、全国人大常委会委员、中共中央委员。著有《徐特立文集》《徐特立教育文集》。

七　律·和郭沫若同志

（1961 年 11 月 17 日）

1 毛泽东原诗

七　律·和郭沫若同志

（1961 年 11 月 17 日）

一从大地起风雷，便有精生白骨堆。

僧是愚氓犹可训，妖为鬼蜮必成灾。

金猴奋起千钧棒，玉宇澄清万里埃。

今日欢呼孙大圣，只缘妖雾又重来。

2 依　据

引自 1963 年人民文学版《毛主席诗词》。

3 周世钊论述

（1）1964 年 2 月 16 日，周世钊在《简注》[23]中写道：

借物以喻人，从戏剧写到政治。前四句言世界上的事物，总是一分为二，有革命就有反革命的对立面出现，革命者必须团结一切可以团结的力量去对付它，万不可混淆敌友的界限，把打击的目标搞错。后四句写出和作本意，妖雾重来，欢呼大圣。反修之意已跃然纸上。

【注释】

①风雷：革命斗争的形象，白骨精：反革命的形象。

②僧指唐僧。郭沫若同志原诗："人妖颠倒是非淆，对敌慈悲对友刁。咒念金箍闻万遍，精逃白骨累三遭。千刀当剐唐僧肉，一拔何亏大圣毛。教育及时堪赞赏，猪犹智慧胜愚曹。"

③诗："为鬼为蜮，则不可得。"蜮一名射工，一名射影。俗传蜮口中有横物体如角弩，闻人声，以气为矢，因水而射人，或曰含沙射影。中人即发疮，中影者亦病。

（2）1964年2月16日，周世钊在《略释》[24]中写道：

此诗借物以喻人，从戏剧写到政治。前四句言世界上的事物总是一分为二，有革命就会出现反革命的对立面，有无产阶级革命运动，资产阶级腐朽的反动的势力就必然会找到机会，以各种伪装出来与之作对，妄图破坏革命队伍的团结，阻挡革命车轮的前进。一些政治嗅觉不灵、政治警惕性不高的人，不能透过反动势力看出它的凶恶本质，因而受欺骗，遭毒害。唐僧就是这样的"愚氓"。革命者必须及时揭穿反动势力的丑恶面目，使大家都认识到"妖为鬼蜮必成灾"的道理，使大家看到化为善男信女的"白骨精"，比那些面貌狰狞的妖魔更为凶恶，更为危险。同时把一切可以教育、可以团结的人统统争取过来，集中力量去对付这种凶恶的鬼蜮。万不可混淆敌我的界线，把打击目标搞错。后面歌颂坚持斗争降魔的孙悟空，就是歌颂坚持马列主义的革命战士。"妖雾重来，欢呼大圣"，作者的寓意已跃然纸上了。

三条注释同上述。

（3）1971年11月27日，周世钊在《讲话》[19]中指出：

以《七律·为李进同志题所摄庐山仙人洞剧照》《七律·和郭沫若同志》《卜算子·咏梅》《七律·冬云》《满江红·和郭沫若同志》为主要内容，用了"鬼蜮成灾"写出它们的罪状和丑态。

卜算子·咏 梅

（1961 年 12 月）

1 毛泽东原词

卜算子·咏 梅

（1961 年 12 月）

读陆游咏梅词，反其意而用之。

风雨送春归，飞雪迎春到。已是悬崖百丈冰，犹有花枝俏。 俏也不争春，只把春来报。待到山花烂漫时，她在丛中笑。

2 依 据

引自 1963 年人民文学版《毛主席诗词》。

3 周世钊论述

（1）1964 年 2 月 16 日，周世钊在《简注》[23]中写道：

这词是梅花的赞歌，也是伟大革命者的赞歌。上阕借梅花的对雪独开，写出敢于斗争、敢于胜利的伟大革命者的伟大形象；下阕借梅花的"报春"而不争"春"，写出伟大革命者除开维护真理、力争革命理想之实现外没有丝毫个人打算的共产主义风格。词虽或由反修引起，但含义深远，决不止于反修。

（2）1964年2月16日，周世钊在《略释》[24]中写道：

这词是梅花的赞歌，也是伟大革命者的赞歌。上阕借梅花的对雪独开，写出敢于斗争、敢于胜利的伟大革命者的伟大形象；下阕借梅花的"报春"而不争"春"，写出伟大革命者一心只在维护真理，宣扬真理，力争革命理想之实现，绝没有丝毫个人英雄主义、民族利己主义一类打算的共产主义风格。

①原注："读陆游咏梅词，反其意而用之。"陆游是南宋时期的爱国诗人。他因受到群小的妒忌、排挤，一生不得志，写了一首咏梅的《卜算子》以自娱。词云："驿外断桥边，寂寞开无主。已是黄昏独自愁，更着风和雨。　　无意苦争春，一任群芳妒。零落成泥碾作尘，只有香如故。"全词充满着寂寞受伤、孤芳自赏的情调。毛主席则洋溢着革命的乐观主义精神，表现出忘我为人，与人民大众同呼吸、共命运的伟大风貌。

（3）1964年，周世钊在《体会》[18]中写道：

毛主席在《卜算子》一词中对伟大的无产阶级革命战士的共产主义风格的歌颂。他在这首词的下阕写道："俏也不争春，只把春来报。待到山花烂漫时，她在丛中笑。"从表面上看，是对梅花的赞歌，实际上是对伟大的无产阶级革命战士的赞歌。古往今来咏梅的诗词很多，也每每有所寄托，有所感讽，像陆游的"无意苦争春，一任群芳妒，零落成泥碾作尘，只有香如故"就要算是寄托比较深，境界比较高的了。但是他那种与世无争、孤芳自赏的思想感情，仍不外乎鄙薄世俗的卑污、矜夸自己的芳洁，始终跳不出独清独醒、自我陶醉的小天地。而在毛主席笔下的梅花所象征的意境就迥然不同了，他认为伟大的无产阶级革命战士和"俏也不争春"的梅花一样，是大公无私的，他坚持真理，毫不动摇地要将革命进行到底，也没有丝毫自私的打算，既不为名为利，也不争夺什么领导权，只是为着向世界人民宣传革命的真理，为着实现伟大的革命理想，为着促进全中国、全世界人民的进步事业而奋斗。等到革命成功之后，他绝不把这些丰功伟绩写在自己的账上，而认为是群众的功劳，他把群众看成是创造历史的真正英雄，他个人不过是群众的一分子，一个和群众一道参加斗争参加工作的普通劳动者。在群众欢呼胜利、庆祝成功的时候，他也和群众一道欢呼，一样高兴。这种只知有革命，不知有个人，永远把自己放在群众之中，绝不把自己放在群众之上；专门利人，毫不利己；

先天下之忧而忧、后天下之乐而乐的崇高的共产主义风格，就是毛主席笔下用梅花象征的伟大的无产阶级革命战士的光辉形象，也是高举马克思列宁主义革命大旗的中国共产党的光辉形象。

（4）1971 年 11 月 27 日，周世钊在《讲话》[19]中指出：

以《七律·为李进同志题所摄庐山仙人洞照》《七律·和郭沫若同志》《卜算子·咏梅》《七律·冬云》《满江红·和郭沫若同志》为主要内容，出现一个"山花烂漫""玉宇澄清""风光无限"的崭新世界。

古今咏梅的诗词很多，也每每有所寄托，有所感讽，像陆游的"无意苦争春，一任群芳妒。零落成泥碾作尘，只有香如故"就要算寄托较深、境界较高的了。但是他那种与世无争、孤芳自赏的思想感情，始终跳不出独清独醒自我陶醉的小天地。而毛主席笔下的梅花所象征的意境就迥然不同了。他认为伟大的无产阶级革命家和"俏也不争春"的梅花一样，是大公无私的，是不怕一切艰难困苦和打击挫折，坚持真理，坚持斗争，毫不动摇地将革命进行到底的。他丝毫没有个人的打算，只是为着向世界人民宣传革命的真理，为着实现伟大的革命理想，为着促进全中国、全世界人民的革命事业而奋斗。等到革命成功之后，他绝不把这些丰功伟绩写到自己的账上，而认为是群众的功劳。他把群众看成是创造历史的真正英雄，他个人不过是群众中的一分子，一个和群众一道参加斗争、参加工作的普通劳动者。在群众欢呼胜利、庆祝成功的时候，他也和群众一样欢呼，一样高兴。这种只知有革命，不知有个人，永远把自己放在群众之中，绝不把自己放在群众之上；专门利人，毫不利己；先天下之忧而忧、后天下之乐而乐的崇高的共产主义风格，就是毛主席笔下用梅花象征的伟大的无产阶级革命家的形象，也就是高举马克思列宁主义革命大旗的中国共产党和毛主席的光辉形象。

（5）他又指出：

风雨送春归，飞雪迎春到。

无产阶级革命运动经受一些挫折和困难，正如时令运转是自然界发展规律一样，是不足为怪的。而革命胜利如春光之复来，也是注定无疑的。

（6）他又指出：风雨送春归，飞雪迎春到。写实写景，也是写时局。风雨虽然送春归，春天还是要来的。现代修正主义虽然凶横，革命还是要前进的。

七　律·冬　云

（1962 年 12 月 26 日）

1 毛泽东原诗

七　律·冬　云
（1962 年 12 月 26 日）

　　雪压冬云白絮飞，万花纷谢一时稀。高天滚滚寒流急，大地微微暖气吹。　　独有英雄驱虎豹，更无豪杰怕熊罴。梅花欢喜漫天雪，冻死苍蝇未足奇。

2 依　据

　　引自 1963 年人民文学版《毛主席诗词》。

3 周世钊论述

　　（1）1964 年 2 月 16 日，周世钊在《毛主席诗词十首简注》[23]中写道：

　　以冬云、白雪等象征革命形势发展中的乌云和逆流。真正的英雄豪杰，正像斗寒开放的梅花，能不怕一切乌云，顶住一切逆流。使大地重放光明，复吹暖气。至于那些屈服于外来压力，怕斗争、怕革命的软骨头、胆小鬼，也正像渺小猥贱的苍蝇，怕风雪，被冻死，势所必至，理有固然，亦适足以见其可耻可笑而已。

（2）1964 年 2 月 16 日，周世钊在《毛主席诗词十首略释》[24]中写道：

此诗作于各种反动势力掀起反华新高潮的时候。世界革命运动这时出现了乌云和逆流。冬云、白雪就是这些乌云和逆流的象征。在这种时候，一些认识不明、斗争性不强的人，不敢坚持斗争，甚至随风而靡，呈现出"万花纷谢一时稀"的景象。只有真正的革命英雄豪杰，高举马列主义的大旗，高举世界革命的大旗，当寒流滚滚的严冬，早辨认出大地上仍有暖气在微微地吹动，阳春一到，便会化为仙雨和风，化为万紫千红，春光始终是明媚的，世界革命的前途始终是光明的。真的虎豹熊罴，英雄豪杰且不怕，何况是貌似强大、内实虚弱的纸老虎呢！伟大的革命者坚持真理，勇往直前，能顶住一切逆流，冲散一切乌云。并且在不断与一切反动势力的斗争中得到锻炼，得到成长，得到胜利。正像斗寒开放的梅花，在漫天风雪中仍然是那样香清色丽，更以坚贞挺秀的姿态，迎接即将到来的和煦春光，踌躇满志地歌颂她斗争的胜利。至于那些屈服于外来压力，不敢斗争、不敢革命的软骨头、胆小鬼，正像渺小猥贱的苍蝇，怕风雪，被冻死，势所必至，理有固然，适足见其可耻可笑而已，岂足怪哉！

（3）1971 年 11 月 27 日，周世钊在《讲话》[19]中指出：

《七律·为李进同志题所摄庐山仙人洞照》《七律·和郭沫若同志》《卜算子·咏梅》《七律·冬云》《满江红·和郭沫若同志》，这几首诗词是 1961 年至 1963 年写的，都是以反帝反修（主要反修）为主要内容的。用了"雪压冬云"写出它们所造成的恶劣气氛和影响，又提出要像"英雄驱虎豹""豪杰斗熊罴"一样去反对它们，而且不要等待。

（4）他又分析"高天滚滚寒流急，大地微微暖气吹。"是指：

当寒流滚滚而来的时候，大地上仍有暖气从容吹拂。现代修正主义者虽然一时气势汹汹，但它终将走向它的反面。坚强的马列主义政党虽然一时处于少数地位，但他们必将取得全面胜利。

（5）1971 年 11 月 27 日，周世钊又曾指出：

"梅花欢喜漫天雪，冻死苍蝇未足奇。"又可以增加作品的感染力。

（6）1971 年 11 月 27 日，周世钊又曾指出：

"高天滚滚寒流急，大地微微暖气吹。"现在受压抑，将来要有很大力量。暖气，指马列主义、革命力量。

满江红·和郭沫若同志

（1963 年 1 月 9 日）

1 毛泽东原词

满江红·和郭沫若同志

（1963 年 1 月 9 日）

小小寰球，有几个苍蝇碰壁。嗡嗡叫，几声凄厉，几声抽泣。蚂蚁缘槐夸大国，蚍蜉撼树谈何易。正西风落叶下长安，飞鸣镝。　　多少事，从来急；天地转，光阴迫。一万年太久，只争朝夕。四海翻腾云水怒，五洲震荡风雷激。要扫除一切害人虫，全无敌。

2 依　据

引自 1963 年人民文学版《毛主席诗词》。

3　周世钊论述

（1）1963 年，周世钊著有《水调歌头·韶山毛泽东旧居陈列馆外宾留言册题词》等五首确实是及时寄赠毛泽东请为其审正的。

水调歌头·韶山毛泽东旧居陈列馆外宾留言册题词

葵藿倾阳日，亿兆仰门墙。环球多少英杰，万里历梯航。瞻望高峰千仞，雏诵鸿文四卷，胸臆忽开张。题咏陈歌颂，翰墨写衷肠。　　心中火，眼中路，手中枪。世界人民革命，于此得周行。激荡六洲云水，震耀九天雷电，越战越坚强。毛泽东思想，永远放光芒。

（2）1964年2月16日，周世钊在《毛主席诗词十首简注》[23]中写道：

上阕写革命叛徒的丑态和罪状，作了尽情的鞭挞。下阕写一切革命人民应争取时间，反击叛徒，发扬正气，提高群众觉悟，壮大革命的声威，以达到消灭一切害人虫的目的。此词充分表达作者反帝反修和各国反动派，将革命进行到底的无比决心和勇气。

【注释】

①唐李公佐《南柯记》：淳于棼家庐陵，宅南有古槐，枝干修永。棼生日醉卧，梦至大槐安国，妻公主，为南柯太守二十年，备极荣显。后与敌战而败，公主亦卒，被遣归。既醒，见家之童仆拥篲于庭，斜日未隐，余樽犹在。因寻槐下穴，所谓南柯郡者，槐南枝下之蚁穴也。

②唐韩愈诗："李杜文章在，光焰万丈长。不知群儿愚，那用故谤伤。蚍蜉撼大树，可笑不自量。"

③唐贾岛诗："秋风生渭水，落叶满长安。"

④《史记·匈奴列传》："头曼单于有太子名冒顿（音墨毒），后有所爱阏氏出少子，单于欲废冒顿而立少子……冒顿乃作为鸣镝，习勒其骑射，令曰：'鸣镝所射，而不悉射者斩之。'行猎鸟兽，有不射鸣镝所射者辄斩之。已而冒顿以鸣镝自射其善马，左右或不敢射者，冒顿立斩不射善马者。居顷之，复以鸣镝自射其爱妻，左右或恐不敢射，冒顿又复斩之。居顷之，冒顿出猎，以鸣镝自射单于善马，左右皆射之。于是冒顿知左右可用，从其父单于头曼猎，以鸣镝射头曼，左右皆从鸣镝而射杀单于头曼。"

（3）1964年2月16日，周世钊在《毛主席诗词十首略释》[24]中写道：

上阕写革命叛徒的丑态和罪状，作了尽情的鞭挞。由于他们的乱碰乱叫，得到碰壁和抽泣的结果是应该的；但他们并没有因此受到教育，仍然执行他们的大国沙文主义，认为自己有对别人的领导权，不断把他们不革命、反革命的错误路线强加于人，妄图压服、搞垮一些坚持原则坚持正确革命路线的人。我们中国和中国共产党就是他们集中打击的对象。当看世界上各种反动势力串演反华大合唱搞得很起劲的时候，他们认为有机可乘，火上添油地挥舞他们的指挥棒，指挥那些他们所能指挥的反动势力，群起向我们猖狂进攻，只想把我们压服、搞垮，使大家都跟着他们走上不革命反革命的道路。这一切都表明他们丑恶的嘴脸和可耻的罪行。

下阕号召一切革命的人民，应该争取时间，毫不犹豫地揭露、反击、扫除这些叛徒和一切反动势力。不能像有些人所主张的要等到羽毛丰满才高飞，力量特别强大才对叛徒进行反击。如果这样一来，就会坐失时机，祸贻久远，是对全世界革命人民的利益大有危害的。"一万年太久，只争朝夕"是多么令人警觉的大声呼唤啊！只有这样才能灭反动势力的威风，壮革命运动的声势，出现"四海翻腾""五洲震荡"的局面，而得到扫除一切害人虫的胜利结果。

（4）1964 年 7 月，周世钊在《体会》[18]中写道：

在反对各国反动派的斗争中，毛主席也充分估计了敌我形势，决定了正确的战略和战术。在《满江红》里，批判了一些人"羽毛未丰者不可以高飞"的等待思想。认为等待不是办法，因而指出："一万年太久，只争朝夕！"认为只有争取主动、争取时间，才可以灭敌人的威风，长自己的志气。在和郭沫若同志的七律一诗中又批判了一些人在对敌斗争中不分敌友的糊涂思想，认为化为善男信女的妖精，容易使人受骗而遭到它的毒害，比起那些青面獠牙的妖魔更为危险，更为可怕。我们必须提高警惕，必须大力把它驱除。

（5）1971 年 11 月 27 日，周世钊在《讲话》[19]中指出：

《七律·为李进同志题所摄庐山仙人洞照》《七律·和郭沫若同志》《卜算子·咏梅》《七律·冬云》《满江红·和郭沫若同志》，这几首诗词是 1961 年至 1963 年写的，都是以反帝反修（主要反修）为主要内容的。用了"蚂蚁缘槐""蚍蜉撼树""苍蝇乱叫"写出它们的罪状和丑态。

要以"只争朝夕"的精神去进行战斗，要挥舞千钧棒去打它们，飞出鸣镝去射它们。还要与一切革命人民结成反帝反修的统一战线，共同努力，造成"四海翻腾云水怒，五洲震荡风雷激"的浩大形势，使它们无所逃于天地

之间，最后将"一切害人虫"，全部、干净扫除光，

（6）1971 年 11 月 27 日，周世钊又曾指出：

"蚂蚁缘槐夸大国"，你们的力量怎么能动摇我们，真正的马列主义怎么会动摇。毛主席还借用和化用了古人的诗句，把它赋予与古人原作完全不同的新意。化用贾岛的"秋风生渭水，落叶满长安"。这是毛主席对古典诗词又继承又革新的一种革命。这又是一个方面。

4 编著者考辨

周世钊词《水调歌头·韶山毛泽东旧居陈列馆外宾留言册题词》著于 1963 年初，其中"激荡六洲云水，震耀九天雷电"句原稿为"激荡五洲云水，震耀九天雷电"，这和毛泽东于 1963 年 1 月 9 日著的《满江红·和郭沫若同志》中的名句"四海翻腾云水怒，五洲震荡风雷激"何其相似乃尔。毛诗中的此两句原为"革命精神翻四海，工农踊跃抽长戟"。毛诗留存有 1963 年 1 月 9 日（2 件）、1 月 24 日及 2 月 5 日四种手迹，正式发表于 1963 年 12 月出版的《毛主席诗词》中。

5 手 迹

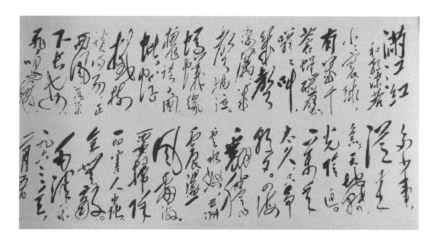

毛泽东手书《满江红·和郭沫若同志》

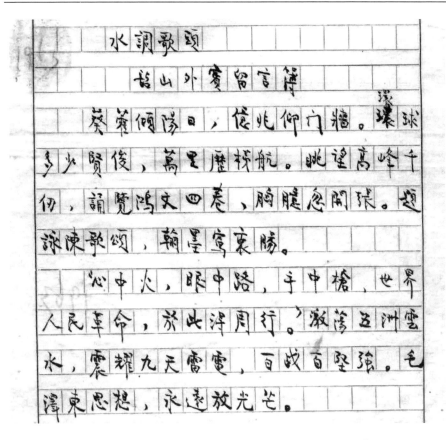

水調歌頭

韶山外賓留言簿

葵藿傾陽日，億兆仰門牆。環球多少賢俊，萬里歷桟航。眺望高峰千仞，諷覽鴻文四卷，胸臆忽開張。題詠陳歌頌，翰墨寫衷腸。

心中火，眼中路，手中槍，世界人民革命，於此泮周行。淑蕩五洲雲水，震耀九天雷電，百戰百堅強。毛澤東思想，永遠放光芒。

周世钊《水调歌头·韶山毛泽东旧居陈列馆外宾留言册题词》手迹

极 为 高 兴

（1963 年）

1963 年 3 月 24 日，毛泽东致函周世钊。全信如下：

惇元兄：

去年及今年惠寄数函并附诗词，都已收到，极为高兴。因忙迟复，尚祈鉴谅。为学校题字，时间已过，可以免了吧。你到京时，我适外出，未能晤面，深致歉怀。嗣后如有所见，或有诗作，尚望随时见示为盼！老校长张干（忘其别甫，是否叫作次崙？）先生，寄我两信，尚未奉复。他叫我设法助其女儿返湘工作，以便侍养。此事我正在办，未知能办得到否？如办不到，可否另想方法，请你暇时找张先生一叙，看其生活上是否有困难，是否需要协助。叙谈结果，见告为荷。蒋竹如兄处，亦乞见时代为致意。他给我的信都已收到了。

　　顺问

　　　　安吉

毛泽东

1963 年 3 月 24 日

毛泽东在信中说："去年及今年惠寄数函并附诗词，都已收到，极为高兴。"又说，"嗣后如有所见，或有诗作，尚望随时见示为盼！"可见毛泽东对周世钊的诗是赞赏的。

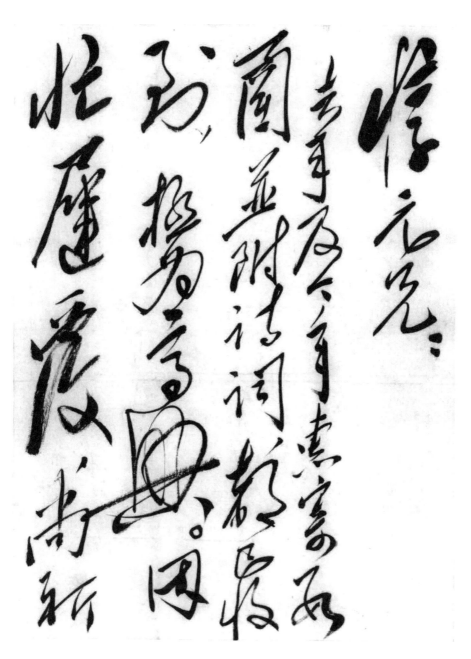

毛泽东手书致周世钊（1963 年 3 月 24 日）

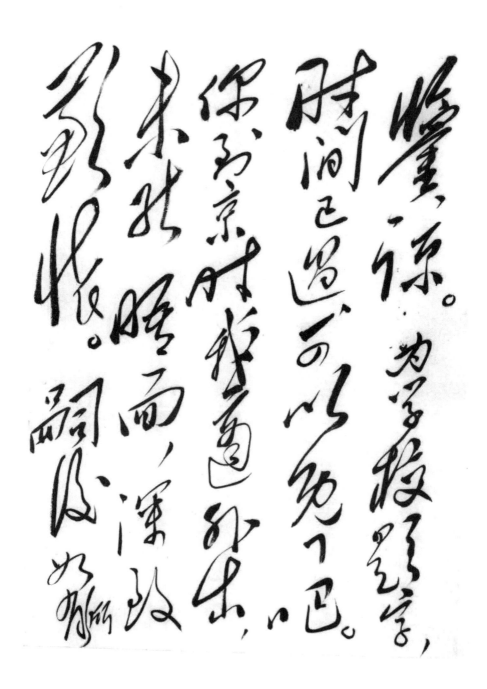

见！我已迁居昔海

隔时见示如此！

老按长化韩（贯别

甫，是否叫此次篇？先生，

言成有信为来书

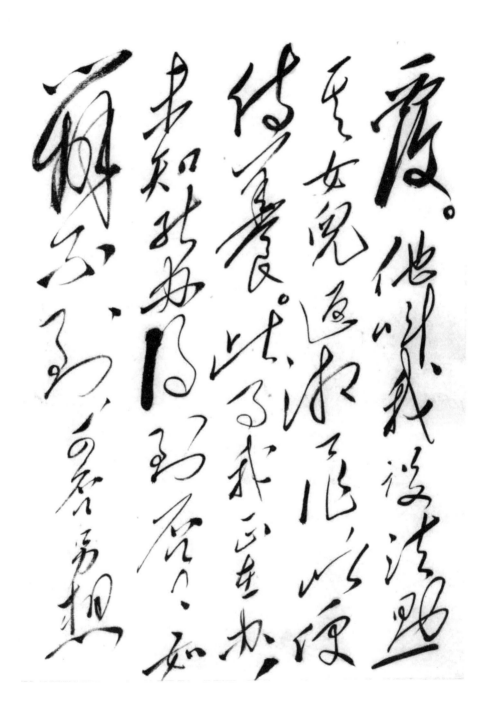

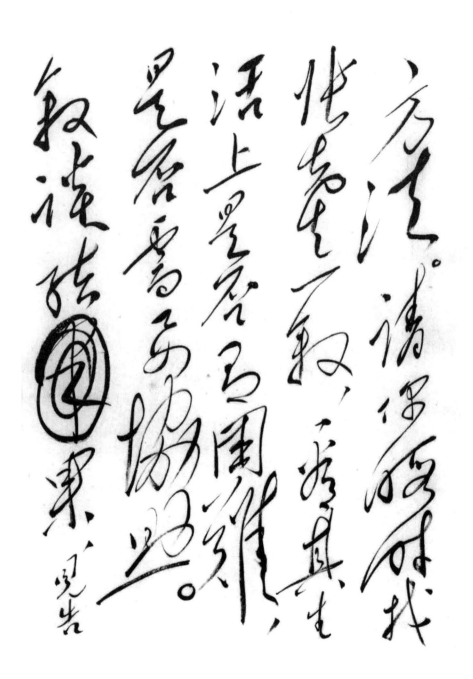

毛泽东诗《答友人》的四幅过程稿

充满神秘色彩的毛泽东诗《七律·答友人》，一般人均认为它没有留下手稿，所以谁是友人，可以胡乱猜想或伪造。半个世纪来，出现了各种各样的友人。

研究毛泽东诗词，必须弄清真实的史实。只有真实的历史事实才是研究毛泽东诗词的基石。在毛泽东诗词的数十年研究中，《答友人》中的友人，存在不少问题。曾松亭先生在《中国青年报》及《东方出版社》中认为"友人"系乐天宇，还有不少著家认为"友人"是周世钊、李达、乐天宇，还有更多的其他说法。笔者认为，"友人"只有周世钊一人，有毛泽东手稿为证，所有其他说法均涉及作品的著作权纠纷。

2012 年 5 月 28 日，我们多次申请后，中央档案馆通知我们去取毛泽东诗《七律·答友人》的原始档案复印件，这是一份十分珍贵又极其可信的文献。毛泽东为这一首诗改有 4 个版本。

1 《答友人》的原始过程稿

我们将中央档案馆给我们的经毛泽东多次修改的手稿修改过程还原，并运用逻辑思维，发现此诗的来龙去脉。

《七律·答友人》的原始稿撰于 1961 年，其标题为：诗一首答周世钊，另起一行的作者为毛泽东，如图。

2 《答友人》的第一次改诗过程稿

1963 年人民文学出版社在编《毛主席诗词》向毛泽东送审定稿时，毛泽东在答周世钊后面加上"同学"两字，诗题为"答周世钊同学"了，如图。

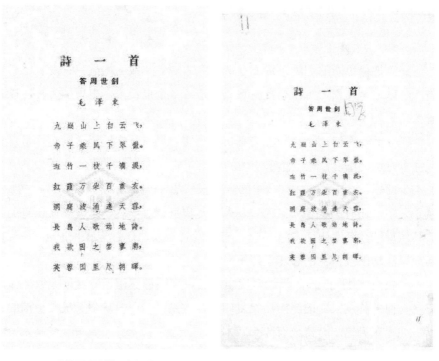

"答周世钊"过程稿　　　　　　　　"答周世钊同学"过程稿

3 《答友人》的第二次改诗过程稿

1963 年，毛泽东再次将《毛主席诗词》审改时，毛泽东用细笔将"答周世钊同学"六个字划去，删去"诗一首"及"毛泽东"，同时加上"友人"及"七律"四字，如图。

 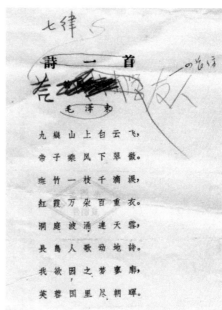

"友人"过程稿　　　　　　　"答友人"过程稿（即定稿）

4 《答友人》的最后改诗过程稿

1963 年，毛泽东最后将《毛主席诗词》定稿时，毛泽东用粗笔在"友人"前加一个"答"字，并用粗笔涂一下"答周世钊"，于是形成了"答友人"；最后编辑加工在"答友人"处注上"四长仿"字样，如图。

图 4 也就是保存在中央档案馆的毛泽东手稿，万分珍贵。

5 四幅过程稿的价值

多少人以为《答友人》没有手稿，于是他们研究时就可以"百花齐放"了。否也！《答友人》的标题是有毛泽东手稿的，不但有，而且可以还原四幅。笔者从中央档案馆要到的复印件，千真万确的四幅手稿。它价值无限，是史实，是证据，白纸黑字，铁证如山。与《答友人》的四幅过程稿相互印证的则是毛泽东在以后关于友人的两次肯定答复。

1964 年 1 月 27 日，毛泽东应《毛主席诗词》英译者的请求就自己诗词中的一些词句，一一作了口头解释。其中第 22 题的问话为："《七律·答友人》中的'友人'指谁？"毛泽东答："'友人'指周世钊"。这是最权威的论断。

1964 年 2 月 4 日，袁水拍就一些有争论，或者不太清楚的问题请示了毛泽东。毛泽东对自己的诗词作了 14 点解释，其中第 8 点为："长岛"指长沙。长沙是沙洲变的，许多人住在那里，不知道那个地方的来历。友人，是一个长沙的老同学……此处的"友人，是一个长沙的老同学"一语，基本上等同于"友人是周世钊"。

七　律·答友人

（1963 年）

1 毛泽东原诗

七　律·答友人

（1961 年）

九嶷山上白云飞，帝子乘风下翠微。

斑竹一枝千滴泪，红霞万朵百重衣。

洞庭波涌连天雪，长岛人歌动地诗。

我欲因之梦寥廓，芙蓉国里尽朝晖。

2 依　据

引自 1963 年人民文学版《毛主席诗词》。

3 周世钊论述

（1）1964 年 2 月 16 日，周世钊在《简注》[23]中写道：

大概由于这个（或这些）在长沙的友人的诗歌和书信写到湖南人民生产生活的情况，引起了主席对湖南的过去、现在和将来的怀念、歌颂和希望。前阕是就湖南的过去来写，说明它是历史悠久，风物美丽之乡，也是故事流传、文艺创作特别丰富、优越之乡。后阕是就湖南的现在来写，说明1949年后的湖南人民革命干劲冲天，革命歌声动地，在阶级斗争、生产斗争中出现了波澜壮阔、光芒万丈的新气象、新形势。最后两句既歌颂了现在，也表达了对将来的祝愿。

【注释】

①九嶷山在今湖南宁远县境。史记："舜崩于苍梧之野，葬于江南九嶷。"

②帝子：指娥皇、女英，尧之二女，舜之二妃。

③《尔雅》："未及上，翠微。"一说，山气青绿色。

④张华《博物志》："舜崩，二妃啼，以涕挥竹，竹尽斑"。

⑤《楚辞·九歌》："青云衣兮白霓裳。"

⑥洞庭波涌象征人民干劲冲天。

⑦长岛即水陆洲（橘子洲），此处指长沙。

⑧寥廓，宽阔高远之意。

⑨芙蓉国：芙蓉国指湖南，五代谭用之《秋宿湘江遇雨》诗："江上阴云锁梦魂，江边深夜舞刘琨。秋风万里芙蓉国，暮雨千家薜荔村。乡思不堪悲橘柚，旅游谁肯重王孙。渔人相见不相问，长笛一声归岛门。"

（2）1964年2月16日，周世钊在《略释》[24]中写道：

大概由于某一个或者某一些在长沙的友人在写寄毛主席的诗词和书信中反映了近年来湖南人民在进行社会主义革命和社会主义建设中高涨的热情和冲天的干劲，也反映了湖南人民在党的正确领导下取得了生产上的大发展，生活上的大提高的伟大成就，因而喜生胸臆，"浮想联翩"。既想到湖南的过去，也想到湖南的现在，还想到湖南的未来，诗中交织着回忆、赞颂和希望心情的描绘。前半侧重写湖南的过去，说明它是历史悠久、风物美丽之乡，是故事流传、文艺创作特别丰富、优越之乡，也是革命英雄人物英勇斗争、取得伟大胜利之乡。后半就湖南的现在和将来来写，赞美了解放后的湖南人民，革命干劲冲天，革命歌声动地，在一系列的阶级斗争，生产建设各个方面出现了波澜壮阔、光芒万丈的新气象、新形势。最后两句既歌颂了现在，也表达了对将来的真挚祝愿。

（3）1964 年 7 月，周世钊在《体会》[18]中写道：

《答友人》这首热情歌颂湖南人民美好的现在和祝愿湖南人民光明的前途的诗篇。前四句借虞舜和娥皇、女英的美丽传说，写出湖南无数善良的人民和无数英勇的革命志士在反动统治者的长期压迫、剥削和残酷屠杀下面的悲愁惨痛，是数不尽、说不完的。"斑竹一枝千滴泪"一句，就真实地形象地反映了在过去黑暗的时代、恐怖时代，湖南人民所过的生活是以眼泪洗面的生活。而从 1949 年湖南得到解放以后，湖南人民在党的正确领导下，经过民主改革时期进入社会主义建设时期，湖南人民的生活改善了，精神面貌也起了巨大的变化，到处是歌声，到处是笑脸。"红霞万朵百重衣"，又真实地形象地反映了这个新的美好的时代，湖南人民的生活是丰富多彩的、快乐自由的生活。这诗的下四句是对湖南人民现实斗争的反映，也是对湖南人民光明前途的祝愿。"洞庭波涌连天雪，长岛人歌动地诗"两句，不是单纯写景，单纯叙事，而是写湖南人民在建设社会主义时期的生产斗争、阶级斗争和科学实验中，决心大，热情高，斗志昂扬，意气风发，干劲冲天，歌声动地。这就正确地反映了今天，"我欲因之梦寥廓，芙蓉国里尽朝晖"两句，既写了湖南人民的过去，又写了湖南人民的现在，就很自然要设想到湖南人民的将来。湖南人民的将来会怎么样呢？在党的英明领导下，在群众的共同努力下，一定会出现万紫千红的景象，一定要走到繁荣康乐的境界，像芙蓉的美丽，旭日的光辉。这就热情地展望到了明天。在全诗中，把反映实际生活与表达作者革命理想和愿望交织在一起。

（4）1968 年 7 月 16 日，周世钊从关于《七律·答友人》的信中写道：

吉林师范大学中文系：

6 月 26 日来信收读已多日，以适染微恙，迟延未痊，裁答稽迟，很感抱歉！

你们的信和诗，我过细看过，感觉你们对毛主席和他的诗词都是十分热爱的，相信在你和你的同志们共同编写的主席诗词解释，一定是经过深入研究分析，有独到的见解，能给读者以启发教育的。

关于你提的三个问题，我在这里简单奉复如下：

一、《七律·答友人》一诗自发表后，我这里接到一些询问是否答我的来信，郭老甚至对人讲肯定是答我的，但我的看法不同。我在长沙和他处为人讲解这首诗的时候，我是这样讲的：《答友人》所答的肯定是湖南的友人，甚至肯定是答长沙的友人，但所答的友人可能不止一人。由于毛主席在这几年（1961年以前的几年正是三面红旗提出后的几年）接到湖南（长沙）一些友人的信和诗，反映了湖南人民建设社会主义的积极性和工农业生产、文化教育的一片大好形势，主席感到高兴，感到满意。因此浮想联翩，写出这首《答友人》的绝妙好诗来。一方面对这些友人的回答，一方面是对湖南的过去、现在和将来表达出无限的关怀、无限的希望和真诚的祝愿。

二、自1949年后，主席常在给我的信中嘱我寄诗。早些时候寄得不多。从1958年后，我差不多把所写的诗随时抄寄给主席，每每承他加以鼓励。这次另纸抄了好几首，那几年写的诗词也都是曾寄给主席请其审正的。

三、"红霞万朵百重衣"大概仍是就"帝子"的装饰来说的。上句"斑竹一枝千滴泪"。是用娥皇、女英闻舜死后攀竹哭泣，泪落竹上成斑的神话故事，说明过去湖南人民在反动统治下面的痛苦生活。所谓此中旦夕只是用眼泪洗面的生活。下句"红霞万朵百重衣"，说出今天的帝子（娥皇、女英）衣着百重美艳的衣服，说明湖南人民在解放后，到处是欣欣向荣的景象，到处焕发出灿烂的光辉。古人常以云形容衣服，楚辞上是屡见的，李白诗也有"云想衣裳"之句。

"我欲因之梦寥廓"，是从湖南的过去（斑竹一枝千滴泪）、现在（红霞万朵百重衣，洞庭波涌连天雪），而想到将来（芙蓉国里尽朝晖），这都是指上面所写的湖南的过去与现在几句。

此诗"斑竹""红霞"两句，可以把它比照《到韶山》"为有牺牲多壮志，敢教日月换新天"两句。

由于我这几天仍是头痛神疲，勉强作复，可能很多错误，请你和你的同志们指出！

暂写这些，请谅草率！即祝

健好！

周世钊

1968年7月16日

（5）1971 年 11 月 27 日，周世钊在《讲话》[19]中指出：

《送瘟神》《到韶山》《登庐山》《答友人》四首七律写于 1958 年至 1961 年之间。这些诗的主题思想大部分相同。"洞庭波涌连天雪，长岛人歌动地诗"等等句子，从各个方向歌颂了社会主义革命和建设的伟大成就，三面红旗无比威力以及广大劳动人民可敬可爱的精神面貌。同时也就是对诬蔑三面红旗的那些家伙的严正驳斥和反击。

（6）周世钊又说：

这首诗，首先用革命浪漫主义的手法，借娥皇、女英的美丽传说，说她们由于被湖南人民的革命热情、冲天干劲所感动，翩然乘云下山来了。又借着她们手里拿的斑竹，身上穿的彩衣，来象征湖南人民的过去和现在。"斑竹一枝千滴泪"很形象地反映了过去长期在反动统治下面的湖南人民所过的生活是以眼泪洗面的生活。"红霞万朵百重衣"则又形象地写出解放后在党的正确领导下，特别是三面红旗的光辉照映下，湖南人民的生活改善了，精神面貌也变了样，呈现出丰富多彩、蓬蓬勃勃的景象。

接着"洞庭波涌连天雪，长岛人歌动地诗"两句，不是单纯写景叙事，而是写湖南人民在三面红旗的正确指引下，在阶级斗争、生产斗争和科学实验中决心大，热情高，斗志昂扬，意气风发，干劲冲天，歌声动地的可爱景象。这就正确地反映了今天。

"我欲因之梦寥廓，芙蓉国里尽朝晖"两句，则又从湖南人民痛苦的过去和湖南人民幸福的现在想到湖南人民的前途一定是光明的。在作者的希望中，湖南人民的将来一定会达到繁荣康乐的境界，一定会呈现出万紫千红的景象，像芙蓉的美丽，像旭日的光辉。这又热情地展望到了明天。

这首诗，把反映实际生活与表达作者的理想和愿望交织在一起。这种革命的现实主义与革命的浪漫主义相结合的艺术手法。

（7）1971 年 11 月 27 日，周世钊又曾指出：

毛主席为了更好更自然地表达他的思想感情，就不完全按照旧框框办事，而作出了一些改革。如《七律·答友人》，"帝子乘风下翠微"，是五微的韵；"长岛人歌动地诗"的"诗"是四支的韵，做律诗不能通用，毛主席不管，要用。这就是革新。这是形式，主要还在内容。采用古典诗词的形式格律，而在有必要时就突破旧框框的这种做法，也是毛主席对古典诗词既继承又批判的一个方面。

4 编著者考辨

（1）编著者积近 50 年的研究，终于发现了周世钊是毛泽东《七律·答友人》中的唯一友人及不符事实的"三人说"为害不浅。详见本书附录3、4、5 等。

（2）为什么周世钊会说"可能不止一人"？我们研究了许多文献后，初步认为：

第一种情况，周世钊曾看到《诗一首·答周世钊》的手稿，以后手稿被别人借走了（这种事情在 1949 年就发生过）。当时，他又看不到毛泽东在 1963 年写的《答周世钊同学》及 1964 年的"友人，指周世钊"。然而在 1963 年出版的《毛主席诗词》中突然改成《答友人》了。为此，他对答他一人产生怀疑。同时，在 1961 年 1 月 10 日，周世钊曾到湖南省委看过可能是许多长沙友人给毛泽东的书信和诗词（待考）。他就理解成答他和这些人了。所以他说肯定是答在长沙的人，可能不止一人了。在长沙的友人，与在北京的及在武汉的无关：可能不止一人，只是一种可能性，实际上是"可能只是一人"。周世钊还说，寄毛主席的只是诗词和书信，决非像别人所说的还有许多物品，如斑竹、碑铭、墨刻等等，何况在当时社会氛围下周世钊不会向毛主席送物品的。

第二种情况，周世钊没有看到《诗一首·答周世钊》的手稿。毛泽东寄周世钊的信丢失多次。为什么丢失？可能邮路问题，可能有关部门检查扣留了。既然没有看到，周世钊为什么又说过，"肯定是答我的"？因为当时许多看到过手稿的人纷纷向周世钊说起，并有索借手稿的。可是他又不敢确认，只能说"某一个或某一些"及"可能不止一人"了。

"可能不止一人"，有一些人立刻理解成，肯定不止一人。这是完全错误的。"可能不止一人"的第一位思维应该是"可能只有一人"，第二位才是"可能不止一人"。

（3）周世钊在信中还写道："'斑竹''红霞'两句，可以把它比照《到韶山》'为有牺牲多壮志，敢教日月换新天'两句"。可见《七律·答友人》与

《七律·到韶山》关系密切，《到韶山》也正是周世钊《国庆日到韶山》的诗源。《到韶山》——《国庆日到韶山》——《答友人》形成"毛—周—毛"的答诗全过程。

（4）毛泽东为什么改"答周世钊"为"答友人"呢？

这个问题是我们经常思考的问题，也是一些朋友常常问起的问题。

毛泽东、周世钊已经去世46年了，大家都无法问及了，但是我们还寄希望于将来《毛泽东全集》的出版而使这个问题得到解答。

有的研究家认为，毛泽东阅尽古今中外无数的各式人物，对人类这种生物研究透了，识透了，人性本善，人性本恶。妒忌，为人性之恶。1957年，李淑一由于毛泽东的《蝶恋花·赠李淑一》，有些人出于妒忌，打着红旗反红旗，险些将李淑一打成资产阶级右派分子。由此，毛泽东决定将"答周世钊"改成"答友人"，以保护友人周世钊。对于这些研究家的研究姑妄听之，姑妄存之，待考。寄希望于更多文献的出版，更多档案的解密，一切以将来新发现的史实为证。

7 手　迹

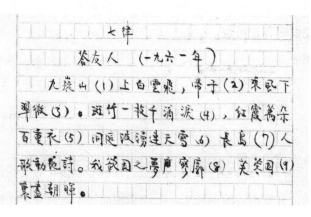

周世钊手书《七律·答友人》

"兄可以意为之"

（1964 年）

1964 年 1 月 31 日，毛泽东致函周世钊，全信为：

惇元兄：

　　两次惠书及大作两首，另附余同学信，均已收到。寄上 2000 元，请分致 1500 元赠李先生作医药费，500 给余同学。拙作解释，不尽相同，兄可以意为之，俟见面时详说可也。

　　敬祝平安

毛泽东

1964 年 1 月 31 日

　　《毛主席诗词》1963 年 12 月出版后，注释者众多，各有说法，周世钊为此写了两函，并寄两诗给毛泽东，毛泽东因而写了这封复信：据周世钊说，以后见面时谈了毛泽东诗词的解释问题，毛说以周世钊的解释为准。

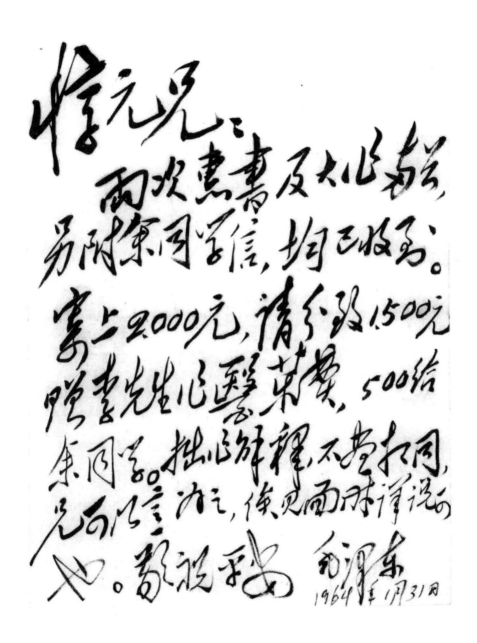

毛泽东手书致周世钊（1964 年 1 月 31 日）

毛主席诗词十首简注

（1964 年）

1964 年 2 月 16 日，周世钊撰写了《毛主席诗词十首简注》[23]，全文为：

七　律·人民解放军占领南京①
（1949 年 4 月）

钟山②风雨起苍黄③，百万雄师过大江。

虎踞龙盘④今胜昔，天翻地覆慨而慷⑤。

宜将剩勇追穷寇⑥，不可沽名学霸王⑦。

天若有情天亦老⑧，人间正道是沧桑⑨。

此诗从歌颂南京的解放写出将革命战争进行到底的必要。

【注释】

①1949 年 4 月 20 日，国民党反动派拒绝接受和平协定的条款，人民解放军遂于 20 日夜开始抢渡长江，23 日晚上就占领了南京。

②钟山一名紫金山，在南京城东北，此以代表南京。

③"苍黄"通"仓皇"，急遽慌乱之状。杜甫《新婚别》："誓欲随君去，形势反苍黄"。

④《三国志》：诸葛亮谓孙权，"钟阜龙蟠，石城虎踞。"蟠亦作盘。

⑤慨而慷：是慷慨激昂之意。"慨慷"两字倒用，早见曹操《短歌行》：

"慨当以慷，忧思难忘。"

⑥孙子："穷寇勿追"。

⑦《史记·项羽本纪》，"今人有大功而击之，不义也"，"君王为人不忍"。项羽因沽仁义之名，不肯乘势去杀刘邦，终被刘邦所败，自刎于乌江。

⑧唐人李贺诗句。

⑨沧海变为桑田是巨大的变化，见《神仙传》。

七 律·到韶山

（1959 年 6 月 25 日）

别梦依稀咒逝川①，故园三十二年前。

红旗卷起农奴戟，黑手②高悬霸主鞭③。

为有牺牲多壮志，敢教日月换新天。

喜看稻菽千重浪，遍地英雄下夕烟④。

1959 年 6 月，毛主席回到了离别了 32 年的家乡，回想过去革命斗争的残酷，更觉得那些不怕牺牲、敢于斗争的革命英雄之可纪念、可歌颂，同时也觉得今天社会主义新农村一片欣欣向荣的景象之可爱。前半写过去，用一咒字领起，后半写现在，用一喜字结束，意思十分明显。

【注释】

①逝川：谓时间的飞逝如同不舍昼夜的逝川一般。《论语》："逝者如斯夫，不舍昼夜。"

②黑手：指反动统治阶级的罪恶之手。

③此言反动统治阶级用反革命的暴力，向农民的武装革命猖狂进攻。或释为劳动人民夺取政权，是错误的。

④生产战线的英雄们在暮色苍茫中从工地收工回来。诗："日之夕矣，牛羊下来。"

七 律·登庐山

（1959 年 7 月 1 日）

一山飞峙大江边，跃上葱茏四百旋①。

冷眼向洋看世界，热风吹雨洒江天。

云横九派②浮黄鹤③，浪下三吴④起白烟。

陶令⑤不知何处去，桃花源里可耕田？

　　登上庐山，看到祖国山河的壮阔伟丽，想到社会主义社会的新面貌、新成就，不但非当今一些国内外反动阶级分子所能了解，也非古代有理想有抱负的人所能梦想得到的了。最后两句写出全诗作意所在，与水调歌头里写的"神女应无恙，当惊世界殊"意义相近。

【注释】

　　①庐山登山公路自 1952 年 9 月开始修筑，至 1953 年 8 月 1 日全线通车。全长 35 公里，共有三百多处将近四百处的山弯。

　　②古人说，江至荆州界分为九道，或谓江至浔阳分为九派。

　　③黄鹤，概指长江上游武汉等处。

　　④三吴有几说：或以为会稽、吴兴、丹阳，或以为苏州、常州、湖州，或以为苏州、润州、湖州。这里概指长江下游南京、上海等地。

　　⑤陶渊明又名潜，字元亮，东晋柴桑（九江）人。曾为彭泽令。《桃花源记》系他所著诗文中很重要的一篇。

七　绝·为女民兵题照
（1961 年 2 月）

飒爽英姿五尺枪，曙光初照演兵场。

中华儿女多奇志，不爱红装爱武装。

　　这是对新中国新儿女英雄的写照。"不爱红装爱武装"，充分表现在党的教育下广大妇女新的精神面貌。

七　律·答友人
（1961 年）

九嶷山①上白云飞，帝子②乘风下翠微③。

斑竹一枝千滴泪④，红霞万朵百重衣⑤。

洞庭波涌连天雪⑥，长岛⑦人歌动地诗。

我欲因之梦寥廓⑧，芙蓉国⑨里尽朝晖。

大概由于这个（或这些）在长沙的友人的诗歌和书信写到湖南人民生产生活的情况，引起了主席对湖南的过去、现在和将来的怀念、歌颂和希望。前句是就湖南的过去来写，说明它是历史悠久，风物美丽之乡，也是故事流传、文艺创作特别丰富、优越之乡。后句是就湖南的现在来写，说明解放后的湖南人民革命干劲冲天，革命歌声动地，在阶级斗争，生产斗争中出现了波澜壮阔、光芒万丈的新气象、新形势。最后两句既歌颂了现在，也表达了对将来的祝愿。

【注释】

①九嶷山在今湖南宁远县境。史记："舜崩于苍梧之野，葬于江南九嶷。"

②帝子：指娥皇、女英，尧之二女，舜之二妃。

③《尔雅》："未及上，翠微。"一说，山气青绿色。

④张华《博物志》："舜崩，二妃啼，以涕挥竹，竹尽斑。"

⑤《楚辞·九歌》："青云衣兮白霓裳。"

⑥洞庭波涌象征人民干劲冲天。

⑦长岛即水陆洲（橘子洲），此处指长沙。

⑧寥廓：宽阔高远之意。

⑨芙蓉国：芙蓉国指湖南，五代谭用之《秋宿湘江遇雨》诗："江上阴云锁梦魂，江边深夜舞刘琨。秋风万里芙蓉国，暮雨千家薜荔村。乡思不堪悲橘柚，旅游谁肯重王孙。渔人相见不相问，长笛一声归岛门。"

七　绝·为李进同志题所摄庐山仙人洞照
（1961年9月9日）

暮色苍茫看劲松，乱云飞渡仍从容。

天生一个仙人洞，无限风光在险峰。

劲松不管暮色苍茫，乱云飞渡，依旧保持它的从容常态，正如坚持真理、坚持原则的革命者不管一些反动派掀起任何恶浪，飚起任何邪风，依旧岿然不动，屹立不摇，大有"天垮下来擎得起"的雄伟气概。虽然要经历许多艰苦的斗争，走过许多曲折的道路，但最后必然会要登上胜利的高峰，得到成功的快慰。"无限风光在险峰"一句，饱含着古今多少英雄人物的斗争经验，表现着伟大的作者战胜一切恶势力，把革命进行到底的决心和信心。同时也是向全国人民发出的一个伟大号召：号召全国人民要坚持阶级斗争、生产斗争和科学实验，以建设繁荣富强的社会主义祖国，必须艰苦奋斗，再接再厉，不达目的，决不罢休。那些见难而退、浅尝辄止、只想侥幸成功的人，是永远没有成功的希望的。

七　律·和郭沫若同志

（1961 年 11 月 17 日）

一从大地起风雷，便有精生白骨堆①。

僧是愚氓犹可训②，妖为鬼蜮③必成灾。

金猴奋起千钧棒，玉宇澄清万里埃。

今日欢呼孙大圣，只缘妖雾又重来。

　　借物以喻人，从戏剧写到政治。前四句言世界上的事物，总是一分为二，有革命就有反革命的对立面出现，革命者必须团结一切可以团结的力量去对付它；万不可混淆敌友的界限，把打击的目标搞错。后四句写出和作本意，妖雾重来，欢呼大圣。反修之意已跃然纸上。

【注释】

　　①风雷：革命斗争的形象，白骨精：反革命的形象。

　　②僧指唐僧。郭沫若同志原诗："人妖颠倒是非淆，对敌慈悲对友刁。咒念金箍闻万遍，精逃白骨累三遭。千刀当剐唐僧肉，一拔何亏大圣毛。教育及时堪赞赏，猪犹智慧胜愚曹。"

　　③诗："为鬼为蜮，则不可得。"蜮一名射工，一名射影。俗传蜮口中有横物体如角弩，闻人声，以气为矢，因水而射影。或曰含沙射影。中人即发疮，中影者亦病。

卜算子·咏 梅

（1962 年 12 月）

风雨送春归，飞雪迎春到，已是悬崖百丈冰，犹有花枝俏。　俏也不争春，只把春来报。待到山花烂漫时，她在丛中笑。

这词是梅花的赞歌，也是伟大革命者的赞歌。上阕借梅花的对雪独开，写出敢于斗争、敢于胜利的伟大革命者的伟大形象；下阕借梅花的"报春"而不争"春"，写出伟大革命者除了维护真理、力争革命理想之实现外没有丝毫个人打算的共产主义风格。词虽或由反修引起，但含义深远，决不止于反修。

七 律·冬 云

（1962 年 12 月 26 日）

雪压冬云白絮飞，万花纷谢一时稀。
高天滚滚寒流急，大地微微暖气吹。
独有英雄驱虎豹，更无豪杰怕熊罴。
梅花欢喜漫天雪，冻死苍蝇未足奇。

以冬云、白雪等象征革命形势发展中的乌云和逆流。真正的英雄豪杰，正像斗寒开放的梅花，能不怕一切乌云，顶住一切逆流。使大地重放光明，复吹暖气。至于那些屈服于外来压力，怕斗争、怕革命的软骨头、胆小鬼，也正像渺小猥贱的苍蝇，怕风雪，被冻死，势所必至，理有固然，亦适足以见其可耻可笑而已。

满江红·和郭沫若同志

（1963 年 1 月 9 日）

小小寰球，有几个苍蝇碰壁。嗡嗡叫，几声凄厉，几声抽泣。蚂蚁缘槐夸大国①，蚍蜉撼树谈何易②。正西风落叶下长安③，飞鸣镝④。　多少事，从来急；天地转，光阴迫。一万年太久，只争朝夕。四海翻腾云水怒，五洲震荡风雷激。要扫除一切害人虫，全无敌。

上阕写革命叛徒的丑态和罪状，作了尽情的鞭挞。下阕写一切革命人民应争取时间，反击叛徒，发扬正气，提高群众觉悟，壮大革命的声威，以达到消灭一切害人虫的目的。此词充分表现作者反帝反修和各国反动派，将革命进行到底的无比决心和勇气。

【注释】

①唐李公佐《南柯记》：淳于棼家庐陵，宅南有古槐，枝干修永。棼生日醉卧，梦至大槐安国，妻公主，为南柯太守二十年，备极荣显。后与敌战而败，公主亦卒，被遣归。既醒，见家之童仆拥篲于庭，斜日未隐，余樽犹在。因寻槐下穴，所谓南柯郡者，槐南枝下之蚁穴也。

②唐韩愈诗："李杜文章在，光焰万丈长，不知群儿愚，那用故谤伤，蚍蜉撼大树，可笑不自量。"

③唐贾岛诗："秋风生渭水，落叶满长安。"

④《史记·匈奴列传》："头曼单于有太子名冒顿（音墨毒），后有所爱阏氏出少子，单于欲废冒顿而立少子……冒顿乃作为鸣镝，习勒其骑射，令曰：'鸣镝所射，而不悉射者斩之。'行猎鸟兽，有不射鸣镝所射者辄斩之。已而冒顿以鸣镝自射其善马，左右或不敢射者，冒顿立斩不射善马者。居顷之，复以鸣镝自射其爱妻，左右或恐不敢射，冒顿又复斩之。居顷之，冒顿出猎，以鸣镝自射单于善马，左右皆射之。于是冒顿知左右可用，从其父单于头曼猎，以鸣镝射头曼，左右皆从鸣镝而射杀单于头曼。"

上面这些简略的注释，系仓卒写成，且多是个人"以意为之"的说法，可能有很多错误，希望得到高明之家的指正。

1964 年 2 月 16 日周世钊附记

编著者考辨

从周世钊的这篇《毛泽东诗词十首简注》中，我们看到他对《七律·答友人》的注是："大概出于这个（或这些）在长沙的友人的诗歌和书信写到湖南人民生产生活情况，引起了主席对湖南的过去、现在和将来的怀念、歌颂和希望。"第一，这里说的是"这个（或这些）"友人，首先是"这个"（单数），其次才可能是"或这些"（多数）。第二，他十分明确地说是"在长沙的友人"，而不是在外地的友人。第三，周世钊写道，友人送的是诗歌和书信，并无斑竹、毛笔、墨刻等。当时也不大可能向毛主席送礼品。

毛主席诗词十首略释

（1964 年）

1964 年 2 月 16 日，周世钊于上文同一天又撰写了《毛主席诗词十首略释》[24]，全文为：

七 律·人民解放军占领南京①
（1949 年 4 月）

钟山②风雨起苍黄③，百万雄师过大江。

虎踞龙盘④今胜昔，天翻地覆慨而慷⑤。

宜将剩勇追穷寇⑥，不可沽名学霸王⑦。

天若有情天亦老⑧，人间正道是沧桑⑨。

此诗从歌颂南京的解放写出将革命战争进行到底的必要和决心。

【注释】

①1949 年 4 月 20 日，国民党反动派拒绝接受和平协定的条款，人民解放军遂于 20 日夜开始抢渡长江，23 日晚上就占领了南京。

②钟山一名紫金山，在南京城东北，此以代表南京。

③"苍黄"通"仓皇"，急遽慌乱之状。杜甫《新婚别》："誓欲随君去，形势反苍黄。"

④《三国志》：诸葛亮谓孙权，"钟阜龙蟠，石城虎踞。"蟠——作盘。

⑤慨而慷：是慷慨激昂之意。慷慨两字倒用，早见曹操《短歌行》："慨

当以慷，忧思难忘。"

⑥孙子："穷寇勿追"。

⑦《史记·项羽本纪》，项伯谓项王曰，"今人有大功而击之，不义也"。范增谓项庄曰，"君王为人不忍"。项羽因沽仁义之名，不肯乘势击杀刘邦，卒为刘邦所败，自刎于乌江。

⑧唐人李贺诗句。

⑨沧海变为桑田是巨大的变化，这句话就是说，按照人世间的正道，或者说按照社会发展规律，也就应该起着巨大的彻底的变革了。

七　律·到韶山

（1959年6月25日）

别梦依稀咒逝川①，故园三十二年前。

红旗卷起农奴戟，黑手②高悬霸主鞭③。

为有牺牲多壮志，敢教日月换新天。

喜看稻菽千重浪，遍地英雄下夕烟④。

1959年6月，毛主席回到了离别了32年的家乡，抚事感怀，写出了这首感情深挚的伟大诗篇。既歌颂了过去在艰苦的革命斗争中不怕牺牲，敢于胜利的革命英雄人物，又写出了眼前社会主义新农村一片欣欣向荣的可爱景象。前半段写过去，用一咒字领起，后半段写现在，用一喜字结束，意思是十分明显的。

【注释】

①逝川：谓时间的飞逝和昼夜不停的流水一样。《论语》："子在川上曰：'逝者如斯夫，不舍昼夜'。"

②黑手：指反动统治阶级的罪恶之手，如言魔手。

③此言反动统治阶级用反革命的暴力，包括军队、警察、法院、牢狱等猖狂地镇压农民的武装斗争。杀人如麻，残暴已极。有人把这句释为劳动人民夺取政权，是错误的。

④农业生产战线的英雄们直到暮色苍茫时才从工地收工回来，足见生产

积极性之高。诗："日之夕矣，牛羊下来。"

七　律·登庐山

（1959 年 7 月 1 日）

一山飞峙大江边，跃上葱茏四百旋①。

冷眼向洋看世界，热风吹雨洒江天。

云横九派②浮黄鹤③，浪下三吴④起白烟。

陶令⑤不知何处去，桃花源里可耕田？

　　毛主席登上庐山，看到祖国山河的壮丽，也看到社会主义建设的崭新面貌和雄伟气势，自然产生了快慰豪迈之威。云横九派、浪下三吴两句，高瞻远瞩，情景交融，寄寓了无限的豪情深意。篇末一问，借批判陶令的逃避现实斗争和搞个体生产的道路以回答当时国际国内对人民公社的诬蔑和攻击，有极大的启发教育意义。

【注释】

　　①庐山登山公路自 1952 年 9 月开始修筑，至 1953 年 8 月 1 日全线通车。全长 35 公里，共有三百多处将近四百处的山弯。

　　②古人说，江至荆州界分为九道，或谓江至浔阳分为九派。

　　③黄鹤，概指长江上游鄂、湘、川一带，不仅指一黄鹤楼。

　　④三吴或以为会稽、吴兴、丹阳，或以为苏州、润州、湖州。这里用以概指长江下游南京、上海等地。

　　⑤陶渊明又名潜，字元亮，东晋柴桑（九江）人。曾为彭泽县令。《桃花源记》系他所著诗文中很重要的一篇。中有"其中往来种作，男女衣着，悉如外人。""自云先世避秦时乱，率妻子邑人，来此绝境，不复出焉，遂与外人间隔……不知有汉，无论魏晋……"等语。

七　律·为女民兵题照

（1961 年 2 月）

飒爽英姿五尺枪，曙光初照演兵场。

中华儿女多奇志，不爱红装爱武装。

这是对新中国新儿女英雄的写照。"不爱红装爱武装"，充分表现在党的教育下广大妇女新的精神面貌。

七　律·答友人
（1961 年）

九嶷山①上白云飞，帝子②乘风下翠微③。
斑竹一枝千滴泪④，红霞万朵百重衣⑤。
洞庭波涌连天雪⑥，长岛⑦人歌动地诗。
我欲因之梦寥廓⑧，芙蓉国⑨里尽朝晖。

　　大概由于某一个或者某一些在长沙的友人在写寄毛主席的诗词和书信中反映了近年来湖南人民在进行社会主义革命和社会主义建设中高涨的热情和冲天的干劲，也反映了湖南人民在党的正确领导下取得了生产上的大发展，生活上的大提高的伟大成就，因而喜生胸臆，"浮想联翩"。既想到湖南的过去，也想到湖南的现在，还想到湖南的未来，诗中交织着回忆、赞颂和希望心情的描绘。前半首侧重写湖南的过去，说明它是历史悠久，风物美丽之乡，是故事流传、文艺创作特别丰富、优越之乡，也是革命英雄人物英勇斗争、取得伟大胜利之乡。后半首就湖南的现在和将来来写，赞美了解放后的湖南人民，革命干劲冲天，革命歌声动地，在一系列的阶级斗争，生产建设各个方面出现了波澜壮阔、光芒万丈的新气象、新形势。最后两句既歌颂了现在，也表达了对将来的真挚祝愿。

【注释】

　　①九嶷山在今湖南宁远县境。史记："舜崩于苍梧之野，葬于江南九嶷。"
　　②帝子：指娥皇、女英，尧之二女，舜之二妃。
　　③山旁陂陀之处，呈现出一片微薄的青翠之气。
　　④张华《博物志》："舜崩，二妃啼，以涕挥竹，竹尽斑"。
　　⑤古人常以云比衣。楚辞九歌："青云衣兮白霓裳。"李白也有"云想衣

裳花想容"的诗句。

　　⑥洞庭波涌，象征人民的革命干劲冲天。

　　⑦长岛即水陆洲（橘子洲），此处指长沙。

　　⑧寥廓：是宽阔高远的意思。

　　⑨芙蓉即荷渠，见《尔雅》。芙蓉国指湖南，五代谭用之《秋宿湘江遇雨》诗："江上阴云锁梦魂，江边深夜舞刘琨。秋风万里芙蓉国，暮雨千家薜荔村。乡思不堪悲橘柚，旅游谁肯重王孙。渔人相见不相问，长笛一声归岛门。"

七　绝·为李进同志题所摄庐山仙人洞照

（1961 年 9 月 9 日）

暮色苍茫看劲松，乱云飞渡仍从容。

天生一个仙人洞，无限风光在险峰。

　　此诗以劲松比坚强的革命者。劲松不管暮色苍茫，乱云飞渡，依旧保持它的从容常态，正如坚持真理、坚持原则的革命者不管一些反动派掀起任何恶浪，飚起任何邪风，依旧岿然不动，屹立不摇，大有"天垮下来擎得起"的雄伟气概。虽然要经历许多艰苦的斗争，走过许多曲折的道路，但最后必然会要登上胜利的高峰，得到成功的快慰。"无限风光在险峰"一句，饱含着古今多少英雄人物的斗争经验，表现出伟大的作者战胜一切恶势力，把革命进行到底的决心和信心。同时，这也是向全国人民发出的一个伟大号召：号召全国人民，在各个不同的战线上，在各种不同的工作岗位上，都必须艰苦奋斗，再接再厉，不断斩除前进道路上的荆榛，战胜各种各样的阻碍和困难，以坚毅不拔的决心和毅力，不达成功的目的决不罢休，才能在阶级斗争、生产斗争和科学实验的三大革命运动中作出成绩，贡献力量，达到建设现代化的社会主义强国的远大目标。那些见难而退、浅尝辄止、只想不费力气、侥幸成功的人，是永远没有成功的希望的。

七　律·和郭沫若同志

（1961 年 11 月 17 日）

一从大地起风雷，便有精生白骨堆[①]。

僧是愚氓犹可训②，妖为鬼蜮③必成灾。

金猴奋起千钧棒，玉宇澄清万里埃。

今日欢呼孙大圣，只缘妖雾又重来。

此诗借物以喻人，从戏剧写到政治。前四句言世界上的事物总是一分为二，有革命就会出现反革命的对立面，有无产阶级革命运动，资产阶级腐朽的反动的势力就必然会找到机会，以各种伪装出来与之作对，妄图破坏革命队伍的团结，阻挡革命车轮的前进。一些政治嗅觉不灵、政治警惕性不高的人，不能透过反动势力看出它的凶恶本质，因而受欺骗，遭毒害。唐僧就是这样的"愚氓"。革命者必须及时揭穿反动势力的丑恶面目，使大家都认识到"妖为鬼蜮必成灾"的道理，使大家看到化为善男信女的"白骨精"，比那些面貌狰狞的妖魔更为凶恶，更为危险。同时把一切可以教育、可以团结的人统统争取过来，集中力量去对付这种凶恶的鬼蜮。万不可混淆敌我的界线，把打击目标搞错。后面歌颂坚持斗争降魔的孙悟空，就是歌颂坚持马列主义的革命战士。"妖雾重来，欢呼大圣"，作者的寓意已跃然纸上了。

【注释】

①风雷：革命斗争形象。

②僧指唐僧。郭沫若同志原诗："人妖颠倒是非淆，对敌慈悲对友刁。咒念金箍闻万遍，精逃白骨累三遭。千刀当剐唐僧肉，一拔何亏大圣毛。教育及时堪赞赏，猪犹智慧胜愚曹。"

③诗："为鬼为蜮，则不可得。"蜮一名射工，一名射影。俗传蜮口中有角弩，闻人声，以气为矢，因水而射人。或曰含沙射影。中人即发疮，中影者亦病。

卜算子·咏梅①

（1962 年 12 月）

风雨送春归，飞雪迎春到，已是悬崖百丈冰，犹有花枝俏。　　俏也不争春，只把春来报。待到山花烂漫时，她在丛中笑。

这词是梅花的赞歌，也是伟大革命者的赞歌。上阕借梅花的对雪独开，写出敢于斗争、敢于胜利的伟大革命者的伟大形象；下阕借梅花的"报春"而不争"春"，写出伟大革命者一心只在维护真理、宣扬真理、力争革命理想之实现，绝没有丝毫个人英雄主义、民族利己主义一类打算的共产主义风格。

【注释】

①原注："读陆游咏梅词，反其意而用之。"陆游是南宋时期的爱国诗人。他因受到群小的妒忌、排挤，一生不得志，写了一首咏梅的《卜算子》以自娱。词云："驿外断桥边，寂寞开无主。已是黄昏独自愁，更着风和雨。 无意苦争春，一任群芳妒。零落成泥碾作尘，只有香如故。"全词充满着寂寞受伤，孤芳自赏的情调。毛主席则洋溢着革命的乐观主义精神，表现出忘我为人，与人民大众同呼吸、共命运的伟大风貌。

七 律·冬 云

（1962 年 12 月 26 日）

雪压冬云白絮飞，万花纷谢一时稀。
高天滚滚寒流急，大地微微暖气吹。
独有英雄驱虎豹，更无豪杰怕熊罴。
梅花欢喜漫天雪，冻死苍蝇未足奇。

此诗作于各种反动势力掀起反华新高潮的时候。世界革命运动这时出现了乌云和逆流。冬云白雪就是这些乌云和逆流的象征。在这种时候，一些认识不明、斗争性不强的人，不敢坚持斗争，甚至随风而靡，呈现出"万花纷谢一时稀"的景象。只有真正的革命英雄豪杰，高举马列主义的大旗，高举世界革命的大旗，当寒流滚滚的严冬，早辨认出大地上仍有暖气在微微地吹动，阳春一到，便会化为仙雨和风，化为万紫千红，春光始终是明媚的，世界革命的前途始终是光明的。真的虎豹熊罴，英雄豪杰且不怕，何况是貌似强大，内实虚弱的纸老虎呢！伟大的革命者坚持真理，勇往直前，能顶住一切逆流，冲散一切乌云。并且在不断与一切反动势力的斗争中得到锻炼，得到成长，得到胜利。正像斗寒开放的梅花，在漫天风雪中仍然是那样香清色丽，更以坚贞挺秀的姿态，迎接即将到来的和煦春光，踌躇满志地歌颂她斗争的胜利。至于那些屈服于外来压力，不敢斗争、不敢革命的软骨头、胆小鬼，正像渺小猥贱的苍蝇，怕风雪，被冻死，势所必至，理有固然，适足见其可耻可笑而已，岂足怪哉！

满江红·和郭沫若同志
（1963 年 1 月 9 日）

小小寰球，有几个苍蝇碰壁。嗡嗡叫，几声凄厉，几声抽泣。蚂蚁缘槐夸大国[①]，蚍蜉撼树谈何易[②]。正西风落叶下长安[③]，飞鸣镝[④]。　多少事，从来急；天地转，光阴迫。一万年太久，只争朝夕。四海翻腾云水怒，五洲震荡风雷激。要扫除一切害人虫，全无敌。

上阕写革命叛徒的丑态和罪状，作了尽情的鞭挞。由于他们的乱碰乱叫，得到碰壁和抽泣的结果是应该的；但他们并没有因此受到教育，仍然执行他们的大国沙文主义，认为自己有对别人的领导权，不断把他们不革命、反革命的错误路线强加于人，妄图压服、搞垮一些坚持原则坚持正确革命路线的人。我们中国和中国共产党就是他们集中打击的对象。当看到世界上各种反动势力串演反华大合唱搞得很起劲的时候，他们认为有机可乘，火上添油地挥舞他们的指挥棒，指挥那些他们所能指挥的反动势力，群起向我们猖狂进攻，只想把我们压服、搞垮，使大家都跟着他们走上不革命反革命的道路。这一切都表明他们丑恶的嘴脸和可耻的罪行。

下阕号召一切革命的人民，应该争取时间，毫不犹豫地揭露、反击、扫除这些叛徒和一切反动势力。不能像有些人所主张的要等到羽毛丰满才高飞，力量特别强大才对叛徒进行反击。如果这样一来做，就会坐失时机，祸贻久远，是对全世界革命人民的利益大有危害的。"一万年太久，只争朝夕"是多么令人警觉的大声呼唤啊！只有这样才能灭反动势力的威风，壮革命运动的声势，出现"四海翻腾""五洲震荡"的局面，而得到扫除一切害人虫的胜利结果。

【注释】

①唐李公佐《南柯记》：淳于棼家庐陵，宅南有古槐，枝干修永。棼生日

醉卧，梦至大槐安国，妻公主，为南柯太守二十年。复与敌战而败，公主亦卒，被遣归。既醒，寻槐下穴，所谓南柯郡者，槐南枝下之蚁穴也。

②唐韩愈诗："李杜文章在，光焰万丈长，不知群儿愚，那用故谤伤，蚍蜉撼大树，可笑不自量。"

③唐贾岛诗："秋风生渭水，落叶满长安。"

④《史记·匈奴列传》："头曼单于有太子名冒顿（音墨毒），后有所爱阏氏出少子，单于欲废冒顿而立少子……冒顿乃作为鸣镝，习勒其骑射，令曰：'鸣镝所射而不射者斩之。行猎鸟兽，有不射鸣镝所射者辄斩之。'已而冒顿以鸣镝自射其善马，左右或不敢射者，冒顿立斩不射善马者。居顷之，复以鸣镝自射其爱妻，左右或恐不敢射，冒顿又复斩之。居顷之，冒顿出猎，以鸣镝自射单于善马，左右皆射之。于是冒顿知左右可用，从其父单于猎，以鸣镝射头曼，左右皆从鸣镝而射杀单于头曼。"

上面这些简略的注释系仓卒写成，且多是个人"以意为之"的说法，错误在所难免，希望得到高明之家的指正。

周世钊

1964 年 2 月 16 日

说明：《略释》与《简注》大同小异，为尊重史实，兹今仍全文刊登。

伟大的革命号角　光辉的艺术典范

——读毛主席诗词十首的体会（1964 年）

1964 年 7 月号，《湖南文学》刊了周世钊著的《伟大的革命号角　光辉的艺术典范——读毛主席诗词十首的体会》[18]，全文为：

毛主席的十首诗词于今年元旦在《人民日报》发表以后，我反复读过，也反复思考过；各报刊上发表的注释和谈体会的文章，我也看了好几篇；同时，我在阅读、思考之余，还写了一篇学习札记，记录我的点滴体会。但是限于水平，我对这十首诗词的理解和精神实质的体会都还不够透彻、不够深入。现在把学习札记整理一下，谈谈下面两个问题：

学习毛主席诗词　改造我们的思想

毛主席诗词是毛泽东著作的一部分。我们学习毛主席诗词也应该和学习毛主席其他著作一样，要带问题学，把毛主席思想学到手，以改造我们的思想，改进我们的工作，在社会主义革命和社会主义建设中贡献力量，做出成绩。

十首诗词和早已发表的二十七首诗词一样，既是伟大的革命史诗，又是伟大的革命号角。无产阶级敢于斗争、敢于胜利的最坚决最彻底的革命精神，依靠广大人民群众将革命进行到底的战略思想和专门利人、毫不利己的崇高的共产主义风格，拧成了一根红线贯穿在这些伟大的作品中。

毛主席根据马克思列宁主义的真理，根据社会发展规律，根据中国革命和世界革命的实际，确认今天是帝国主义走向死亡、社会主义革命取得全面胜利的时代。一切貌似强大的、横行一时的帝国主义和一切依附帝国主义作为它的走狗，作为社会主义革命胜利前进道路上的障碍物的反动派，都是内实虚弱的腐朽东西，都是一戳即穿的纸老虎。它们在革命人民面前，总是捣乱、失败，再捣乱、再失败，直至灭亡。真正的代表未来，作为世界主人的是被剥削、被压迫、要求解放、敢于斗争的广大劳动人民，尽管他们的组织还不那么坚强，力量还不那么壮大，但他们代表了真理，代表了亿万人民的愿望，他们是有无限发展前途的新生力量。虽然在他们前进的道路上不可避免地要遇到阻碍、挫折和失败，但他们总是斗争、失败，再斗争、再失败、再斗争，直到胜利。因此，一切伟大的无产阶级革命者，坚信人民群众的力量，坚信革命前途的光明，敢于斗争，敢于接受任何艰苦的考验，而决心将革命进行到底。

这种坚定彻底的革命精神，深厚真挚的革命感情和依靠人民群众的力量将革命进行到底的思想，都充分表现在毛主席的全部诗词中。

早在革命初期，毛主席就在《沁园春·长沙》一词中写出了"问苍茫大地，谁主沉浮"的句子。他把气焰熏天，骑在中国人民头上的军阀、官僚和帝国主义，看成不值一钱的粪土，而把那些被铁蹄所践踏，被饥饿所搏噬的老百姓，穷书生看成能够起来掌握自己命运，担当大地主人的人物。

又如红军时的江西反"围剿"，无论从军队的数量上来说，或者从武器的质量上来说，都比敌人差得太远，但毛主席总是相信有革命觉悟的工农群众，众志成城，壁垒森严，是不可战胜的天兵，所以既写出《星星之火，可以燎原》的文章，又写出"敌军围困万千重，我自岿然不动"的诗句。而对于反动派的百万大军，则藐视他们，比之为枯木，比之为朽株，认为是可以席卷横扫的乌合之众。

十首诗词的写作时期不同，描述的斗争也不一样，但所表现的革命精神、革命感情、革命思想则和过去各个时期作品中所表现的一样坚决，一样真挚，一样强烈、深远。我们可以从三方面加以摸索。

（一）十首诗词中有好几首是就反对各国反动派写的，都充分表现作者坚持真理、敢于革命的大无畏精神，大有"天塌下来擎得起"的雄伟气概。他把气大如牛、不可一世的反动派写成碰壁的苍蝇，缘槐的蚂蚁，披着人皮的妖精和经不起风吹的冬云，见不得太阳的白雪。认为他们目前的猖狂妄行，不过是一时的短暂的现象，只要把他们的画皮撕破，纸面戳穿，就会丑态毕呈，千夫共指，终于会像冰雪一样消融，苍蝇一样冻死。而坚持真理的伟大革命战士，则像暮色苍茫、乱云飞渡中的劲松，像风雪漫天、坚冰百丈中的梅花，纵然革命形势一时逆转，出现乌云乱翻、逆流高涨的局面，也始终是屹立不摇，岿然不动。这不但表现了伟大革命者坚忍的战斗精神，而且对斗争的前途有最坚强的胜利信念。这在《为李进同志题所摄庐山仙人洞照》一诗中表现得特别明显。主席在"无限风光在险峰"一句中指出了一个颠扑不破的真理：一切革命的道路都是不平坦的，必须不断和艰难险阻相搏斗，必须不断在崎岖曲折的路途中斩棘披荆地奋勇向前，有时还要积年累月搞持久战；经过一次又一次的斗争，克服一个又一个的困难，然后才有可能爬上胜利的高峰，得到成功的快慰，然后才有可能在扫除一切害人虫之后进入"玉宇澄清""山花烂漫"的美好境界。所以一切逆流之来，乌云之起，对一个伟大的无产阶级革命战士来说，是很好的锻炼和考验，不但不会动摇他的战斗意志，反而使他更加坚强，更加奋发，更加提高他的斗争艺术和策略，而促其逐渐达到成功。"梅花欢喜漫天雪"正是这种精神的写照。

（二）一个伟大的无产阶级革命家，不但要有远大的革命理想，坚定的革命精神，还要有正确而灵活的战略战术。我们从十首诗词中可以看出毛主席是十分重视对敌斗争的战略战术的，同时也是十分正确地掌握了战略战术的。

当淮海战役、平津战役已经胜利结束，人民解放军将要南渡长江的时候，蒋介石匪帮的"金陵春梦"眼看就要做不成了，帝国主义在中国的侵略势力眼看就要被"扫地出门"了，这些中国人民最凶恶的敌人，竟装出一种"努力追求和平"和遵守"不干涉中国内政"的样子，进行求和缓兵，企图保存反革命的残余力量，等待时机一到，便好卷土重来，扑灭革命势力。毛主席洞察了他们这种阴谋，除开在《将革命进行到底》的文章中和《向全国进军的命令》中发出"彻底消灭反动势力"和"坚决、彻底、干净、全部地歼灭中国境内一切敢于抵抗的国民党反动派"的号召外，又在《人民解放军占领南京》一诗中，写出"宜将剩勇追穷寇，不可沽名学霸王"的响亮句子。作者在这里既不相信"穷寇勿追"的孙子兵法，更反对效法那沽仁义的虚名、贻误战机纵敌自伤的西楚霸王，为的是对敌人的仁慈就是对自己的残忍，为的是无产阶级革命事业不可中途停顿，为的是社会发展规律也不能以人们的意志为转移,而必须对残余的穷寇乘胜追击,不使它有死灰复燃的希望。这种正确的战略思想,是符合革命形势的需要的,也是符合全国人民的利益的。

在反对各国反动派的斗争中,毛主席也充分估计了敌我形势,决定了正确的战略和战术。在《满江红》里,批判了一些人"羽毛未丰者不可以高飞"的等待思想。认为等待不是办法,因而指出:"一万年太久,只争朝夕!"认为只有争取主动、争取时间,才可以灭敌人的威风,长自己的志气。在和郭沫若同志的七律一诗中又批判了一些人在对敌斗争中不分敌友的糊涂思想,认为化为善男信女的妖精,容易使人受骗而遭到它的毒害,比起那些青面獠牙的妖魔更为危险,更为可怕。我们必须提高警惕,必须大力把它驱除。"妖为鬼蜮必成灾",就是大喝一声,提醒大家注意,不要忘记了主要敌人。至于受骗的唐僧,不过由于愚昧,由于警惕性不高,他的本质并不坏,仍是应该争取教育的对象。"千刀当剐唐僧肉"的说法,显然不妥。主席指出"僧是愚氓犹可训",是教人民在对敌斗争中善于运用统一战线的政策。善于团结一切可以团结的力量,孤立主要敌人,打击主要敌人,才可以取得斗争的胜利。

(三)在文艺作品中歌颂谁,暴露谁,是态度问题,也是立场问题。在社会主义革命和社会主义建设时代,文艺家只有实现思想无产阶级化,才能真正热爱劳动人民,热爱革命事业,才能对劳动人民在阶级斗争和生产斗争中所取得的一切胜利和成绩感到衷心的喜悦,写出热情歌颂的诗篇。在这方面,毛主席十首诗词,也是很光明的典范。

十首诗词中有歌颂革命斗争中的英雄人物的,如"为有牺牲多壮志,敢教日月换新天"。有歌颂生产战线上的英雄人物的,如"喜看稻菽千重浪,遍地英雄下夕烟"。有歌颂新中国妇女精神面貌的,如"中华儿女多奇志,不爱红装爱武装"。歌颂革命战争的胜利,则有"虎踞龙盘今胜昔,天翻地覆慨而慷"。歌颂社会主义建设的大好形势的,则有"云横九派浮黄鹤,浪下三吴起白烟",还有"洞庭波涌连天雪,长岛人歌动地诗"。

这些诗词和主席过去所写的《长征》《送瘟神》《沁园春》《水调歌头》等篇章一样,都洋溢着极为深厚的无产阶级感情,加以极其鲜明、生动和形象化的描绘,因而具有极大的感人力量。读了这些诗词,使我们对于一些在革命斗争和生产斗争中所涌现出来的英雄人物的形象,对于社会主义建设中热气腾腾、欣欣向荣的大好形势,似乎都看得见,摸得着,给我们以无比的鼓舞和深刻的教育。

此外，值得我们在这里特别提出的，还有毛主席在《卜算子》一词中对伟大的无产阶级革命战士的共产主义风格的歌颂。他在这首词的下阕写道："俏也不争春，只把春来报。待到山花烂漫时，她在丛中笑。"从表面上看，是对梅花的赞歌，实际上是对伟大的无产阶级革命战士的赞歌。古往今来咏梅的诗词很多，也每每有所寄托，有所感讽，像陆游的"无意苦争春，一任群芳妒，零落成泥碾作尘，只有香如故"就要算是寄托比较深，境界比较高的了。但是他那种与世无争、孤芳自赏的思想感情，仍不外乎鄙薄世俗的卑污、矜夸自己的芳洁，始终跳不出独清独醒、自我陶醉的小天地。而在毛主席笔下的梅花所象征的意境就迥然不同了，他认为伟大的无产阶级的革命战士和"俏也不争春"的梅花一样，是大公无私的，他坚持真理，毫不动摇地要将革命进行到底，也没有丝毫自私的打算，既不为名为利，也不争夺什么领导权，只是为着向世界人民宣传革命的真理，为着实现伟大的革命理想，为着促进全中国、全世界人民的进步事业而奋斗。等到革命成功之后，他绝不把这些丰功伟绩写在自己的账上，而认为是群众的功劳，他把群众看成是创造历史的真正英雄，他个人不过是群众的一分子，一个和群众一道参加斗争参加工作的普通劳动者。在群众欢呼胜利、庆祝成功的时候，他也和群众一道欢呼，一样高兴。这种只知有革命，不知有个人，永远把自己放在群众之中，绝不把自己放在群众之上；专门利人，毫不利己；先天下之忧而忧、后天下之乐而乐的崇高的共产主义风格，就是毛主席笔下用梅花象征的伟大的无产阶级革命战士的光辉形象，也是高举马克思列宁主义革命大旗的中国共产党的光辉形象。

从以上三个方面来看，我们可以这样说，毛主席的诗词是以文艺形式表达出来的毛泽东思想。十首诗词也充分具备这一特点。我们通过反复诵读，反复钻研，深刻体会其精神实质，对于提高我们的革命觉悟，培养我们的革命感情，树立我们革命的人生观和世界观是有极大的意义的。

但是，我们想学好毛主席诗词，从这些诗词中吸取营养，接受教育，从而提高自己，改造自己，首先必须具有改造的自觉性和革命的自觉性。所谓带问题学，首先就要带主要的问题、根本性的问题学。加强自我改造和坚定革命立场，毫不动摇地在革命道路上走到头，不就是我们的主要问题和根本性问题吗？这是我们学习毛主席诗词的时候必须明确的。

学习毛主席诗词，促进革命文艺更好地歌颂我们伟大的时代

文艺如何反映我国人民伟大的革命斗争，歌颂社会主义伟大时代，毛主席诗词为我们树立了光辉的典范。在学习过程中，我觉得毛主席这十首诗词和他过去发表的诗词一样，有以下几个突出的写作特点：

第一个特点是：革命的政治内容和完美的艺术形式的统一。

试以《到韶山》一首七律为例，在以 56 个字写成的格律严谨的律诗里面用高度的艺术概括手法写出了 32 年的革命斗争史。旧社会农民被剥削、被压迫、被屠杀的种种惨痛，用一"咒"字反映出来，人民公社化后的农村新面貌又用一"喜"字作概括的勾画。前后对比，爱憎鲜明。诗中只用"为有牺牲多壮志，敢教日月换新天"两句，写出了不怕牺牲、前仆后继、为革命事业献身的英雄形象；又只用"喜看稻菽千重浪，遍地英雄下夕烟"两句，写出公社社员集体生产热情高，干劲足，效果好。着墨不多，很多英雄人物使人敬、使人爱、使人永远不能忘记的高贵品质，活现在字里行间。这是何等巧妙的艺术手法！我们看到早几年传抄出来的这诗的末句是"人物风流胜昔年"。主席经过几回修改才定为"遍地英雄下夕烟"。从这里可以看到主席对于写作的态度是十分严肃认真的。我认为末句改得恰好，这样才把新农村中劳动人民可爱的精神面貌表现得很具体、很生动、很鲜明。我们读这两句诗，仿佛就看到了韶山公社的一群群勤劳健壮的男女社员在暮色苍茫中从生产工地上收工回家，当他们走过稻田豆垅的时候，对着眼前一望无际、随风起伏的禾苗和豆叶的绿浪，引吭高歌、喜笑颜开的样子。我们从"下夕烟"三个字看出那里的社员们收工在夕烟已起之后，自然会联想到他们出工在曙光初照之前。他们这种出工早、收工晚搞好集体生产的热情、干劲也就深深地感动了我们，使我们进一步认识人民公社的优越性，三面红旗的正确性。

这里仅就《到韶山》一诗来说，其实十首诗词和其他诗词都是一样，毛主席的诗词每一首无不蕴含着伟大而深刻的革命政治内容，焕发着无产阶级的阶级感情，并且总是赋予完美的艺术形式，写出感人至深的伟大诗篇，成为革命的政治内容与完美的艺术形式高度统一的典范作品。

第二个特点是：革命的现实主义与革命的浪漫主义的结合。

　　毛主席根据不断革命论与革命发展阶段论相结合的思想，根据文学艺术本身发展的规律，从当前革命斗争的需要出发，把革命气概和求实精神相结合的原则运用到文学艺术上，提出革命的现实主义和革命的浪漫主义相结合的艺术方法。他自己的写作就是运用这种艺术方法的典范，差不多在每篇作品中不但按照生活实际的样子反映了现实，而且根据革命的理想和愿望来反映了现实；不但很正确地反映了今天，而且很热情地展望着明天。《答友人》一诗中就是很好的例子。

　　大概在某一段时间里，毛主席接到湖南一些友人的书信和诗词，这些书信和诗词反映了湖南人民在社会主义革命和社会主义建设中的某些辉煌的成就和某些突出的表现，感到衷心的喜悦，因而"浮想联翩"，想到湖南人民的过去，想到湖南人民的现在，更想到湖南人民的将来，因而借题发挥，写成《答友人》这首热情歌颂湖南人民美好的现在和祝愿湖南人民光明前途的诗篇。前四句借虞舜和娥皇、女英的美丽传说，写出湖南无数善良的人民和无数英勇的革命志士在反动统治者的长期压迫、剥削和残酷屠杀下的悲愁惨痛，是数不尽、说不完的。"斑竹一枝千滴泪"一句，就真实地形象地反映了在过去的黑暗时代、恐怖时代，湖南人民所过的生活是以眼泪洗面的生活。而从1949年湖南得到解放以后，湖南人民在党的正确领导下，经过民主改革时期进入社会主义建设时期，湖南人民的生活改善了，精神面貌也起了巨大的变化，到处是歌声，到处是笑脸。"红霞万朵百重衣"，又真实地形象地反映了这个新的美好时代，湖南人民的生活是丰富多彩的、快乐自由的生活。这诗的下四句是对湖南人民现实斗争的反映，也是对湖南人民光明前途的祝愿。"洞庭波涌连天雪，长岛人歌动地诗"两句，不是单纯写景，单纯叙事，而是写湖南人民在建设社会主义时期的生产斗争、阶级斗争和科学实验中，决心大，热情高，斗志昂扬，意气风发，干劲冲天，歌声动地。这就正确地反映了今天，"我欲因之梦寥廓，芙蓉国里尽朝晖"两句，既写了湖南人民的过去，又写了湖南人民的现在，就很自然要设想到湖南人民的将来。湖南人民的将来会怎么样呢？在党的英明领导下，在群众的共同努力下，一定会出现万紫千红的景象，一定要走到繁荣康乐的境界，像芙蓉的美丽，旭日的光辉。这就热情地展望到了明天。在全诗中，把反映实际生活与表达作者革命理想和愿望交织在一起。这种革命的现实主义和革命的浪漫主义相结合的艺术方法，作者不但很巧妙地运用在这首诗中，还很巧妙地运用在他的其他作品中，十首诗词中的《人民解放军占领南京》《到韶山》《登庐山》《为李进同志题所摄庐山仙人洞照》和《满江红》诸首，尤其有典型性，这里就不再来一一加以说明了。

第三，对于古代的诗词批判地继承、大胆地革新，成为推陈出新、古为今用的光辉典范，也是毛主席诗词特点之一。

在延安文艺座谈会上，毛主席曾经指出："我们必须继承一切有益的东西，作为我们从此时此地的人民生活中的文学艺术原料创造作品时候的借鉴……但是继承和借鉴决不可以变成替代自己的创造……文学艺术中对于古人和外国人的毫无批判的硬搬和模仿，乃是最没有出息的最害人的文学教条主义和艺术教条主义。"这里说明了我们对于古代的文学遗产既要借鉴、继承，又要革新、创造；既要从古人的优秀的作品中吸取它的精华，又不要被那些老一套的框框所束缚；要在批判地继承的同时，贯彻古为今用、推陈出新的精神。

我国古典诗词从《诗经》《楚辞》以来，有了几千年的历史，在长期发展过程中，创造了不少的优秀作品，积累了丰富的写作经验和修辞方法，是值得我们学习的。

毛主席从青少年时期起就爱读优秀的古典诗词，特别对李白、杜甫、韩愈、白居易、苏轼、辛弃疾、陆游诸家的作品用功尤深，熟悉古典诗词的形式、格律和写作技巧。他创作的诗词，基本上采用了古典诗词的形式和它的格律，但为了更好地更自然地表达他的思想、感情，就不完全按照旧框框办事，而作出一些改革。如《蝶恋花·赠李淑一》一词，按照词律，上下两阕同韵，但毛主席却于下阕换了另一个韵；《人民解放军占领南京》本是用的阳韵，但第二句押了江韵，这种采取古典诗词格律、形式，而又不死守古典诗词格律、形式，在有必要的时候就突破旧框框的做法，也是毛主席对古典诗词既继承又革新的一个方面。

毛主席的诗词采用了不少的历史事实和神话、小说里的故事，在十首诗词中也是屡见不鲜的。如："虎踞龙盘""霸王""陶令""桃花源""帝子""斑竹""金猴""蚂蚁缘槐""蚍蜉撼树""飞鸣镝"等。这些在社会上流传已久，为知识分子和一部分群众所熟知的东西，用在作品里有很多作用：一可以使作品的意义更为鲜明，二可帮助作品语言的形象化，三可以增加作品的感染力量。同时，毛主席还借用和化用古人的诗句，却把它赋予与古人完全不同的新意。如借用李贺的"天若有情天亦老"，以说明社会发展规律不以人们意志为转移，必须将革命进行到底，以促进社会的彻底改造；化用贾岛的"秋风生渭水，落叶满长安"，以说明反动派在猖狂向我们进攻，想实现他们的阴谋目的。这是毛主席对古典诗词既继承又革新的又一方面。

古往今来的很多诗人感情每每局限于个人的遭遇上面，他们见落叶就感到飘零，对黄昏就想到迟暮，看到春花开放也会发出好景不长的感叹。在他们的笔下，山也愁，水也愁，风花雪月都是愁的象征，这自然是他们人生观的反映。毛主席的写作中也常常写到自然景物，但在他的笔下，山河是壮丽的，花草是鲜艳的，树木是坚劲的，风雷是雄健有力的，断没有丝毫凄凉、暗淡、衰落、愁烦的色彩和情调。出现在十首诗词中的山、川、日、月、风、雷、雨、雪、草、树、烟、花似乎都在战斗，都在歌唱，都是有着无限的生命力和坚强的革命性的东西，这是古典诗词中运用自然景物表现作者思想感情的一大革命，也是必不可少的革命。

由于毛主席对我国文学遗产有长期的研究和湛深的修养，熟练地掌握了古典诗词的形式和其独具的规律以及多种多样、变化百出的修辞方法、写作技巧；同时又在马克思列宁主义的思想基础上，以极为生动、具体的革命斗争作为写作的源泉，所以就使旧的形式的诗词具有新的灵魂，发出瑰丽的火焰，不断创作了形式优美、语言简练、韵味深长、气势雄伟而又洋溢着革命热情，放射出革命理想的光辉的伟大作品。毛主席就是这样成为正确地贯彻了有继承、有革新、古为今用、推陈出新的精神的伟大诗人。

我们有志于对社会主义文学艺术作出贡献的人，必须在认真学习马克思列宁主义和毛主席著作的基础上，在深入生活、与工农兵相结合的基础上，在加强自我改造、树立无产阶级革命的人生观和世界观的基础上，学习毛主席的诗词，学习他的革命的现实主义和革命的浪漫主义相结合的艺术方法，学习他的既继承又革新、古为今用、推陈出新的创造精神。使我们真正成为毛主席的好学生、好战士，不断创作具有高度战斗性、思想性的诗歌和各种形式的文艺作品，以深刻反映当前的现实斗争，以歌颂我们伟大的时代。

水调歌头·重上井冈山

（1965 年 5 月）

1 毛泽东原词

水调歌头·重上井冈山
（1965 年 5 月）

久有凌云志，重上井冈山。千里来寻故地，旧貌变新颜。到处莺歌燕舞，
更有潺潺流水，高路入云端。过了黄洋界，险处不须看。 风雷动，旌旗
奋，是人寰。三十八年过去，弹指一挥间。可上九天揽月，可下五洋捉鳖，
谈笑凯歌还。世上无难事，只要肯登攀。

2 依　据

引自新华社 1975 年 12 月 31 日电及《诗刊》1976 年 1 月号。

3 周世钊论述

周世钊等注：

①凌云志：凌云，指直上青云，比喻意气昂扬，例如"壮志凌云"。《史记·司马相如列传》："飘飘有凌云之气，似游天地之间。"亦作"陵云"。《汉书·杨雄传下》："往时武帝好神仙，相如上《大人赋》，欲以风（讽），帝反缥缥有凌云之志"。

②黄洋界：井冈山五大哨口中最险要的一个，位于井冈山北面，又高又陡。仅有一条羊肠小道盘绕在陡壁间。

③旌旗奋：旌（音 jing）旗，即旗帜。奋，指用力挥动。

④人寰：寰指广大的地域。人寰，指人间世界。

⑤三十八年过去：1927 年 10 月，伟大领袖毛主席率领秋收起义部队到达井冈山，建立了中国第一个革命根据地；到 1965 年，老人家重上井冈山时，已过去了三十八年。

⑥弹指：指弹一下指头的时间，比喻时间短暂。苏轼《过永乐文长老已卒》诗："一弹指顷去来今。"

⑦九天：指九重天上，言其极高。《孙子·形篇》："善攻者，动于九天之上。"（梅尧臣注：九天，言高不可测。）李白《望庐山瀑布》诗："飞流直下三千尺，疑是银河落九天。"

⑧揽月：揽：摘取。揽月，查李白《宣州谢朓楼饯别校书叔云》诗中有"欲上青天揽明月"句。主席"揽月"一词较李白"揽明月"之词意境更高。

⑨五洋：太平洋、大西洋、印度洋、北冰洋、南冰洋。此处泛指水域之深广，犹言天涯海角。

⑩鳖：甲鱼。

⑪谈笑：苏轼：念奴娇（赤壁怀古）有"羽扇纶巾，谈笑间，樯橹灰飞烟灭"句。

鸟 儿 问 答

（1965 年秋）

1 毛泽东原词

念奴娇·鸟儿问答

（1965 年秋）

　　鲲鹏展翅，九万里，翻动扶摇羊角。背负青天朝下看，都是人间城郭。炮火连天，弹痕遍地，吓倒蓬间雀。怎么得了，哎呀我要飞跃。　　借问君去何方，雀儿答道：有仙山琼阁。不见前年秋月朗，订了三家条约。还有吃的，土豆烧熟了，再加牛肉。不须放屁，试看天地翻覆。

2 依　据

　　引自新华社北京 1975 年 12 月 31 日电及《诗刊》[45]1976 年 1 月号。

3 周世钊论述

　　周世钊等注：

①鲲鹏：古代神话传说中的大鱼和大鸟。《庄子·逍遥游》："北冥（ming 溟：海）有鱼，其名为鲲。鲲之大，不知其几千里也。化而为鸟，其名为鹏。鹏之背，不知其几千里也。怒而飞，其翼若垂天之云。"这一段话的意思是说：北海有一种鱼，名叫鲲，鲲之大，不知有几千里；鲲变成鸟，叫作鹏，鹏的背也不知有几千里大。愤怒而飞，它的翅膀好像从天空垂下的云层一样。林逋《寄太白李山人》诗："鹍鹏懒击三千水"；杜甫《泊岳阳城下》诗："图南未可料，变化有鲲鹏。"在这里用鲲鹏比喻真正的马克思主义者和世界革命人民。

②扶摇：急剧盘旋而上的暴风。《尔雅·释天》："扶摇谓之猋（biao 标）。"郭璞注："暴风从下而上也。"成玄英疏："扶摇，旋风"。《庄子·逍遥游》："鹏之徙于南冥也，水击三千里，抟（tuan 团）扶摇而上者九万里。"意思是说：鹏鼓动翅膀，结聚风力，乘风上飞九万里。后因以"抟风"比喻奋力上进。李白《上李邕》诗："大鹏一日同风起，扶摇直上九万里。"

羊角：指旋风。风曲曲弯弯向上行好像盘旋的羚羊角，俗话叫作旋涡风。《庄子·逍遥游》："抟扶摇而上者九万里。"成玄英疏："旋风曲戾，犹如羊角。"

③背负青天：出自《庄子·逍遥游》："风之积也不厚，则其负大翼也无力。故九万里则风斯在下矣，而后乃今培风；背负青天而莫之夭阏者，而后乃今将图南。"这一段话的意思是说：风层积聚如果不厚的话，那么它载负起鹏鸟巨大翅膀的力量就不够。所以在九万里的高空下，蓄积起来的风层就必然增厚。"背负青天"，在这样的高空飞行，没有什么能够阻挡它，大鹏能够自由自在地任意飞翔，然后才想着要飞到南方去。

④城郭：古代都邑四周用作防御的墙。《孟子·公孙丑下》："三里之城，七里之郭。"后因称都邑为城郭。"人间城郭"是说大鹏在高空俯视地面，看到的都是亿万人民和他们的居室、城市。这里即指人间大地和风起云涌的人民武装革命斗争。

⑤蓬间雀：《庄子·逍遥游》：鹏"抟扶摇而上者九万里……斥鴳笑之曰：'彼且奚适也？我腾跃而上，不过数仞而下，翱翔蓬蒿之间，此亦飞之至也，而彼且奚适也？'此小大之辩也"。"斥鴳"是湖沼港汊里的一种叫鴳雀的小鸟。这一段的意思是说当大鹏高飞九万里的时候，斥鴳讥笑鹏鸟说：你究竟要飞到哪里去呢？我往上飞，不过几丈高，飞来飞去总是在蓬蒿杂草之间，

这样一来就到顶了。而你又能飞到哪里去呢？！这就是大和小的分别。"蓬间雀"在这里是指把大好形势看得漆黑一团、疯狂诅咒革命战争的小丑现代修正主义者赫鲁晓夫之流。

⑥仙山琼阁：仙界的楼台。即月宫。苏轼《水调歌头》词："我欲乘风归去，又恐琼楼玉宇，高处不胜寒。"1957年10月4日，苏修发射了第一颗人造地球卫星，当时曾宣扬打算登上月球。这里指赫鲁晓夫之流所狂妄吹嘘的假共产主义和"仙乡乐土"和骗人的所谓"没有武器，没有军队，没有战争"的"三无"世界。

⑦三家条约：指1963年7月25日苏修叛徒集团与美、英帝国主义在莫斯科签订的"部分禁止核实验条约"。

⑧"土豆""牛肉"：连接的这三句是指赫鲁晓夫叛徒集团宣扬的假共产主义谬论。1960年7月7日，赫鲁晓夫在奥地利的广播和电视演说中，把共产主义说成是什么"所有人都可以得到的，盛满了体力劳动和精神劳动产品的一盘餐"，是什么"一盘土豆烧牛肉的好菜"。

又是"极为高兴"

（1966 年）

1 毛泽东原信

1966 年 1 月 29 日，毛泽东致周世钊，全信为：

东园兄：

数接惠书及所附大作诗词数十首，均已收读，极为高兴。因忙，主要因懒，未及早复，抱歉之至。看来你的兴趣尚浓。我已衰落得多了，如之何，如之何？谨复。

顺颂

安吉！

毛泽东

1966 年 1 月 29 日

2 编著者论述

"衰落得多了。"晚年毛泽东的诗兴诗趣已不如从前了。当他谈到周世钊寄来的诗词数十首时，在羡慕和称道老同学作诗的"兴趣尚浓"之后，笔锋一转，感慨起自己"已衰落得多了"，还连声自问，"如之何，如之何？"可是这些年来，周世钊词源丰厚，真是创作的巅峰时间，而对毛泽东来说，则是词源枯竭，很少有优秀作品了。

1963 年 3 月 24 日，毛泽东在致周世钊的信中说："去年及多年惠寄数函并诗词，都已收到，极为高兴。""嗣后如有创见，或有创作，尚望随时见示为盼！"此次毛泽东又致函周世钊说："数接惠书及所附大作诗词数十首，均已收读，极为高兴。"毛泽东为此频繁而殷切地向周世钊索诗，总是"极为高兴"地欣赏周的诗词，这在他与诗友的交往中是极为罕见的。

3 手　迹

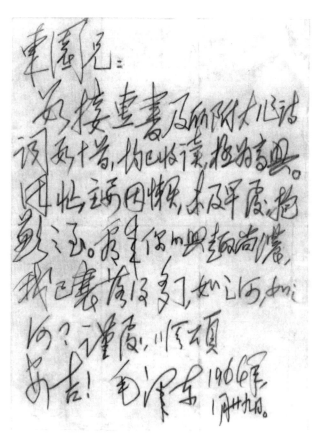

毛泽东手书致周世钊（1966 年 1 月 29 日）

关于《七律·答友人》的信

（1968 年）

1968 年 7 月 16 日，周世钊急函吉林师范大学中文系毛主席诗词学习班，全信如下：

吉林师范大学中文系：

6 月 26 日来信收读已多日，以适染微恙，迟延未痊，裁答稽迟，很感抱歉！

你们的信和诗，我过细看过，感觉你们对毛主席和他的诗词都是十分热爱的，相信在你和你的同志们共同编写的主席诗词解释，一定是经过深入研究分析，有独到的见解，能给读者以启发教育的。

关于你提的三个问题，我在这里简单奉复如下：

（一）《七律·答友人》一诗自发表后，我这里接到一些询问是否答我的来信，郭老甚至对人讲肯定是答我的，但我的看法不同。我在长沙和他处为人讲解这首诗的时候，我是这样讲的：《答友人》所答的肯定是湖南的友人，甚至肯定是答长沙的友人，但所答的友人可能不止一人。由于毛主席在这几年（1961 年以前的几年正是三面红旗提出后的几年）接到湖南（长沙）一些友人的信和诗，反映了湖南人民建设社会主义的积极性和工农业生产、文化教育的一片大好形势，主席感到高兴，感到满意。因此浮想联翩，写出这首《答友人》的绝妙好诗来。一方面对这些友人的回答，一方面是对湖南的过去、现在和将来表达出无限的关怀、无限的希望和真诚的祝愿。

（二）自解放后，主席常在给我的信中嘱我寄诗。早些时候寄得不多。从

1958 年后，我差不多把所写的诗随时抄寄给主席，每每承他加以鼓励。这次另纸抄了好几首，那几年写的诗词也都是曾寄给主席请其审正的。

（三）"红霞万朵百重衣"大概仍是就"帝子"的装饰来说的。上句"斑竹一枝千滴泪"。是用娥皇、女英闻舜死后攀竹哭泣，泪落竹上成斑的神话故事，说明过去湖南人民在反动统治下面的痛苦生活。所谓此中旦夕只是用眼泪洗面的生活。下句"红霞万朵百重衣"，说出今天的帝子（娥皇、女英）衣着百重美艳的衣服，说明湖南人民在解放后，到处是欣欣向荣的景象，到处焕发出灿烂的光辉。古人常以云形容衣服，楚辞上是屡见的，李白诗也有"云想衣裳"之句。

"我欲因之梦寥廓"，是从湖南的过去（斑竹一枝千滴泪）、现在（红霞万朵百重衣，洞庭波涌连天雪），而想到将来（芙蓉国里尽朝晖），这都是指上面所写的湖南的过去与现在几句。

此诗"斑竹""红霞"两句，可以把它比照《到韶山》"为有牺牲多壮志，敢教日月换新天"两句。

由于我这几天仍是头痛神疲，勉强作复，可能很多错误，请你和你的同志们指出！

暂写这些，请谅草率！即祝

健好！

周世钊

1968 年 7 月 16 日

编著者考辨

为什么周世钊会说"可能不止一人"？

我们研究了许多文献后，初步认为：

第一种情况，周世钊曾看到《诗一首·答周世钊》的手稿，以后手稿被别人借走了（这种事情在 1949 年就发生过）。当时，他又看不到毛泽东在 1963 年写的《答周世钊同学》及 1964 年的"友人，指周世钊"。然而在 1963 年出版的《毛主席诗词》中突然改成《答友人》了。为此，他对答他一人产生怀疑。同时，在 1961 年 1 月 10 日，周世钊曾到湖南省委看过可能是许多长沙友人给毛泽东的书信和诗词（待考）。他就理解成答他和这些人了。所以他说肯定是答在长沙的人，可能不止一人了。在长沙的友人，与在北京的及在武汉的无关；可能不止一人，只是一种可能性，实际上是"可能只是一人"。周世钊还说，寄毛主席的只是诗词和书信，决非像别人所说的还有许多物品，如斑竹、碑铭、墨刻等等，何况在当时社会氛围下周世钊不会向毛主席送物品的。

第二种情况，周世钊没有看到《诗一首·答周世钊》的手稿。毛泽东寄周世钊的信丢失多次。为什么丢失？可能邮路问题，可能有关部门检查扣留了。既然没有看到，周世钊为什么又说过，"肯定是答我的"？因为当时许多看到过手稿的人纷纷向周世钊说起，并有索借手稿的。可是他又不敢确认，只能说"某一个或某一些"及"可能不止一人"了。

"可能不止一人"，有一些人立刻理解成，肯定不止一人。这是完全错误的。"可能不止一人"的第一位思维应该是"可能只有一人"，第二位才是"可能不止一人"。

周世钊在信中还写道："'斑竹''红霞'两句，可以把它比照《到韶山》'为有牺牲多壮志，敢教日月换新天'两句"。可见《七律·答友人》与《七律·到韶山》关系密切，《到韶山》也正是周世钊《国庆日到韶山》的诗源。《到韶山》——《国庆日到韶山》——《答友人》形成"毛—周—毛"的答诗全过程。

甚　慰

（1968 年）

1 毛泽东复函

毛泽东在 1968 年 9 月 29 日复函周世钊。全文如下：

惇元兄：

此信今天收读，甚慰。前两信都未见，可惜。拙作诗词，无甚意义，不必置理。我不同意为个人作纪念，请告附小。对联更拙劣，不可用。就此奉复，顺祝康好！

毛泽东

9 月 29 日

2 依　据

引自周世钊、毛泽东亲笔信。

3 编著者考辨

毛泽东和周世钊通信五六十年，数量甚多，一般都能如期收到，可是两次例外，一次是 1945 年周世钊写到重庆给毛泽东的信未收到，另一次就是 1968 年周世钊寄到北京给毛泽东的两信未见，以致毛泽东都表示可惜。

此次毛信中所述的"拙作诗词，无甚意义，不必置理"数语，足见毛泽东的胸怀博大，谦虚。同时，毛信中所述的"对联更拙劣"一语，系指在半个世纪前的一师附小的大礼堂中有一副对联："世界是我们的，做事要大家来。"对联原为毛泽东手书，由学生们刻在竹子上。1968 年，有人建议再写刻上，谁料毛泽东却表示不愿意为个人作纪念。遂此作罢。周在信中还告诉毛：一师附小已恢复毛当年任主事时的原貌。

此信中还附有中央信访处的函。全文如下：

周世钊同志：

你 9 月 25 日寄给伟大领袖毛主席一信，我们 9 月 29 日送给毛主席看过了，毛主席在你的信笺上给你写了复信，现将复信原文另纸抄给你，请收。

此复，并致

敬礼！

中共中央办公厅秘书处信访处

1968 年 10 月 8 日

此信通信的日程是：周世钊于 9 月 25 日由长沙发信，毛泽东在 9 月 29 日在北京收信并作复，中央信访处于 10 月 8 日发出复信。

4 毛泽东、周世钊手迹

1968 年，毛泽东、周世钊书信手稿。

外，想像节日戏而已。日前偶少之人战报编为国庆乡诗，草成一首如附奉，词意浅促，以聊以表庆祝之忱相寄一为代缘之，驰祈审正！

近来社会上出现注释您之发表的诗词的本子颇多，虽各有优点，但有的仍不免有穿凿和错误的地方。不知应要否翻阅这辅您一九六二年一月十一日晚上（当时有辛士创在潭和王季老在座）您曾告我，有人为要为您的诗词作比较多些的注释。此人的注释今又想已出来，不知是哪一种。想想得到您的指示，以使向学校的师生介绍。当今中等学校语文课中讲授您的诗词的很多，但不免吾人都以意为之，得生很多错误。

第一师范附小已迁回书院坪育址房屋也
大都恢复了旧日之导师的原貌。那也负责人想
将您当时作的"也算是我们的"似乎要大家果
的对联重新挂出来，并嘱我向您请求我写
此联见寄。我们想，这不但对附小师生之极大
的鼓舞，对中外来校参观者也有很大的教育
作用。不知能承奇允否？

钊身体尚无大病，惟以年老多衰，对革
命事业没有铅埃的贡献，兼蒙之愧，与日俱增。
不知如何自慰，相祈有以进而教之！

敬祝

万寿无疆！

周世钊敬上 一九六八年九月廿日

学习《毛主席诗词》的报告

（1971 年）

1971 年 11 月 27 日，周世钊在长沙市中学语文教师学习《毛主席诗词》报告大会上的讲话。由长沙市教育局中学语文教学辅导站整理为《记录稿》。全文为：

周世钊同志在全市中学语文教师
学习《毛主席诗词》报告大会上的讲话

各位同志：

长沙市教育局中学语文教学辅导站要我讲如何学习《毛主席诗词》。我对《毛主席诗词》没有学习好，讲来可能会有很多错误，有些地方也可能会讲到题外去。

毛主席的诗词，是战无不胜的毛泽东思想的艺术结晶，是中国革命和世界革命的伟大史诗，是激励全党和全国人民、全世界人民反帝反修向一切敌人冲锋陷阵的号角，同时也是无产阶级和一切革命文艺家的光辉的艺术典范。我们学习毛主席诗词，首先应该学习毛主席的一切著作。特别是毛主席的哲学思想和关于文艺方面的指示。要学习党史和革命历史，特别是毛主席在各个时期进行路线斗争的历史。还要学习一些古今中外的文艺作品，特别是一些优秀的诗词作品。

对于上面所举的这些学习工夫，我个人是十分欠缺的，要来谈怎样学习《毛主席诗词》是十分不够的，可能是错误百出的。好在在座的各位同志，绝大多数都是对毛泽东思想和毛主席诗词学习很好的,有的同志对讲授毛主席诗词积累了丰富的经验,我在这里讲错的地方,一定能得到各位的指正。因此,我才敢在这里对学习毛主席诗词谈谈我个人很浅薄的体会。

下面,我想就两方面来谈谈:一是思想内容方面,一是写作形式方面。

一、从政治的内容学习毛主席诗词

毛主席已发表的 37 首诗词,都是就每一个革命阶段的路线斗争和阶级斗争的特点和形势写出的,都是拨正革命航向、号召群众奋勇前进的。所以要理解毛主席的诗词,必须从每首诗词写作的时代背景和当时路线斗争、阶级斗争的特点和形势入手。现在就以下面一部分诗词作为例子来加以探讨。

①《沁园春·长沙》作于 1925 年,当时毛主席从上海回到长沙,在韶山住了一些时候。由于毛主席的革命路线的指引,各地工人农民运动都蓬勃兴起,对军阀、官僚、地主、资本家和帝国主义进行了多种多样的斗争,革命形势一派大好。但自从中国共产党成立的第一天起,党内就存在以毛主席为代表的无产阶级革命路线同以陈独秀、张国焘为代表的"左"右倾机会主义的尖锐激烈的斗争。而革命领导权的问题始终是斗争的焦点。1923 年陈独秀提出:中国国民党目前的使命及进行的正轨应该是统率革命的资产阶级联合革命的无产阶级实现资产阶级的民主革命。当 1925 年前后这段时期陈独秀这些右倾机会主义者看到工农群众革命斗争的势头越来越大,十分害怕。把领导权拱手让给国民党。大革命面临严重的危机。

毛主席认为工业无产阶级是我们革命的领导力量,广大的贫下中农是可靠的同盟军。为了反对陈独秀的右倾机会主义倾向,为了给中国革命指出正确方向,除了于 1926 年写出《中国社会各阶级的分析》之外,就在 1925 年秋冬间写了《沁园春·长沙》这首词。

这首词的上阕,以"看万山红遍,层林尽染;漫江碧透,百舸争流。鹰击长空,鱼翔浅底,万类霜天竞自由。"象征当时蓬勃发展的工农运动和大好的革命形势。然后提出在这个时期的革命,究竟应该由谁来领导呢?当然只有无产阶级才能领导真正的革命,主宰人类的命运。这种伟大的任务决不是资产阶级所能担负的,也决不是像陈独秀这班右倾机会主义者所能担负的。作者这一没有答复的问题,实在已作了坚定的回答。这就是"问苍茫大地,谁主沉浮"的重要意义。经这一问,对右倾机会主义者是严肃的谴责,对广大党员和广大工农群众是最大的教育和最有力的鼓舞。

下阕又从追忆过去的一些同学少年，像蔡和森、罗学瓒、何叔衡、陈昌等都是怀着革命的豪情壮志，天不怕、地不怕，把军阀官僚看成一钱不值的粪土。在这里写出作者要团结这样的真正的革命同志，掀起革命高潮。最后用"到中流击水，浪遏飞舟"的词句来表达这种意思。毛主席当时还写了"自信人生二百年，会当水击三千里"的诗句，也正申述了这种伟大的抱负。

臧克家注释这首词却说："对着眼前这些生机活泼的自然景物，谁能不感到宇宙的寥廓，因而惆怅地想到一个哲学意味的问题，试问一下苍茫的大地，天上飞的，水里游的，这千类万汇，谁是他们的主宰呢？经诗人这一问，我们觉得诗意深沉了。"这种说法，完全歪曲了这首词的主题思想，完全剥去了这首词的政治内容。照他这种说法，当革命处在危急关头时，毛主席考虑的不是革命的方向和党的领导权的问题，而是在橘子洲头，欣赏自然景物的时候，想到无关革命的哲学问题上去了，这显然是对毛主席的诬蔑，应该彻底批判。

但另外一种说法，如"鹰击长空"写军阀横行，"鱼翔浅底"写劳动人民被压迫。我就不赞成。毛主席也讲过："诗不能落实"。如果每句都要有一个具体的政治内容，那就不好讲了。如"沉沉一线穿南北"，硬说是南北军阀互相勾结，你能找出什么根据？有根据也不能那么具体落实。有时牵强附会，每句话、每个字都要指实，都要说得很具体，反而要把毛主席诗词的政治意义搞糊涂了，也是不对的。

②《菩萨蛮·黄鹤楼》后面会说到。

③《蝶恋花·从汀州向长沙》作于1930年7月。这时正是国民党内蒋冯阎在中原大混战，双方动用了100万多的兵力，打了7个月。蒋介石匪帮对付红军的力量比较削弱了。这是有利于巩固和发展革命根据地的有利形势。但党内在"左"倾机会主义者李立三的把持下，反对毛主席的革命路线，诬蔑毛主席提出的在长时期内用主要力量去创造农村革命根据地，以农村包围城市，以根据地来推动全国革命高潮的正确思想是保守的，右倾的，极端错误的。并决定集中兵力进攻南昌、长沙、九江诸中心城市。高唱要会师武汉，饮马长江。

毛主席始终坚决反对立三路线，提出不打南昌、长沙、九江、武汉等大城市，而过赣江发展革命根据地的正确路线，又拒绝执行李立三要他率领红一军团攻打南昌的命令，而继续在江西广大地区开展游击战争，发展农村革命根据地。坚持执行立三路线的彭德怀，率领红三军团 7 月 27 日攻入长沙，8 月 5 日旋即退出，旋又二次屯兵长沙城外，遭敌人反击，损失很大。毛主席当时正从汀州向长沙来，看到这样搞不对，才亲临前线，耐心说服，红军才撤离长沙，南下攻下了赣南重镇——吉安等地。并在赣江两岸的几十个县内更加深入地发动了土地革命，巩固了红色政权。当时黄公略的红三军没有执行"左"倾机会主义路线，接受了毛主席的思想，坚持正确路线，深入广大农村，发展革命根据地。

了解当时的路线斗争和战斗形势，对于主席这首词就可得出正确的理解。从标题上看，不用"攻"长沙，而用"向"长沙，只是利用当时有利的革命形势，在向长沙前进，沿途发动群众，武装群众，打土豪，惩腐恶，开辟革命根据地。"赣水那边红一角，偏师借重黄公略"。是赞扬黄公略抵制了立三路线，不进攻中心城市，而去赣江两岸打游击，扩大了红色政权的根据地的正确行动。"百万工农齐踊跃，席卷江西直捣湘和鄂"也是说的发动群众起来发展农村革命根据地。要"席卷"的要"直捣"都是广大的农村，而不是南昌、九江、长沙和武汉等中心城市。最后写出"国际悲歌歌一曲，狂飙为我从天落。"作者相信在无产阶级革命正确路线的指引下，"要为真理而斗争"，"要做天下的主人"，要把"旧世界打个落花流水"的千百万劳苦的工农大众联合起来，走向革命，一场革命的大风暴必然要到来，红色的江山一定要出现。

④《七律·人民解放军占领南京》

这首诗作于 1949 年 4 月，当淮海战役和平津战役已经胜利结束，人民解放军将要渡江南进的时候，蒋介石匪帮的金陵春梦眼看就做不成了；美帝国主义在中国的侵略势力眼看就要被"扫地出门"了。这些中国人民最凶恶的敌人，在无可奈何的情况下，装出一副努力追求和平和不干涉中国内政的样子，进行求和缓兵，企图保存反革命的残余力量，等待时机一到，卷土重来，扑灭革命势力。

当时革命阵营中所谓"好心人"和一些所谓"自由主义"人士，他们害怕美帝国主义，对国民党反动派抱同情态度，劝告我党接受南京国民党反动政府的和平要求。说什么国民党反动派是穷寇，按孙子兵法"穷寇勿追"。又说革命再向前进，就会引起美帝的干涉。还有一个外国同志，错误估计了国际和中国形势，也劝我党接受和平谈判，不要渡江，还是南北分治的好。如果这些意见得到采纳，革命人民就要放下武器，中国革命就要半途而废。

在这革命发展的关头，毛主席在1948年12月30日为新华社写了《将革命进行到底》的元旦社论。号召全国人民和各民主力量团结一致，将革命进行到底。当国民党南京伪政府拒绝在《国内和平协定》上签字后，毛主席又向人民解放军发出《向全国进军的命令》："奋勇前进，坚决、彻底、干净、全部地歼灭中国境内一切敢于抵抗的国民党反动派……"这就彻底粉碎了美帝和蒋匪帮的缓兵阴谋，贯彻了将革命进行到底的决定。

南京解放之后，毛主席写了这首热情歌颂伟大胜利的史诗，再一次激励人民解放军猛追穷寇，彻底肃清国民党反动派存在的残余力量。并将这诗传达到前线，这对前线全体指战员是很大的鼓舞，而对于那些劝阻过江的所谓"好心人"也是很好的教育。"宜将剩勇追穷寇，不可沽名学霸王"。从历史经验中证明将革命进行到底是颠扑不破的真理。穷寇必追，也如落水狗要打，也如毒蛇不要怜惜，中国人民最凶恶的敌人，万万不要宽恕。毛主席这几句精湛的诗，完全代表了全国革命人民的意志和希望。诗的最后写出"天若有情天亦老，人间正道是沧桑"。进一步使大家懂得旧社会的破灭，新世界的建立，蒋家王朝的覆亡，人民中国的诞生，是符合不以人们意志为转移的社会发展规律的，这就进一步使人坚定将革命进行到底的信心与斗志。

⑤《送瘟神》《到韶山》《登庐山》《答友人》四首七律写于1958年至1961年之间。1958年5月，毛主席在党的八届二中全会上，亲自主持制定了"鼓足干劲，力争上游，多快好省地建设社会主义"的总路线。在总路线的光辉照耀下，全国人民精神振奋，斗志昂扬，实现国民经济大跃进和农村人民公社化。1959年，全国农村人民公社已普遍成立，农村的社会主义革命和建设进入了高潮。

这种社会主义事业的飞跃发展，引起了国内外的一切反动势力的极端恐惧和恶毒攻击。国内以"彭黄张周"为代表的右倾机会主义分子和国际上的帝修反，对三面红旗，特别是人民公社，丑诋毒骂。他们互相呼应，气焰十分嚣张。正如毛主席在1959年9月间说的："近日右倾机会主义分子猖狂进攻，说人民事业这也不好，那也不好。全世界反华反共分子以及我国无产阶级内部，党的内部，过去混进来的资产阶级、小资产阶级投机分子，他们里应外合，一起猖狂进攻。好家伙，简直要把个昆仑山脉推下去了。同志，且慢！国内挂着'共产主义'招牌的一小撮机会主义分子，不过拣起几片鸡毛蒜皮，当作旗帜，向党的总路线、大跃进、人民公社进行攻击，真是'蚍蜉撼大树，可笑不自量'了。"

毛主席在这几首诗中，如"春风杨柳万千条，六亿神州尽舜尧""天连五岭银锄落，地动三河铁臂摇""喜看稻菽千重浪，遍地英雄下夕烟""云横九派浮黄鹤，浪下三吴起白烟"和"洞庭波涌连天雪，长岛人歌动地诗"等等句子，从各个方向歌颂了社会主义革命和建设的伟大成就，三面红旗无比威力以及广大劳动人民可敬可爱的精神面貌。同时也就是对诬蔑三面红旗的那些家伙的严正驳斥和反击。

特别是《登庐山》一诗，用"冷眼向洋看世界"一句，表示藐视那些反华反共的苍蝇、蚂蚁一类的帝、修、反。最后对陶令一问，"陶令不知何处去，桃花源里可耕田？"又严正地指责了那些反对公社化、主张走单干道路的家伙。

有的注释家把这最后一问说成毛主席在肯定陶渊明，也肯定桃花源里是可耕田的。我认为这种说法是有问题的。陶渊明辞官不做，"躬耕自资"，在封建时代的知识分子中当然还是一个比较好些的人。但他是逃避现实斗争的隐士，是羡慕那些羲皇以上时代的人。当毛主席指引全国人民鼓足干劲来建设社会主义的时候，怎么会肯定这种入山惟恐不深的"高人"隐士呢？桃花源是什么境界，是不知有汉，无论魏晋，与世隔绝的境界。桃花源里的耕田，"往来种作，男女衣着，悉如外人"的耕田道路，那是东晋末年，在封建王朝统治下，所有农民的耕田都是单干的。当毛主席正在严正攻击国内反对人民公社的一股逆流的时候，又正在以彭德怀为首的右倾机会主义分子的庐山会议前夕，同时又是党的生日写诗，又怎么会肯定桃花源这种境界，和肯定桃花源里单干的耕田道路呢？因此，毛主席在这里不是肯定陶渊明，也不是肯定桃花源的单干道路，而是借此批判陶渊明和桃花源里耕田的道路以回击那些反对人民公社的家伙的。

我们学习这几首诗，就一定要了解写作的时代背景，要了解当时阶级斗争和路线斗争的情况，然后才能体会出作品的主题思想。特别是《到韶山》和《登庐山》是在党的八届八中全会的前夕，我们特别要从当时党内两条路线斗争上来理解毛主席的目的，不注意这一点，就一定会犯错误。

⑥《七律·为李进同志题所摄庐山仙人洞照》《七律·和郭沫若同志》《卜算子·咏梅》《七律·冬云》《满江红·和郭沫若同志》，这几首诗词是 1961 年至 1963 年写的，都是以反帝反修（主要反修）为主要内容的。

1953 年斯大林逝世以后，头号现代修正主义者赫鲁晓夫篡夺了苏联党和国家的领导权。通过 1956 年的苏共二十大和 1961 年的苏共二十二大，不但把和平共处、和平竞赛、和平过渡的谬论系统化，而且提出苏联已经是全民党、全民国家的谬论。同时一而再、再而三地恶毒攻击坚持马列主义的中国共产党和阿尔巴尼亚劳动党。它在国内复辟资本主义，在国际上鼓吹苏美合作，主宰世界，破坏国际共产主义运动，镇压民族民主革命运动，成为帝国主义的一支别动队。

在 1960 年，它趁中国几年严重自然灾害造成严重困难的时候，撤专家，撕合同，想压迫中国跟着它的指挥棒走。并发动东欧一些修字号的党向我狂吠恶噬，不断围攻。帝国主义和各国反动派也乘机向我搞反华大合唱。国内的"赫鲁晓夫"也乘机出来表演，大唱三自一包、三和一少的谬论，真是乌云蔽天，黑风卷地。

为了保卫马克思列宁主义，为了保卫国际共产主义运动，为了反击修正主义的挑衅，毛主席和党中央写了《两论无产阶级专政》《列宁主义万岁》和一系列反修文章，与赫修集团作了针锋相对的斗争。大大地揭露了赫修集团的丑恶面目，大大鼓舞了真正马列主义者的信心和斗志。

毛主席这几首诗词，揭露了帝、修、反的罪恶和丑态。描画了它们造成的恶劣影响和气氛；提出了必须彻底反对，也必能取得最后胜利的形势。同时，又对反帝反修的坚持马列主义的伟大革命家进行热情的歌颂。

几首诗词中，用了"蚂蚁缘槐""蚍蜉撼树""鬼蜮成灾""苍蝇碰壁"写出它们的罪状和丑态；用了"暮色苍茫""乱云飞渡""雪压冬云""寒流滚滚"写出它们所造成的恶劣气氛和影响。又提出要像"英雄驱虎豹""豪杰斗熊罴"一样去反对它们，而且不要等待，要以"只争朝夕"的精神去进行战斗，要挥舞千钧棒去打它们，飞出鸣镝去射它们。还要与一切革命人民结成反帝反修的统一战线，共同努力，造成"四海翻腾云水怒，五洲震荡风雷激"的浩大形势，使它们无所逃于天地之间，最后将"一切害人虫"，全部、干净扫除光，出现一个"山花烂漫""玉宇澄清""风光无限"的崭新世界。

同时对坚决反帝反修的伟大革命家则用像暮色苍茫中的劲松，寒流滚滚中的暖气，群魔乱舞中的孙大圣，进行了歌颂。特别在《咏梅》一词中，写得十分突出。

古今咏梅的诗词很多，也每每有所寄托，有所感讽，像陆游的"无意苦争春，一任群芳妒。零落成泥碾作尘，只有香如故"就要算寄托较深、境界较高的了。但是他那种与世无争、孤芳自赏的思想感情，始终跳不出独清独醒自我陶醉的小天地。而毛主席笔下的梅花所象征的意境就迥然不同了。他认为伟大的无产阶级革命家和"俏也不争春"的梅花一样，是大公无私的，是不怕一切艰难困苦和打击挫折，坚持真理，坚持斗争，毫不动摇地将革命进行到底的。他丝毫没有个人的打算，只是为着向世界人民宣传革命的真理，为着实现伟大的革命理想，为着促进全中国、全世界人民的革命事业而奋斗。等到革命成功之后，他绝不把这些丰功伟绩写到自己的账上，而认为是群众的功劳。他把群众看成是创造历史的真正英雄，他个人不过是群众中的一分子，一个和群众一道参加斗争、参加工作的普通劳动者。在群众欢呼胜利、庆祝成功的时候，他也和群众一样欢呼，一样高兴。这种只知有革命，不知有个人，永远把自己放在群众之中，绝不把自己放在群众之上；专门利人，毫不利己；先天下之忧而忧、后天下之乐而乐的崇高的共产主义风格，就是毛主席笔下用梅花象征的伟大的无产阶级革命家的形象，也就是高举马克思列宁主义革命大旗的中国共产党和毛主席的光辉形象。

二、从写作的特点学习毛主席诗词

毛主席的诗词是最完美的艺术形式的光辉典范。据我个人浅薄的看法，毛主席的诗词至少有三种写作特点：

第一个特点，是革命的政治内容和完美的艺术形式的统一。

试以《到韶山》一首七律为例。

在以 56 个字写成的格律严谨的这首诗里面用高度的艺术概括手法写出了韶山地区 32 年的革命斗争历史（也反映了全国 32 年的革命斗争历史）。旧社会农民被剥削、被压迫、被屠杀的种种惨痛，用一个"咒"字反映出来；

人民公社化后的农村欣欣向荣的新面貌又用一"喜"字作概括的勾画。前后对比，将愤恨和喜悦两种完全不同的心情充分表现出来。诗中只用"为有牺牲多壮志，敢教日月换新天"两句写出了不怕牺牲、前仆后继、为革命事业献身的英雄形象。又只用"喜看稻菽千重浪，遍地英雄下夕烟"两句，写出公社社员的集体生产的热情高，干劲足，效果好，着墨不多，很多劳动英雄使人敬、使人爱、使人歌颂的高贵品质，活现在字里行间。这是何等巧妙的艺术手法。我们看到早几年传抄出来的这诗的末句是："人物风流胜昔年"。主席经过几回修改才定为"遍地英雄下夕烟"。从这里可以看到主席对于写作的态度是十分严肃认真的。我认为末句改得特别好。这样才把新农村中劳动人民可爱的精神面貌表现得具体生动和鲜明。我们读这篇末两句诗时，仿佛就看到了韶山公社的一群群勤劳健壮的男女社员在暮色苍茫中从生产工地上收工回家。当他们走过稻田和豆垅的时候，对着眼前一望无际、随风起伏的禾苗和豆叶的绿浪引吭高歌，喜笑颜开的样子。我们从"下夕烟"三字看出那里的社员收工在夕阳西下、炊烟四起之后，自然会联想到他们出工在东方欲晓、曙光初照之前。他们这种出工早，收工晚，对集体生产的热情高，干劲足，正表现出人民公社的优越性。同时也具体地驳斥了人民公社出懒汉的谬论。

再以《菩萨蛮·黄鹤楼》为例。

这首仅仅八句的小词，以高度概括的手法将作者在黄鹤楼上所见、所感、所想充分地写了出来。"茫茫九派流中国，沉沉一线穿南北"。写出武汉的形势，关系到全国的形势。这两句从远处着笔，表达作者对全国革命形势的关怀。"烟雨莽苍苍，龟蛇锁大江"。写出当前阴沉苍莽的景象；又从近处着笔，表达作者对当时革命前途的担心。

下阕借黄鹤楼的传说，写出当时在右倾机会主义的错误路线领导下，革命阵营里面的人们背离了正确的方向，使革命走到十分艰危的境地。中国革命向何处去，这是当时作者深思熟虑，急于要解决的严重问题。对着滚滚而来的万里长江，心潮起伏，最后"心潮逐浪高"一句，用一个"高"字，表现作者对革命必将胜利的信心和一定要将革命进行到底的决心和勇气。

这首词景中有情，情中有景，情景交织在一起，极其深刻地表达了作者对右倾机会主义者的暴露、谴责，对革命形势的担心和要将革命进行到底的伟大抱负和坚决意志。

这里，只就《到韶山》一诗和《黄鹤楼》一词来说，其实，毛主席的诗词没有一首不是蕴涵着伟大深刻的革命政治内容，焕发着无产阶级的革命感情，同时，总是具备着完美精练的艺术形式，成为感人最深的伟大诗篇，的确是革命的政治内容与完美的艺术形式高度统一的典范作品。

第二个特点，革命的现实主义与革命的浪漫主义的结合。

所谓革命的现实主义，要按照现实的实际生活和革命斗争实际的样子反映出来。革命的就不是普通的。革命的浪漫主义根据革命现实的反映之外，还要根据自己革命的理想和想象来反映革命的现实。不仅要反映今天的现实，而且要展望明天的现实。旧社会的"浪漫主义"凭"奇特美丽夸张"。加上了"革命"两个字，就要注意从革命理想出发。如李白是浪漫主义的，杜甫是现实主义的，李商隐带有浪漫主义色彩。

毛主席根据不断革命论和革命发展阶段论相结合的思想，把革命气概和求实精神相结合的原则运用到文学艺术上，提出革命的现实主义和革命的浪漫主义相结合的写作方法。他自己的作品就是很好的典范。《答友人》一诗就是很好的例子。

大概在人民公社化后的几年中，毛主席接到湖南一些友人的书信和诗词，这些书信和诗词反映了湖南人民在社会主义革命和社会主义建设中高举三面红旗的热情、干劲，创造了某些辉煌的成就，有某些突出的表现，感到衷心的喜悦，因而"浮想联翩"，想到湖南人民的过去，想到湖南人民的现在，更想到湖南人民的将来，因而借题发挥，写成这首热情歌颂湖南人民美好的现在和祝愿湖南人民光明的前途的伟大诗篇。

"九嶷山上白云飞"到"红霞万朵百重衣"这四句是革命浪漫主义的写法，借娥皇、女英的美丽传说，说她们由于被湖南人民的革命热情、冲天干劲所感动，翩然乘云下山来了。又借着她们手里拿的斑竹，身上穿的绯衣，来象征湖南人民的过去和现在。"斑竹一枝千滴泪"很形象地反映了在过去长期在反动统治下面的湖南人民所过的生活是以眼泪洗面的生活。"红霞万朵百重衣"则又形象地写出解放后在党的正确领导下，特别是三面红旗的光辉照映下，湖南人民的生活改善了，精神面貌也变了样，呈现出丰富多彩、蓬蓬勃勃的景象。

接着"洞庭波涌连天雪，长岛人歌动地诗"两句，不是单纯写景叙事，而是写湖南人民在三面红旗的正确指引下，在阶级斗争、生产斗争和科学实验中，决心大，热情高，斗志昂扬，意气风发，干劲冲天，歌声动地的可爱景象。这就正确地反映了今天。

"我欲因之梦寥廓，芙蓉国里尽朝晖"两句，则又从湖南人民痛苦的过去和湖南人民幸福的现在想到湖南人民的前途一定是光明的。在作者的希望中，湖南人民的将来一定会达到繁荣康乐的境界，一定会呈现出万紫千红的景象，像芙蓉的美丽，像旭日的光辉。这又热情地展望到了明天。

这首诗，把反映实际生活与表达作者的理想和愿望交织在一起。这种革命的现实主义与革命的浪漫主义相结合的艺术手法，毛主席不但用在这首诗中，所发表的三十七首诗词中，真是屡见不鲜。如《沁园春·长沙》《菩萨蛮·黄鹤楼》《念奴娇·昆仑》《水调歌头·游泳》《七律·送瘟神》等等，也都是很明显的典范。

第三个特点，对于古代的诗词，批判地继承、大胆地革新，成为古为今用、推陈出新的光辉典范。

在延安文艺座谈会上，毛主席曾经指出："我们必须继承一切优秀的文学艺术遗产，批判地吸收其中一切有益的东西，作为我们此时此地的人民生活中的文学艺术原料创造作品时候的借鉴……但是继承和借鉴决不可以变成替代自己的创造……文学艺术中对于古人和外国人的毫无批判的硬搬和模仿，乃是最没有出息的最害人的文学教条主义和艺术教条主义。"这里说明了我们对于古代的文学遗产，既要借鉴、继承，又要革新、创造；既要从古人的优秀作品中吸收它的精华，又不要被那些老一套的框框所束缚；要在批判继承的同时，贯彻古为今用、推陈出新的精神。

我国古典诗词从《诗经》《楚辞》以来，有了几千年的历史。在长期发展过程中，创造了不少的优秀作品，积累了丰富的写作经验和修辞方法，是值得我们学习的。

毛主席从青少年时期起就爱读一些优秀的古典诗词，特别是对李白、杜甫、韩愈、白居易、李商隐、辛弃疾、陆游诸家的作品，用了比较多的工夫，熟悉古典诗词的形式、格律和写作技巧。他已发表的三十七首诗词，基本上采用了古典诗词的形式和它的格律，但是为了更好地更自然地表达他的思想、感情，就不完全按照旧框框办事，而作出了一些改革。

如《蝶恋花·答李淑一》一词，按照词律，上下两阕同韵，毛主席却于下阕换了另一个韵。上阕"……吴刚捧出桂花酒（jiu）"，有词韵；下阕"……泪飞顿作倾盆雨（yu）。"照词律不应该换，毛主席换了一个韵，这就是革新。《西江月·井冈山》有些句子不同韵。如"山头鼓角相闻"的"闻（wen）"字为平声，与"我自岿然不动"的"动（dong）"，应一个韵。毛主席在这里没有用一个韵，感觉到束缚了思想，不行，就冲破了旧框框，这就是革新。如《七律·答友人》，"帝子乘风下翠微"的"微"是五微的韵，"长岛人歌动地诗"的"诗"是四支的韵，作律诗不能通用，毛主席不管，要用，这就是革新。如《七律·人民解放军占领南京》，"百万雄师过大江"，"人间正道是沧桑"，"江（jiang）"，"桑（sang）"，都是阴韵，在古诗通用，律诗不行。这是形式，主要还在内容。至于律诗用韵，也不完全限于流行的很严格的韵脚。如江阳通用，支微通用之类。这种采取古典诗词形式格律，而在有必要的时候就突破旧框框的做法，也是毛主席对古典诗词既继承又革新的一个方面。

毛主席诗词采用了不少的历史事实和神话、故事，如"万户侯""黄鹤""一枕黄粱""长缨""不周山""离天三尺三""飞起玉龙三百万""射雕""富春江""神女""吴刚""嫦娥""牛郎""桃花源""斑竹""芙蓉国""孙大圣""蚂蚁缘槐""蚍蜉撼树""飞鸣镝"，和"秦皇""汉武""魏武""华佗""陶令""成吉思汗"等。这些在社会上流行已久，为知识分子和一部分群众所熟知的东西，用在作品中有很多作用：一是可使作品的意义更为鲜明，二是可帮助作品语言的形象化，三是可增加作品的感染力量。此外，毛主席还借用和化用古人的诗句，却把它赋予与古人原作完全不同的新意。如借用李贺的"天若有情天亦老"，化用贾岛的"秋风生渭水，落叶满长安"等。这是毛主席对古典诗词既继承又革新的又一方面。

古来的很多诗人感情每每局限于个人的遭遇上面，或者叹老嗟卑，或者怀人念远，或者嘲风雪，弄花草，发出无病呻吟。他们见落叶就感到飘零，对黄昏就自伤迟暮，看到春花开放也会发出好景不长的感叹。在他们的笔下，山也愁，水也愁，风花雪月都是愁的象征，这自然是他们人生观的反映。毛主席的诗词中也常常写到自然景物，但在他的笔下，山河是壮丽的，花草是鲜艳的，树木是坚劲的，风雷是雄健有力的。出现在三十七首诗词中的山、川、日、月、风、雷、雨、雪、草、树、烟、花、鱼、鸟似乎都在战斗，都在歌唱，都是有着无限的生命力和坚强的革命精神的东西，这是古典诗词中运用自然景物表现作者思想感情的一大革命，也是必不可少的革命。

由于毛主席对我国的文学遗产有长期的研究和湛深修养，熟练地掌握了古典诗词的形式和其特有的规律以及多种多样的修辞方法，写作技巧，同时又在马克思列宁主义的思想基础上，以极为生动、极为具体的革命斗争作为写作源泉，所以就使古旧形式的诗词具有新的灵魂，发出瑰丽的光焰，不断创作出了形式优美、语言精练、韵味深长、气势雄伟，而又洋溢着革命热情、放射出革命理想的光辉的伟大作品。毛主席就是这样成为正确地贯彻了有继承、有革新、古为今用、推陈出新的空前伟大的诗人。

各位同志都是人民教师，都负有用马列主义毛泽东思想培养无产阶级革命接班人的光荣任务。在语文教学中教好毛主席诗词，使青少年从伟大的文学作品中受到很形象、很深刻的路线斗争和阶级斗争教育，受到一些无产阶级革命英雄人物崇高思想品质的感染，就是完成培养红色革命接班人的任务的重要工作，也就是完成语文教学任务的重要工作。因此，在学好毛主席诗词的基础上来教好毛主席诗词是当前摆在各位老师面前的重要课题。

我相信，各位同志必能在认真学习马列主义毛泽东思想的基础上，在学习党史和革命历史的基础上，在深入生活与工农相结合的基础上，在加强自我改造、树立无产阶级革命人生观和世界观的基础上学好毛主席诗词，教好毛主席诗词。

对一些诗词词句的理解方面，回答几个问题。

（1）不知如何理解的：

①坐地日行八万里，巡天遥看一千河。

地球直径约一万二千五百公里，以圆周率 3.1416 乘得约四万公里，即八万华里。每一个在地球上的人都被地球带着自转公转，每一个人都在坐地日行八万里，巡天遥看一千河。

②云横九派浮黄鹤，浪下三吴起白烟。

烟云浩渺，波澜壮阔。象征革命气氛，一派兴旺景象。

三吴：苏州、湖州、常州或会稽、吴郡、吴兴。三吴不必指具体地方。黄鹤：黄鹤楼，代表武汉。九、三代表多数。

③马蹄声碎，喇叭声咽。

写行军途中。

④苍山如海，残阳如血。

实感之外，也象征着战斗的历程。

⑤独立寒秋的"独"字。

1925年赵恒惕要捉毛主席，那时徐老在长沙，我在南京，因筹学费到了长沙，没有看到毛主席，当时毛主席是秘密活动，独自一人。与下面"携来百侣曾游"相对照。

⑥携来百侣曾游的"百侣"，除蔡和森同志外，还有哪些人？

还有罗学瓒、陈昌、张昆弟、陈绍休……这句原来写的是"携来百侣众游"，后改成"携来百侣曾游"。

⑦·样悲欢逐逝波。

从两首情调来看，人民的悲、瘟神的欢，都随着逝波继续流下去。

（2）有两种截然不同的解释的：

①白云山头云欲立，白云山下呼声急。

跟着下句"枯木朽株齐努力"，应上下文一起来理解。邹阳《狱中上梁孝王自明书》："有人先客则枯木朽株，树功而不忘。"毛主席批了，"努力是好字眼，不能属诸腐恶的敌人。""就是老弱病人都起来反对蒋介石。"

②山下旌旗在望，山头鼓角相闻。

当时红军主力二十九团和二十八团进攻郴州，失败后，毛主席从井冈山率领三十一团去迎接二十八团回山。这时留在山上的队伍，只剩下不足一营的兵力，且有不少是伤员病号。

③西风烈，是单纯写景，还是指当时的反动势力？

"西风烈，长空雁叫霜晨月。"遵义会议一月开。二月廿六日下午四时毛主席率军穿越娄山关。画出寒气逼人的早春清晨的景象，西风劲吹，浓霜满地，天边挂着一弯残月，雁儿呼叫飞过，红军已经走上了征途，说明红军不怕远征难。

④黄洋界上炮声隆，是讲谁，是谁的炮声？

前年我到了黄洋界，据那里人说，"炮声隆"是自己的炮。那次是何键派吴尚去打的。想起茨坪还有一门破迫击炮，共只有三颗炮弹，搬来了，发了两颗不响，第三发才打响命中。敌人吓慌了，跑了。

⑤桃花源里可耕田？

已见前。

（3）像这些句子，除了本义，是否还有其他寓意？

①龟蛇锁大江。

就 1927 年革命形势来体会，包括"茫茫九派流中国，沉沉一线穿南北。烟雨莽苍苍，龟蛇锁大江"。作者的心情与周围的景物起共鸣，相影响。

②黄鹤知何去？

不要太落实到人，是指背离了革命路线的右倾机会主义者。

③风雨送春归，飞雪迎春到。

写景，也写时局。无产阶级革命运动经受一些挫折和困难，正如时令运转是自然界发展规律一样，是不足为怪的。而革命胜利如春光之复来，也是注定无疑的。

④高天滚滚寒流急，大地微微暖气吹。

当寒流滚滚而来的时候，大地上仍有暖气从容吹拂。现代修正主义者虽然一时气势汹汹，但它终将走向它的反面。坚强的马列主义政党虽然一时处于少数地位，现在受压抑，但他们必将取得全面胜利。

⑤金沙水拍云崖暖，大渡桥横铁索寒。

巧渡金沙江在五月份，强渡大渡河更后一些（五月廿五日）"寒""暖"两字不是写时令，而主要是写人的感触。因为巧渡成功之后，红军跳出了数十万敌围追堵截的圈子，红军战士个个充满了胜利的喜悦，所以用"暖"。强渡大渡河，困难特大，唯一通道泸定桥长三十丈，由十三根铁索架成，敌人撤去了桥板，桥头有敌人重兵把守，夺取泸定桥和泸定城，付出了鲜血和生命的代价，所以用"寒"。

最后，谈谈毛主席对他的诗词作过什么指示的问题。

今年我到了北京，晋见了主席，我说，现在中小学都在讲《毛主席诗词》，可不可以找一班子人搞点注释，让大家有所遵循。主席后来回信说，拙作解释，不尽相同，兄可以意为之。将来会见再说。后来到北京开会，我又问了，文化大革命中又写信给主席，回信说，拙作诗词，无甚意义，不必置理。我还说，中小学教材中搞点注释，免得教师犯错误。主席说，高兴怎么讲就怎么讲嘛！《诗经》讲了几千年，都没一定讲法，不必做注释束缚人家。

　　毛主席的诗词是革命的诗词。教育局的同志在这里，我建议尺度放宽点，随便上纲上线，别人不敢讲了。有次我到洞口视察工作，第×中学正在教《浪淘沙·北戴河》，讲到"萧瑟秋风"说，毛主席的诗词没有这种萧瑟之感，"萧瑟"应作"爽朗"讲，我是闻所未闻。萧瑟就是萧瑟，"萧瑟秋风"是曹操的原诗"秋风萧瑟，洪波涌起"倒装过来的。"换了人间"，不是曹操那个时代了。不要那样去咬词。

　　教毛主席诗词，一定要先学习好，编教材可减点分量。

赠《两般秋雨盦随笔》

（1972 年）

1972 年 9 月，周世钊旅居北京，时间久了，不免思乡。谁料毛泽东于 1972 年 9 月 4 日赠书一套。书名《两般秋雨盦随笔》。书共 8 册，线装本。毛泽东在书的扉页上写道：惇元兄阅存。并署上"毛泽东"三字。

《两般秋雨盦随笔》系清朝梁绍壬撰著的一部笔记。梁绍壬，钱塘（今浙江杭州）人，生于 1792 年。他曾北至北京，南游闽广，见闻广博。梁所著的《两般秋雨盦随笔》是一部内容相当丰富的笔记，记了不少清代文学家与艺术家的事迹，还搜集了不少诗文评述、论学考证方面的文篇。

1982 年，这本书由上海古籍出版社点校再次出版，点校者为庄葳。

就是在 1972 年 9 月 4 日，毛泽东赠书周世钊的同时，还附了一封珍贵的书信。此信的内容是关于赠书方面的，笔者未见其真迹。周世钊的友人彭靖确见其真迹，并于 1984 年 4 月对笔者回忆此信为：

惇元兄：

旅夜无聊，奉此书，供你消遣之用。此书写得不太好，但读来也还有味。

毛泽东

1972 年 9 月 4 日

这些都是周世钊所高兴阅读的。例如，《随笔》卷三《漱玉断肠词》条，对宋代著名词人李清照、朱淑贞的命运就表现出相当的同情，与传统文人的偏见和诬蔑之词大不相同。他认为"改嫁本非圣贤所禁，《生查子》一阕亦未见定是淫奔之词，此与欧公簸钱一事，今古哓哓辩论，殊可不必"。对于民间歌谣，梁绍壬也给以极高的评价。如卷四《山歌》条，他引录了一首民歌，"南山脚下一缸油，姊妹两个合梳头，大的梳个盘龙髻，小的梳个杨篮头"。认为这首山歌"极有意义"。对吴船山歌"月儿弯弯照九州，几家欢乐几家愁，几家夫妇同罗帐，几个飘零在外头"和童谣"塘下戴，好种菜……摘了大姑摘小姑"等，评之为"音调悲婉"，"音节真如古乐府"。这些见解都是难能可贵的。

这就是目前所知的毛泽东给周世钊的最后一信。

至于毛泽东所说"此书写得不太好，但读来也还有味"，因他没有具体所指，我们也很难说哪些条目"不太好"，哪些条目"还有味"。既然毛泽东把它作为"闲书"来消遣，也让他的老朋友周世钊如是读，其中必有一定的原因。为什么毛泽东在1972年将这种"闲书"赠给周世钊，可能与他们有共同的诗词爱好有关。

毛泽东在《两般秋雨盦随笔》封面上的题字及签名

（被编入《毛泽东文稿》第3卷第315页）

戏改古诗画林彪

（1972 年）

　　1972 年 10 月 2 日，毛泽东即将进入 80 大寿，周世钊也早已年逾古稀，两位老人在中南海畅谈，也是他们最后一次面谈，谈话持续三个小时。虽然毛泽东与周世钊都是高龄的老人了，但是并不能影响到他们脑力的健康，他们依然思维敏捷。毛用他的大手指指周落座的沙发说，惇元兄，那是不久前日本的田中角荣与美国的尼克松先生坐过的沙发。周世钊则高兴地说，这是您的外交路线的正确和胜利。这张沙发，在三年后的 1975 年 12 月 31 日深夜，尼克松总统的女儿朱莉娅·尼克松·艾森豪威尔和她的丈夫戴维·艾森豪威尔（美国前总统艾森豪威尔的孙子）也来到毛泽东处。毛对朱莉娅说：你现在就坐在你父亲 4 年前坐过的同一张沙发上。朱莉娅马上调皮地告诉毛泽东她想和自己的丈夫临时调换一下座位，以便让戴维也有机会感受一下这个具有历史意义的位置。毛泽东一边看着一边开心地笑了。毛与周的谈话中，谈到了林彪问题，其中谈到两首古诗，兹记述于下。

　　谈到林彪问题时，毛、周都极度愤慨。毛泽东念了一首古诗。诗为：

　　　　豫章西望彩云间，九派长江九叠山。
　　　　高卧不须窥石镜，秋风怒在侍臣颜。

念罢，毛泽东接着说，如将"侍臣"改为"叛徒"，将此诗送给林彪是最恰当不过的。

这也是对林彪的画像。

据说，诗中的"豫章"指的是江西。"彩云间"，这是指黄昏时候的云彩。而"九派长江九叠山"，是说长江是我国第一大江，由九条大支流汇成。

毛泽东谈兴正浓时，又念了一段杜甫的诗：

> 群山万壑赴荆门，生长明妃尚有村。
> 一去紫台连朔漠，独留青冢向黄昏。

念罢，毛泽东又说："明妃"指的是林彪。

周世钊在那几天的日记中记载着：9月28日，改写上主席的信，9月30日晚7时半，在人民大会堂参加国宴（18席）。10月2日晚9时，王海容乘车来饭店邀同往中南海谒见主席，12时才辞出，参加谈话还有汪东兴和唐闻生同志。主席戏改两诗。

戏改的两诗如上所述。

我们查证，杜甫的诗为《咏怀古迹五首之一》，全诗为：

> 群山万壑赴荆门，生长明妃尚有村。
> 一去紫台连朔漠，独留青冢向黄昏。
> 画图省识春风面，环珮空归夜月魂。
> 千载琵琶作胡语，分明怨恨曲中论。

吴直雄先生在文[47]中认为：

"更使人感到惊奇的是：杜甫《咏怀古迹五首》（其三）本为：'群山万壑赴荆门，生长明妃尚有村。一去紫台连朔漠，独留青冢向黄昏。'全诗描绘的是汉元帝时期王昭君远嫁匈奴韩耶单于，死后不得归葬的悲剧。然而1971年林彪于'九·一三'事件之后，毛泽东将杜甫这首诗的前四句剥而用之，借以批判林彪的叛党叛国行径。其诗云：'群山万壑赴荆门，生长林彪尚有村。一去紫台连朔漠，独留青冢向黄昏。'尽管全诗只改动'明妃'二字，然于林彪事件之贴切，几乎到了丝丝入扣的境地。因为：'荆门'扣合'湖北'林彪之籍里；'一去紫台'扣合林彪逃离中南海紫禁城事件；'连朔漠'扣合了林彪死于蒙古的温都尔汗的朔方大漠之中。短短四句，将林彪的出生之地、叛逃之处、丧生之所全然纳入，其批判之力度、讽刺之辛辣可谓各尽其妙。"

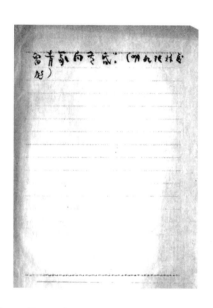

周世钊日记（1972 年 10 月 2 日）

辅导学习《毛主席诗词》讲稿

（1974 年）

1974 年 8 月，《周世钊同志辅导学习〈毛主席诗词〉讲稿》由长沙市教学辅导站印出，它与 1971 年的纪录稿《周世钊同志在全市中学语文教师学习〈毛主席诗词〉报告大会上的讲话》大同小异，不过《讲话》到《讲稿》，是经过周世钊再创作的。当然，它们都不可避免地存在大量时代的烙印。也只能由之。《讲稿》的内容大部分雷同于《讲话》，兹将雷同部分删去了，保留了不同部分。

学好毛主席诗词　教好毛主席诗词
——周世钊同志对长沙市中学语文教师作的辅导报告

各位同志：

一、从政治的内容学习毛主席诗词

（一）《沁园春·长沙》作于 1925 年。

（二）《菩萨蛮·黄鹤楼》后面会说到。

（三）《蝶恋花·从汀洲向长沙》作于 1930 年 7 月。

（四）《七律·人民解放军占领南京》

（五）《送瘟神》《到韶山》《登庐山》《答友人》四首七律写于 1958 年至 1961 年之间。

特别是《登庐山》一诗，用"冷眼向洋看世界"一句，表示藐视那些反华反共的苍蝇、蚂蚁一类的帝、修、反。最后对陶令一问，又严正地指责了反对公社化，主张走单干道路的那些家伙。

有的注释家把这最后一问，说成毛主席在肯定陶渊明，也肯定桃花源里是可耕田的。我认为这种说法是有问题的。陶渊明辞官不做，"躬耕自资"，在封建时代的知识分子中当然还是一个比较好的人。但他是逃避现实斗争的隐士，是羡慕那些羲皇以上的"黄金时代"的人，当毛主席指引全国人民鼓足干劲来建设社会主义的时候，怎么会肯定这种入山唯恐不深的"高人"隐士呢？桃花源是什么境界？是"不知有汉，无论魏晋"，与世隔绝的境界。桃花源里，"其中往来种作，男女衣着，悉如外人"的耕田道路，那是东晋末年，在封建王朝统治下，所有农民的耕田走的是单干道路。当毛主席正在严正反击国内反对人民公社的一股逆流的时候，又正在斗批以彭德怀为首的右倾机会主义分子的庐山会议前夕，同时又是党的生日写诗，又怎么会肯定桃花源这种境界和肯定桃花源里单干的耕田道路呢？因此，毛主席在这里不是肯定陶渊明，也不是肯定桃花源的单干道路，而是借批判陶渊明和桃花源里耕田的道路以回击那些反对人民公社的家伙的。

我们学习这几首诗，就一定要了解写作的时代背景，要了解当时阶级斗争和路线斗争的情况，然后才能体会出作品的主题思想。特别是《到韶山》和《登庐山》是写在党的八届八中全会的前夕的，我们特别要从当时党内两条路线斗争上来理解毛主席写诗的用意，不注意这一点，就一定会犯错误。

（六）《七绝·为李进同志题所摄庐山仙人洞照》《七律·和郭沫若同志》《卜算子·咏梅》《七律·冬云》《满江红·和郭沫若同志》，这几首诗词是1961年至1963年写的，都是以反帝反修（主要反修）为主要内容的。

二、从写作的特点学习毛主席诗词

毛主席的诗词是最完美的艺术形式的光辉典范。据我个人浅薄的看法，毛主席的诗词至少有三个写作特点：

第一个特点，是革命的政治内容和完美的艺术形式的统一。

第二个特点，是革命的现实主义和革命的浪漫主义的结合。

第三个特点：对于古代的诗词，批判地继承，大胆地革新，成为古为今用、推陈出新的光辉典范。

对一些诗词词句的理解方面

（1）不知如何理解的，如对"一样悲欢逐逝波"一句从两首诗的情调来看，前一首写过去。最后一句写人民的悲、瘟神的欢，都随着长流的逝波不断地流下去。

（2）有两种截然不同的解释的，如"山下旌旗在望，山头鼓角相闻"一句

当时红军主力二十九团和二十八团进攻郴州失败后，毛主席从井冈山率领三十一团去迎接二十八团回山。这时留在山上的队伍只剩下不足一营的兵力，且不少是伤员病号。山下、山上都指我方的守军。

【注释】

①陈独秀；参见《毛泽东选集》新版横排本（下同）第一卷第221页注释[4]。

②张国焘，参见《毛泽东选集》第一卷第151页注释[21][22]，第223页注释[19]，第二卷第501页注释[3][4]。

③这段黑话是陈独秀在1923年4月25日抛出的《资产阶级革命与革命的资产阶级》大毒草中提出的。

④问苍茫大地，谁主沉浮？有人向周世钊同志提出，这句主要是反对军阀，陈独秀右倾机会主义的形成是在1928年以后。周世钊同志仍然持原来的观点。从历史唯物主义看问题，尽管这首词作于1925年秋，但当时的形势还是不能脱离陈独秀的影响，要包括进去。

⑤蔡和森、罗学瓒、何叔衡、陈昌等：蔡和森（1895—1931），是毛主席1913年到1915年在湖南第一师范同学。1919年赴法。党的二大当选为中央委员，担任党的机关报《向导》的主编。1925年领导了上海的"五·卅"运动。同年冬，代表中央出席了共产国际第六次扩大会议。1928年，党的六大被选为中央政治局委员。1931年夏，在香港被英帝国主义探悉被捕，为广东军阀陈济棠枪杀。罗学瓒（1893—1930），湘潭人。是毛主席在湖南第一师范八班同学，曾赴法学教育，和蔡和森同志一道因宣传共产主义被法国政府驱逐回国，1930年在浙江工作时牺牲。何叔衡（1877—1935），是一个毛主席所说的"对自己'学而不厌'，对人家'诲人不倦'"的人。曾积极参加莫斯科支部清党斗争。1935年春，在福建被围时为苏维埃流尽了最后一滴血。陈昌（1894—1930），字章甫，浏阳人。新民学会的组织者之一。毛主席任一师附小主事时，他任教员。积极参加毛主席领导的湖南工人运动。第一次国内

革命战争时期任水口山工会主任。1930 年，由上海去湘西根据地工作时在澧县被捕，牺牲于长沙。

⑥蒋冯阎中原大混战：参见《毛泽东选集》第三卷第 903 页注释[12]。

⑦李立三和立三路线：参见《毛泽东选集》第一卷第 222 页注释[5]。

⑧彭德怀第一次进攻长沙，据周世钊同志回忆：1930 年 7 月 27 日攻入，8 月 5 日撤出，占领长沙城共 10 天。按：7 月 27 日，红三军团军团长彭德怀坚决执行了错误的立三路线，自长沙东永安市、春华山一带，一直打到近郊东屯渡，经马王堆、五里牌向长沙城猛扑，敌人早已向长沙南郊烂泥冲、猴子石方向退走，下午，我红军即从小吴门、四十九标驻地（今省体育馆、东风广场。标，即团）、韭菜园、浏阳门等处陆续攻入长沙市区。红三军团攻占长沙后，湖南和邻近各省军阀立即勾结起来，在英日帝国主义在湘江中的炮舰掩护下，于 8 月 5 日开始反扑，红军于南郊黄土岭一线大量杀伤敌兵之后主动撤离长沙，转战平江、浏阳，继续南下。

彭德怀第二次进攻长沙：时间是 1930 年 9 月（见《毛泽东选集》第三卷第 951 页注释 [4]）。8 月 30 日，红军开始向长沙守敌发动全面进攻。湖南军阀何键在蒋介石支持下，调集十万以上兵力，加上英美日帝国主义在湘江的军舰掩护，相持半月之久。毛主席当机立断，向红一方面军（8 月 10 日红一军团与红三军团在浏阳会师后成立）中的干部进行了一系列耐心细致的说服工作，放弃夺取中心城市九江和进攻其他大城市的计划，改变方针，于 9 月 15 日开始主动自长沙近郊向株洲、醴陵、浏阳、平江诸路撤退，分兵攻取了醴陵、攸县、安仁、茶陵，转向江西前进。

⑨黄公略（1898—1931）：湖南省湘潭县人。1927 年参加中国共产党。1928 年 7 月 21 日，率领独立五师第三团第三营全体官兵在嘉义起义，22 日，又参加并领导了平江起义，任红五军第十四师第二团党代表，军部特别纵队队长。1929 年任副师长。1930 年春，任中国工农红军第三军军长，为进攻南昌的右路军。6 月，第三、第四、第十二军合编为第一军团，毛主席任党代表。由于黄公略正确执行了毛主席的革命军事路线，对配合毛主席从汀州向长沙进军，对保卫瑞金中央根据地起了重大的作用。1931 年反第三次"围剿"胜利后，9 月 14 日，率领红三军开赴瑞金，路过吉安东南的东固六渡凹山峡时，正遇敌机空袭，在指挥部队散开并对空射击中，不幸中弹光荣牺牲。后

来由中央民主政府划出以吉安、东固、富田为中心的十个区成立"公略县"，中央军委在红军中命名一所"公略步兵学校"，以作纪念。

⑩淮海战役：见《毛泽东选集》第四卷第 1294 页注释[1]平津战役：见《毛泽东选集》第四卷第 1305 页注释[1]。

⑪人民解放军占领南京：见《毛泽东选集》第四卷第 1386 页题解。

⑫关于和南京国民党反动政府举行和平谈判：见《毛泽东选集》第四卷第 1328 页第 7 行，第 1336 页注释[1]，[2]，第 1377 页注释[2]。

⑬《国内和平协定》全文：见《毛泽东选集》第四卷第 1388 页注释[13]。

⑭彭、黄、张、周为代表的右倾机会主义分子：1959 年 8 月 2 日至 16 日，在毛主席亲自主持下，在庐山举行的八届八中全会上，彭德怀跳了出来，从右的方面恶毒地攻击党的总路线，疯狂地反对大跃进和人民公社，反对革命群众运动。16 日，会议通过《关于以彭德怀为首的反党集团的决议》。决议宣布撤销彭德怀、黄克诚、张闻天、周小舟所担任的国防、外交、（湖南）省委第一书记等职务，巩固了以毛主席为首的无产阶级司令部的领导。

⑮见 1959 年 9 月 1 日毛主席给《诗刊》的第二封信。

⑯陶渊明（365—427）：名潜，字元亮，东晋浔阳柴桑（今九江）人。曾做过八十多天的彭泽县令（相当县长），故名陶令。

⑰苏共二十大（1956.2.14—25）：在这次会议上，以赫鲁晓夫为头子的修正主义叛徒集团，篡夺了苏联党和国家的领导权，这个大叛徒大反斯大林，丑化无产阶级专政，拼命攻击马克思列宁主义，提出一条"和平共处""和平过渡""和平竞赛"的彻头彻尾的修正主义路线，从此，使苏联走上了全面复辟资本主义的道路。

苏共二十二大（1961.10.17—31）这次大会通过了"三和两全"（全民党，全民国家）的修正主义纲领，完成了赫鲁晓夫修正主义从它的产生、形成、发展，直到系统化的过程。会上，苏共领导对阿尔巴尼亚劳动党发动攻击，同时大肆攻击斯大林，攻击中国。中共代表团团长周恩来同志对苏修进行了针锋相对的斗争。

⑱撤专家、撕合同：据七评《苏共领导是当代最大的分裂主义者》（1964 年 2 月 4 日）揭露：在一个月的短时期内悍然撤走了在中国帮助工作的 1390 名苏联专家，撕毁了 343 个专家合同和合同补充书，废除了 257 个科学技术

合作项目，在贸易方面采取了对中国限制和歧视政策。把中苏分歧扩大到国家关系方面，妄图破坏我国国民经济的原定计划，给我国的社会主义建设事业造成了巨大的损失。

⑲三自一包，三和一少：这是叛徒、内奸、工贼刘少奇在国内外阶级斗争中推行的一条反革命修正主义路线。三自一包：就是发展自由市场、扩大自留地、自负盈亏，包产到户。三和一少：又叫三降一灭，就是对帝、修、反要'和'，要"降"，对世界革命支援要"少"、要"灭"，他们已经不是打着"红旗"反红旗，而是打着白旗反红旗了。

⑳两论无产阶级专政、《列宁主义万岁》和一系列的反修文章：即1956年4月5日《人民日报》编辑部文章《关于无产阶级专政的历史经验》，1956年10月29日《人民日报》编辑部文章《再论无产阶级专政的历史经验》，和《红旗》杂志编辑部为纪念列宁诞生九十周年发表的《列宁主义万岁》，以及1963年9月以后连续发表的九篇评论苏共中央给苏联各级党组织和全体党员的公开信的文章。

㉑陆游（1125—1210）：南宋大诗人大词人，字务观，号放翁，越州山阴（今浙江绍兴）人。政治上是坚决主张抗金的激进派，他号召团结内部，消弭党争，整军经武，北伐中原。一生八十多年中写作万首诗词，大半充满爱国主义的情绪。陆游一辈子不得意，精神上消极颓废，常以梅花比拟自己。郭沫若同志说："陆游的词受到了主席的欣赏，是肯定了他的爱国主义的一面。"（见1964年3月15日《人民日报》）

㉗天若有情天亦老；唐人李贺《金铜仙人辞汉歌》："衰兰送客咸阳道，天若有情天亦老。"这里借用了一整句。周世钊同志曾作过如下解释："这有多种说法，我认为：这句是说自然界是发展变化的。天是没有生命的，没有感情的。假如有生命、有感情，天也会有衰老的时候。就是说天没有生命、没有感情。无生命、无感情的自然界都在不断发展变化，人类社会的发展变化当然更是必然的了。所以说'人间正道是沧桑'。"李贺（790—816），字长吉，昌谷（今河南省宜阳县）人。是一个有法家思想的诗人。

㉘这个内容是长沙市教学辅导站从部分教师中收集拢来分三个方面加以整理的。由周世钊同志亲自笔答。因为他在作报告时大部分内容已经涉及了，所以讲得很简略。现附在这里，作学习毛主席诗词的参考。

㉙这是周世钊同志根据 1958 年 10 月 25 日毛主席给他的信所作的解释。

㉚张昆弟（1894—1930）：别名芝圃，湖南益阳人。1913 年考入湖南第一师范，1919 年赴法。1921 年与蔡和森等同志同时被法政府驱逐回国。任铁路工作特派员，参加并领导了 1923 年二七大罢工。1928 年任红军第五军团政治部主任。1930 年于鄂西洪湖地区作战牺牲。

㉛参见《毛泽东选集》第一卷第 59、60 页。

㉜周世钊同志曾经去井冈山访问，并且就此事问过当地干部，情况如此。

本小册子的扉页上加了长沙市教学辅导站的《出版说明》，全文如下：

这个报告是周世钊同志应长沙市教学辅导站的邀请，于 1971 年 11 月 27 日在全市中学语文教师学习《毛主席诗词》大会上作的。当时还有从湘潭、株洲、岳阳等地闻讯赶来的中学领导干部和教师 100 多人参加。

但是林彪反党集团及其在湖南的代理人，忠实地推行一条反革命修正主义路线，他们对这个报告的印发不仅不予支持，还进行了种种刁难和阻挠。当批林批孔运动在全国深入、普及、持久开展后，我市广大革命师生对否定无产阶级文化大革命，对反革命修正主义教育路线回潮复辟的罪行进行了有力的揭发和批判，周世钊同志的这个报告，才得出版。

这次出版的本子，是以周世钊同志的讲稿为主，根据记录稿做了极个别的补充和核对引文等技术性工作之后定稿的。

注释是我们加的，周老看过，仅供参考。

长沙市教学辅导站

1974 年 8 月

编著者考辨

由于小册子《讲稿》系铅印，印刷量较大，使周世钊的《讲话》具有湖南甚至全国影响，但还是属于内部发表。

逝者如斯夫

（1975 年）

对于"逝者如斯夫"英译本的注释，叶君健在文[35]中有一段记述。

1975 年，毛诗英译定稿小组由袁水拍任组长，乔冠华、钱钟书、叶君健、赵朴初及英文专家苏尔·艾德勒任组员。当时为了译文的最后定稿，袁水拍建议由袁和叶一起去上海、南京、长沙、广州等地，向那里的一些大学外语系的师生及有关人士（如毛泽东的老友周世钊老人）征求意见。

毛诗原作虽然是艺术品，但字里行间政治含义也很深。这也是我们译者不时感到困惑的地方。特别是作者不愿意对自己的作品作出任何解释，理由是：文学作品应该由读者自己去体会，不需要别人为他们画框框。我们这几个翻译和译文定稿人当然也是读者，既要正确理解原作字句本身的意义，又要正确阐释其中的政治内涵。我个人自然认为袁水拍和乔冠华的政治素养高，见识广，所以当我感到自己对原作的体会与他们的解释不一致时，在处理译文时我总是以他们的看法为准——这也算是小组的一种组织原则吧。但他们的理解——特别是袁水拍——有时也不免受当时政治气候的影响。如《游泳》一词中的"子在川上曰：逝者如斯夫"句，原出于《论语》，对此我们自然得加注释。我根据旧译的注释用英文起草了一个关于孔夫子及此句原意的简单脚注。袁在当时"批孔"的气氛下，作了这样的修改和引申：

"孔丘，春秋时代政治上的顽固分子，反动思想家。他一生致力于维护和复辟奴隶制。由于他逆历史潮流而动，就哀叹过去的一切像流水似的一去不复返。"

　　这样一解释，"逝者如斯夫！"的调子就很低沉了。这显然与原诗的意境不尽符合。我心里很不踏实，在长沙访问周世钊老人时，我特别就此句向他求教。他说：原文"逝者如斯夫"后面还有"不舍昼夜"句，这是"川流不息"的意思，并非"批孔"，也毫无消极的含义，而是号召人们要不断努力，积极建设社会，因为接着的一阕是"……起宏图。一桥飞架南北，天堑变通途……"这个理解很重要，使我意识到注释里面也有很大的政治，与原作的内容具有极为紧密的有机联系。我想这种情况对任何文学作品的翻译和注释都是如此。

毛泽东的两首新作

（1976年）

1976年，1月号的《诗刊》发表了毛泽东的两首新词，新华社1975年12月31日就发了电讯。1976年元月1日，湖南省哲学社会科学研究所以最快的速度整理了《最近发表的毛主席诗词二首试注》。当时重病住在湖南医学院第二附属医院的周世钊可能参与了《试注》，至少是读了《试注》。医院也以最快的速度于1976年元月3日翻印了《试注》。这是一份十分认真的打印稿。全文为：

最近发表的毛主席诗词二首试注

水调歌头·重上井冈山
（1965年5月）

久有凌云志①，重上井冈山，千里来寻故地，旧貌变新颜。到处莺歌燕舞，更有潺潺流水，高路入云端。过了黄洋界②，险处不须看。　　风雷动，旌旗奋③，是人寰④。三十八年过去⑤，弹指一挥间⑥。可上九天⑦揽月⑧，可下五洋⑨捉鳖⑩，谈笑⑪凯歌还。世上无难事，只要肯登攀。

（原载《诗刊》一九七六年一月号）

（新华社北京一九七五年十二月三十一日电）

【注释】

①凌云志：凌云，指直上青云，比喻意气昂扬，例如"壮志凌云"。《史

记·司马相如列传》："飘飘有凌云之气，似游天地之间。"亦作"陵云"。《汉书·杨雄传下》："往时武帝好神仙，相如上《大人赋》，欲以风（讽），帝反缥缥有凌云之志。"

②黄洋界：井冈山五大哨口中最险要的一个，位于井冈山北面，又高又陡。仅有一条羊肠小道盘绕在陡壁间。

③旌旗奋：旌（音 jing）旗，即旗帜。奋，指用力挥动。

④人寰：寰指广大的地域。人寰，指人间世界。

⑤三十八年过去：1927 年 10 月，伟大领袖毛主席率领秋收起义部队到达井冈山，建立了中国第一个革命根据地；到 1965 年，老人家重上井冈山时，已过去了三十八年。

⑥弹指：指弹一下指头的时间，比喻时间短暂。苏轼《过永乐文长老已卒》诗："一弹指顷去来今。"

⑦九天：指九重天上，言其极高。《孙子·形篇》："善攻者，动于九天之上。"（梅尧臣注：九天，言高不可测。）李白《望庐山瀑布》诗："飞流直下三千尺，疑是银河落九天。"

⑧揽月：揽：摘取。揽月，查李白《宣州谢朓楼饯别校书叔云》诗中有"欲上青天览明月"句。主席"揽月"一词较李白"览明月"之词意境更高。

⑨五洋：太平洋、大西洋、印度洋、北冰洋、南冰洋。此处泛指水域之深广，犹言天涯海角。

⑩鳖：甲鱼。

⑪谈笑：苏轼：念奴娇（赤壁怀古）有"羽扇纶巾，谈笑间，樯橹灰飞烟灭"句。

念奴娇·鸟儿问答
（1965 年秋）

鲲鹏展翅①，九万里，翻动扶摇羊角②。背负青天朝下看③，都是人间城郭④。炮火连天，弹痕遍地，吓倒蓬间雀⑤。怎么得了，哎呀我要飞跃。　　借问君去何方？雀儿答道：有仙山琼阁⑥。不见前年秋月朗，订了三家条约⑦。还有吃的，土豆烧熟了，再加牛肉⑧。不须放屁，试看天地翻覆。

（原载《诗刊》一九七六年一月号）

【注释】

①鲲鹏：古代神话传说中的大鱼和大鸟。《庄子·逍遥游》："北冥（míng 溟：海）有鱼，其名为鲲。鲲之大，不知其几千里也。化而为鸟，其名为鹏。鹏之背，不知其几千里也。怒而飞，其翼若垂天之云。"这一段话的意思是说：北海有一种鱼，名叫鲲，鲲之大，不知有几千里；鲲变成鸟，叫作鹏，鹏的背也不知有几千里大。愤怒而飞，它的翅膀好像从天空垂下的云层一样。林逋《寄太白李山人》诗："鹍鹏懒击三千水"，杜甫《泊岳阳城下》诗："图南未可料，变化有鲲鹏"。在这里用鲲鹏比喻真正的马克思主义者和世界革命人民。

②扶摇：急剧盘旋而上的暴风。《尔雅·释天》：扶摇谓之飙（biāo 标）。郭璞注："暴风从下而上也。"成玄瑛疏："扶摇，旋风"。《庄子·逍遥游》："鹏之徙于南冥也，水击三千里，抟（tuán 团）扶摇而上者九万里。"意思是说：鹏鼓动翅膀，结聚风力，乘风上飞九万里。后因以"抟风"比喻奋力上进。李白《上李邕》诗："大鹏一日同风起，扶摇直上九万里。"

羊角：指旋风。风曲曲弯弯向上行好像盘旋的羚羊角，俗话叫作旋涡风。《庄子·逍遥游》："抟扶摇而上者九万里。"成玄瑛疏："旋风曲戾，犹如羊角。"

③背负青天：出自《庄子·逍遥游》："风之积也不厚，则其负大翼也无力。故九万里则风斯在下矣，而后乃今培风；背负青天而莫之夭阏者，而后乃今将图南。"这一段话的意思是说：风层积聚如果不厚的话，那么它载负起鹏鸟巨大翅膀的力量就不够。所以在九万里的高空下，蓄积起来的风层就必然增厚。"背负青天"，在这样的高空飞行，没有什么能够阻挡它，大鹏能够自由自在地任意飞翔，然后才想着要飞到南方去。

④城郭：古代都邑四周用作防御的墙，城指内城的墙，郭指外城的墙。《孟子·公孙丑下》："三里之城，七里之郭。"后因称都邑为城郭。"人间城郭"是说大鹏在高空俯视地面，看到的都是亿万人民和他们的居室、城市。这里即指人间大地和风起云涌的人民武装革命斗争。

⑤蓬间雀：《庄子·逍遥游》：鹏"抟扶摇而上者九万里……斥鷃笑之曰：'彼且奚适也？我腾跃而上，不过数仞而下，翱翔蓬蒿之间，此亦飞之至也，而彼且奚适也？'此小大之别也"。"斥鷃"是一种湖沼港汊里的叫鷃雀的小鸟。这一段的意思是说当大鹏高飞九万里的时候，斥鷃讥笑鹏鸟说：你究竟

要飞到哪里去呢？我往上飞，不过几丈高，飞来飞去总是在蓬蒿杂草之间，这样一来就到顶了。而你又能飞到哪里去呢？！这就是大和小的分别。"蓬间雀"在这里是指把大好形势看得漆黑一团、疯狂诅咒革命战争的小丑现代修正主义者赫鲁晓夫之流。

⑥仙山琼阁：仙界的楼台。即月宫。苏轼《水调歌头》词："我欲乘风归去，又恐琼楼玉宇，高处不胜寒。"1957年10月14日，苏修发射了第一颗人造地球卫星，当时曾宣扬打算登上月球。这里指赫鲁晓夫之流所狂妄吹嘘的假共产主义和"仙乡乐土"和骗人的所谓"没有武器，没有军队，没有战争"的"三无"世界。

⑦三家条约：1963年7月25日，苏修叛徒集团与美、英帝国主义在莫斯科签订的"部分禁止核实验条约"。

⑧"土豆""牛肉"：连接的这三句是指赫鲁晓夫叛徒集团宣扬的假共产主义谬论。1960年7月7日，赫鲁晓夫在奥地利的广播和电视演说中，把共产主义说成是什么"所有人都可以得到的，盛满了体力劳动和精神劳动产品的一盘餐"，是什么"一盘土豆烧牛肉的好菜"。

湖南省哲学社会科学研究所图书资料组

1976年1月1日

湖南医学院第二附属医院翻印

1976年1月3日

终读毛泽东诗词

（1976 年）

1976 年，周世钊重病住院，仍不忘毛泽东诗词，他抄下了报纸上的"读毛泽东诗词"的残稿。全文为：

世上无难事　只要肯登攀

一九七六年来到了。今天发表了伟大领袖毛主席一九六五年的词两首：《水调歌头·重上井冈山》和《念奴娇·鸟儿问答》。这两篇光辉的作品，以高度的革命现实主义和革命浪漫主义相结合的艺术形象，描绘了国内外"天地翻覆""旧貌变新颜"的大好形势，歌颂了革命人民"可上九天揽月，可下五洋捉鳖"的英勇气概，揭示了马列主义必胜、修正主义必败的历史规律。毛主席这两首词的公开发表，具有重大的政治意义和现实意义，对全国人民是一个巨大的鼓舞。在跨入新的一年的时候，吟诵毛主席的诗词，放眼祖国万里河山，纵观世界革命风云，我们心潮澎湃，豪情满怀，对夺取新的胜利，更加充满信心。

看吧，"到处莺歌燕舞"。经过无产阶级文化大革命和批林批孔运动，经过无产阶级专政理论学习运动和评论《水浒》，我们的党朝气蓬勃，我们的人民意气风发，我们的国家欣欣向荣，无产阶级专政空前巩固。社会主义新生事物像绚丽的鲜花，开遍了祖国的大地。

我们一个字一个字地认真拜读老人遗墨《世上无难事　只要肯登攀》。这是在他将走到生命尽头时书写的墨宝，一丝不苟。这幅墨宝大约抄写于

世上无难事　只要肯登攀

一九七六年来到了。今天发表了伟大领袖毛主席一九六五年的词二首：《水调歌头·重上井冈山》和《念奴娇·鸟儿问答》。这两篇光辉的作品，以高度的革命现实主义和革命浪漫主义相结合的艺术形象，描绘了国内外"天地翻覆"，"旧貌变新颜"的大好形势，歌颂了革命人民"可上九天揽月，可下五洋捉鳖"的英勇气概，揭示了马列主义必胜，修正主义必败的历史规律。毛主席这两首词的公开发表，具有重大的政治意义和现实意义，对全国人民是一个巨大的鼓舞。在跨入新的一年的时候，吟诵毛主席的诗词，放眼祖国万里河山，纵观世界革命风云，我们心潮澎湃，豪情满怀，对夺取新的胜利，更加充满信心。

看吧，"到处莺歌燕舞"。经过无产阶级文化大革命和批林批孔运动，经过无产阶级专政理论学习运动和评论《水浒》，我们的党朝气蓬勃，我们的人民意气风发，我们的国家欣欣向荣，无产阶级专政空前巩固。社会主义新生事物象绚丽的鲜花，开遍了祖国的大地。

周世钊手书《世上无难事　只要肯登攀》

1976 年 1 月，老人 1976 年 4 月 20 日去世。当时他重病在身，住长沙湘雅医院 14 病室，老人一辈子规规矩矩，谨言慎行，勤勤恳恳，字如其人，人如其字。他终身学习诗词，热爱诗词，创作诗词，学习毛泽东诗词，宣传毛泽东诗词。我们认为这是一幅十分珍贵的遗墨。

附录1：

七 律·感 愤

（1946 年）

1 周世钊原诗

1946 年，周世钊著诗《七律·感愤》。

1945 年 8 月 14 日，日本帝国主义宣布无条件投降，抗日战争取得了最后胜利。全国人民经过八年艰苦奋战，迫切要求和平民主。但是国民党反动派却不顾人民的强烈愿望，要把中国再度投入反革命内战的黑暗深渊里去。毛泽东为了全国人民的幸福，为了揭穿蒋介石的阴谋诡计，率领代表团赴重庆与国民党谈判。

重庆，虎狼之地，国民党的统治中心，抗战时期的陪都，而毛泽东深入虎穴，系安全于危难之中。在长沙的周世钊，得悉毛泽东到了重庆，甚为友人的安全担忧，冒着风险致函在重庆的毛泽东，关怀友人，提醒友人警惕。毛泽东在 1949 年 11 月 15 日致周世钊的信中说："寄重庆的信则未收到。"可见周世钊寄重庆的关怀信丢失了[1]。

1946 年初，长沙的周南女中结束了逃难八年的蓝田历程，回到长沙泰安里旧址。周世钊拖着疲惫的身体，携着妻小随校回到长沙，他回顾八年逃难教书生活，觉得年华虚度，一事无成，心里感到特别空虚。加之国统区伪币贬值，物价飞涨，历年教书积蓄存放伪银行的一点钱也已变得一文不值，家庭生活十分困窘，心情更加烦闷。回长沙后，他虽在长沙周南女校任教务主任，但一些国民党、三青团骨干教师暗中排挤，使他的教务工作很困难，更觉得意冷心灰，愁肠百结。在这种心情下，只得借粉条消磨时间，写诗发牢骚，写的诗随写随丢，多数不复记得，后来，只回忆起一首《七律·感愤》[1]，全诗为：

七 律·感 愤
（1946 年）

人世纷纷粉墨场①，独惊岁月去堂堂。

沐猴加冕终贻笑②，载鬼同车亦自伤③。

卅载青毡凋骏骨④，九州明月系离肠。

烟尘满眼天如晦，我欲高歌学楚狂⑤。

文[25]对此诗作了如下注释：

①粉墨场：用粉墨化装，登场演戏。

②沐猴加冕：《史记·项羽本纪》："人言楚人沐猴而冠耳，果然。"《汉书·伍被传》："知略不世出，非常人也，以为汉廷公卿列侯皆如沐猴而冠耳。"沐猴：猕猴。冕：冠，如今帽子。猕猴戴帽，徒具人形。比喻人虚有其表而不具人性。贻（yí，怡）笑：为人嗤笑。贻：留下。

③载鬼同车：《易·睽》："见豕负涂，载鬼一车。"

④青毡：《晋书·王献之传》："夜卧斋中，而有偷人入其室，盗物都尽，献之徐曰：'偷儿，青毡我家旧物，可特置之。'群偷惊走。"因以青毡为士人传家之物。杜甫《与任城许主簿游南池》诗："晨朝降白露，遥忆旧青毡。"元好问《赠冯内翰》诗："青毡持去故家尽，白帽归来时事新。"骏骨：骏马之骨，比喻贤才。任昉《天监三年策秀才文》："朕倾心骏骨，非惧真龙。"元稹《献荥阳公诗》："骏骨黄金买，英髦绛帐延。"

⑤高歌学楚狂：楚国隐士接舆曾以《凤兮歌》讽孔子，事见《论语·微子》。

文[25]还对此诗作了如下点评：诗题"感愤"，全诗八句均为伤时之感，嫉时之愤。世事纷乱，烟尘满眼，政坛上沐猴加冕、粉墨登场，刺时语也；

青毡独坐，骏骨已凋，有时却又不得不与鬼同车，自伤语也。楚狂接舆歌曰："凤兮凤兮，何德之衰？往者不可谏，来者犹可追。已而已而！今之从政者殆（dài）而！"诗人以此典作结，将傲世鄙俗之意表现得淋漓尽致。

1946年，抗战甫平，蒋介石又燃起内战烽火，周世钊愤愤不已，而对阔别多年正在领导中国人民解放斗争的挚友毛泽东无限怀念，百感交集，写了愤世与怀人兼而有之的《七律·感愤》。

当时，国民党统治区民不聊生，生灵涂炭，面对这"烟尘满眼"的黑暗世道，诗人联想到自己从事"教育救国"近30年，历尽沧桑，原来的一身骏骨已经凋损，壮志也已消磨，但对毛泽东等老友的感情依旧，"但愿人长久，千里共婵娟"，遥望远方，倍加怀念。由于自己没能跟随前往投入不朽的事业，又不免生出一种"载鬼同车"的伤感之意。在茫茫长夜之中，诗人洁身自爱，他要像古代楚狂人那样，高歌而去追求无羁的自由天地。

这首诗曾随函于1949年10月28日赠毛泽东，从而导引出"骏骨未凋"。

2 依 据

录自《毛泽东与周世钊》

3 手 迹

周世钊手书《七律·感愤》

七　律·庆祝长沙解放

（1949 年）

　　1949 年 7 月，毛泽东领导的中国人民解放事业迅速发展，席卷全国，湖南面临解放。当学校将放暑假时，原任一师校长熊梦飞是 CC 分子，是反动统治集团中的骨干分子。他准备逃跑，辞去了一师校长。

　　当时的湖南省政府代理主席陈明仁通知周世钊，暂代一师校长职务。周世钊想，毛泽东、朱德领导的人民解放军已达湖南边境。第一师范是毛泽东等人的母校，是一所重要的学校，要好好组织学生保护校产，迎接解放。因此在周世钊接到代理校长职务的通知后，并未辞让，即于七月间立即到校，组织在校学生八十多人，日则办理民众学校，夜间分队巡逻，以保持学校安全，迎候解放军的来临。1949 年 8 月 5 日，湖南和平解放了，长沙解放了。周世钊一方面感到无比的兴奋，因为苦难深重的中国人民从此得到解放，一方面感到无比的惭愧，因为这些年来，他没有直接参加如火如荼的革命斗争，且在政治上成了后进分子。

　　1949 年 8 月，长沙和平解放，周世钊思绪翻滚，写下了一首《七律·庆祝长沙解放》：

七　律·庆祝长沙解放

（1949 年）

百万雄师奋迅雷，红旗直指洞庭来。

云霓大慰三湘望①，尘雾欣看万里开。

箪食争迎空井巷②，秧歌高唱动楼台。

市民啧啧夸军纪③，只饮秋江水一杯。

文[25]对此诗作了如下注释：

①云霓：云和虹。《孟子·梁惠王下》："民望之，若大旱之望云霓也。"三湘：泛指洞庭湖南，湘江流域一带。宋之问《晚泊湘江》诗："五岭恓惶客，三湘憔悴颜。"

②箪（dān）食：犹言箪食壶浆。《公羊传·昭公二十五年》："高子执箪食与四脡脯；国子执壶浆。曰：'吾寡君闻君在外，馂馔未就，敢致糗于从者。'"《孟子·梁惠王下》："箪食壶浆，以迎王师。"箪：盛饭竹器。浆：以米所熬之汁。言踊跃犒劳军队。

③啧（zé）啧：赞叹声。《赵飞燕外传》："音词舒闲清切，左右叹赏之啧啧。"

文[25]还对此诗作了如下点评：写长沙解放场面，颇为动人。首联起势排空，"直"字有一往无前之概。二联虚写，设喻切至。三联实写，描写生动。"箪食""秧歌"，一古语一新词，相映成趣，"空井巷"与"动楼台"，极写市民之热情。尾联借市民之口，赞颂解放军治军之严。"只饮秋江水一杯"，揭示了解放军能够得到百姓支持、迅速解放全国的原因，寄意深刻。全诗中没有作者的自我形象，然而诗人由衷喜悦赞佩的情感却洋溢其间。

此前 4 个月，即在 1949 年 4 月，毛泽东写了《七律·人民解放军占领南京》。

周世钊的"百万雄师奋迅雷"与毛泽东的"百万雄师过大江"有着惊人的相似之处。可是，当时的周世钊与毛泽东尚不通音信，根本谈不上诗词交流。更何况毛泽东的诗有以下一段故事。田家英夫人董边回忆说：1963年，田家英在为毛泽东编辑《毛主席诗词》一书时，田家英拿出从字纸篓里捡回的《七律·人民解放军占领南京》。毛泽东看毕，哈哈大笑道："嗬，我还写过这么一首诗，写得还可以，收进去吧。"1963 年 12 月 5 日，毛泽东致田家英的信中说："'钟山风雨'一诗，似可加入诗词集，请你在会上谈一下，酌定。"

同年的作品，没有互通信息的情况下而能不谋而合，只能说明他们是同源同宗，用词造句也会不约而同的。

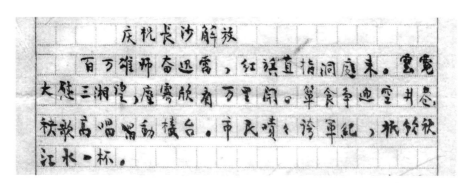

周世钊手书《七律·庆祝长沙解放》

中秋北上

（1950 年）

1950 年 9 月下旬，周世钊收到了毛泽东的一封邀约函，邀请他到北京参加国庆观礼。周世钊读函后十分激动，其时毛泽东的亲戚章淼洪回湘省亲，毛泽东嘱她便道约周世钊和王季范偕往北京参加国庆观礼。其时，毛泽东的姨表兄、第一师范时的老师王季范先生因出席全国教育工作会议已先入京。于是，章淼洪与周世钊约定 9 月 26 日乘车北上。担任第一师范校长的周世钊，先日将校务略为料理，并托副校长代理职务，准备入京[1]。

1950 年 9 月 26 日是中秋节，周世钊与章淼洪在湖南省统战部负责人的陪送下，到长沙车站登车。中秋夜晚，月光如水，桂蕊飘香，周世钊对景感怀，吟《七律·中秋北上》一首：

七 律·中秋北上

露重香浓桂正花，中秋闻命发长沙。

歌盈江市人难静，梦醒湖乡月欲斜。

三十年前同翰墨，四千里外是京华。

鲰生垂老逢嘉庆，喜见车书共一家。

这首诗曾在创作不久后寄赠毛泽东，其中"三十年前同翰墨，四千里外是京华"两句在正式定稿时改为"三十年前亲矩范，数千里外向京华[7]"。这首诗后来在文[7]中还有少量更改。

冷露凝香湿桂花，中秋闻命发长沙。

风来荻浦人如醉，梦醒新村月未斜。

三十年前亲謦欬，二千里外望京华。

书生不死真堪庆，喜见车书共一家。

周世钊手书《七律·中秋北上》原始稿

过 许 昌

（1950 年）

　　1950 年 9 月 28 日清晨，周世钊受毛泽东之邀，北上相会。列车到了河南许昌，前去长沙邀请的章淼洪的爱人以炮兵师师长驻许昌。章要去看他，因此签票下车，在炮兵师部停留一日。

　　周世钊到许昌市区闲逛了几个钟头，想寻曹操在许昌的遗迹，渺无可得。当时正是烟厂收购烟叶时，肩挑车送，络绎不绝，而郊区则遍地豆苗，已届黄落。于是：周世钊口吟《五律·过许昌》：

五 律·过许昌

野史闻曹操，秋风过许昌。①
荒城临旷野，断碣卧斜阳。
满市烟香溢，连畦豆叶长。
人民新世纪，谁识邺中王！②

【注释】

　　①毛泽东 1956 年 12 月寄周世钊信中说："时常记得秋风过许昌之句。"即指此诗。后毛泽东与周世钊几次谈话中，均畅叙了他对曹操的评价。

　　②东汉建安十八年曹操为魏王，封于邺，邺中王指曹操。

　　就是这首五律，是《毛泽东书信选集》中唯一的一首他人诗词[1]。

　　这首诗与《过魏都》联诗对比，可以明显看出，周世钊曾读到过《过魏都》。周世钊在创作后不久即将这首五律寄赠毛泽东。同样是这首诗，导引出毛泽东的著名诗作《水调歌头·游泳》。

《五律·过许昌》的前四句写作者的行迹和历史上许昌的萧条荒凉，后四句写作者对许昌发生历史性巨大变化的感受。1918年，毛泽东、周世钊、罗章龙等人的诗交是十分频繁的。周世钊读了《过魏都》，虽然经过了32年，他惊人的记忆力仍能记得。所以，《过许昌》与《过魏都》有其相似之处：两首诗所称颂的人物都是曹操，都流露浓厚的苍凉悲壮的情调；两首诗不但合拍押韵，而且还有"落夕阳"与"卧斜阳"字词的重复。[14]

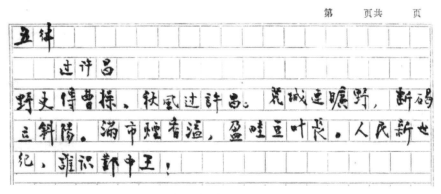

周世钊手书《五律·过许昌》

踏莎行·秋日登爱晚亭

（1954 年）

1954 年，周世钊游岳麓山，并著《踏莎行·秋日登爱晚亭》。

踏莎行·秋日登爱晚亭①
（1954 年）

毛主席青年时期，曾于学校暑假中和从第一师范毕业后一段时间内，寄居设在过去岳麓书院半学斋的湖南大学筹备处，常与蔡和森等几个同学到爱晚亭读书、露宿、讨论时事、研究革命问题，每日赤脚草鞋到山中拾柴挑水，煮蚕豆野菜为食，过着很艰苦的生活。

碧涧鸣琴，红林供画，一山秋色多潇洒。为寻旧迹上芳亭，早接英风忆横舍。② 身在山中，心忧天下。凭栏熟计连朝夜。菜根为饭草作鞋，要将历史从头写。

【注释】

①爱晚亭，古亭位于长沙市岳麓山枫林环抱的山峡中，其名取唐杜牧"停车坐爱枫林晚，霜叶红于二月花"诗意，1949 年后古亭经修整并由毛泽东亲题"爱晚亭"匾额。

②横，通"黉"，横舍，即学舍。

此诗曾寄赠毛泽东，请其审正。

踏莎行

秋日游爱晚亭

碧涧鸣缕，红林供画，一山秋色多潇洒。
为寻旧踪上芳亭，早接英风忆槐舍。

身在山中，心忧天下，凭栏熟计连朝夜。
菜根为饭草作鞋，要将历史从头写。

周世钊手书《踏莎行·秋日登爱晚亭》

七　律·从毛主席登岳麓山至云麓宫

（1955年）

1955年6月20日，周世钊等陪同毛泽东重游湘江与岳麓山。周世钊当天的《日记》记得详尽。日记全文为：

早上七时由家到厅，接到省交际处电话，嘱于八时左右到交际处，周政委有事商谈。如时而往，有秦雨屏、曹痴诸同志先在。候至十时左右，谭余保副省长到，同往湘江河岸，有轮渡公司汽划停泊在新十七码头，同登此者有程潜省长，唐生智、谭余保副省长，曹痴、秦雨屏诸人。半时许，周政委陪同毛主席登船。船向上游开驶。毛主席精神奕奕、谈笑风生，船至猴子石，毛主席在十人陪同之下，入江游泳，由猴子石直指岳麓山，我们在汽划上徐徐跟随。约五十多分钟，毛主席与其余十人才登彼岸。复乘汽车至白鹤泉，在此休息片刻，步行登山至云麓宫。游览后，即在露天空地共进午餐。忽值大雨，移席入亭。至下午四时半才从此下山渡江而返。

毛主席嘱以多作教育考察工作，并谓宜避免坐在办公室发号施令的工作方法。又以小学学生减少是一种不好现象，应大力扭转，小学教育关系重大，宜特别注意改进。

毛主席又嘱抄寄程颂万望湘亭诗。

后来，周世钊根据当天经历，撰写《永远难忘的一天》的散文：

每年六七月间，也就是阴历五月端阳节前后，湘江的中下游照例是要涨一次或几次大水的。湖南人称呼这几次大水为"端阳水"。1955年6

月中旬，天雨不歇，湘江水涨。长沙市和岳麓山之间的湘江水面要比没涨水时增宽五分之二以上。从岸上望去，只见波澜壮阔，不见边涯。

刚从海边视察回转的毛泽东，这时来到长沙。6月20日那天，他要在涨水的湘江中游泳。上午10时30分，他从城外七码头乘小轮船溯江而上。这是久雨初晴的日子，天空还遮着薄薄的云层，初夏的凉风掠过水面，吹到人身上，使人感到分外舒适。毛泽东穿着白色衬衫，精神很饱满地和围坐在他身边的周世钊等谈话。他几回起身到船边，从窗口仰视天色，俯瞰江景。有些同志觉得今天虽然没有下雨。但江面宽，水流急，担心他游水有困难，想用各种理由去劝阻他。

"今天的江水挟带泥沙，显得不那么清洁，似乎不适于游泳。"首先是年逾七旬的某副省长提出这样的意见。

"水清水浊，不是决定适不适于游泳的主要条件，你说的这一点，可以不必考虑。"毛泽东回答了他。

"现在湘江水涨，水又广又深，游泳也许不便。"接着提意见的是我。

"你不要说外行话！庄子不是这样说过吗：'水之积也不厚，则其负大舟也无力。'水越深，浮力越大，游泳起来当然越要便利些，你怎么反说不便呢？"

这时，小轮船已经到了猴子石附近。毛泽东起身穿上了游泳衣服，缓步下船，走上木划子。他从容地坐在木划子的边沿上，将两足伸入水中，又用江水将全身洒湿，作好游泳的准备。陪同毛泽东游泳的十多个年轻小伙子，早已跳入水中，等到毛泽东入水游泳时，他们或前或后，或左或右，或沉或浮地围绕在他的周围，朝向西岸前进。

周世钊等站在小轮船上的人都停止了交谈，聚精会神地看毛泽东游泳。他游到哪里，大家的目光就移注到哪里。只见他时而侧泳，时而仰泳，态度安闲，显得轻松不花气力。恰像安卧在微波软浪上面，让它平稳地舒缓地向前推进。他还时常看看两岸的风光，看看天空的云朵，看看小轮船上站立的人群。

"累了吧？请上船休息一会再游。"这句话，几回从小轮船上站立的人群中说出，但得到的回答是："不累就不要休息，到达对岸再上来。"

大概又过了三刻多钟，小轮船已经开到西岸的牌楼口，大家指着此时还未到岸的游泳人群说："这不是横渡湘江，而是斜渡湘江，斜渡比横渡的距离要大一倍，所以花时间就更多了。"不久，毛泽东和同游的十多人先后在牌楼口的北面半里的地方登岸。从下水到登岸，整整花了一个小时。

毛泽东穿好衣服后，步行到牌楼口，登上汽车，向岳麓山驰去。小轮船上的人也离船上岸。大家都流露着愉快的微笑。

毛泽东已经三十多年不到岳麓山了。这天趁着横渡湘江之后，决定去看看留有他年轻时期活动痕迹的爱晚亭、白鹤泉、云麓宫、望湘亭等地方。

汽车只能开到白鹤泉。白鹤泉以上，山势陡峭，道路曲折，仅能步行。毛泽东和同游的十多人都在白鹤泉下车休息。湖南省委准备了三乘轻便轿子。是供毛泽东、程潜等几个老年人坐着上山的。毛泽东坚决不肯坐轿。穿着皮鞋，走在前面，直向云麓宫一步一步走上去。皮鞋踏着山路上突出的石子，润滑的苍苔，很不好走，他却走得很快，气也不喘，还和陪游的人谈谈笑笑。一直登上了矗立在岳麓高峰的云麓宫。

毛泽东还不肯就坐下来休息，巡视云麓宫壁间悬挂的诗词对联后，又走到宫外的望湘亭，凭着石栏，眺望美丽如画的橘洲、湘水，指点飞烟缭绕、红旗招展的长沙市区，眼前呈现一片繁荣兴旺的景象，觉得和过去迥然不同了。回头望望云麓宫壁间、柱上悬挂的"西南云气开衡岳，日夜江声下洞庭"的对联和"一雨悬江白，孤城隔岸青"的诗句如何不见了？有人告诉他：岳麓山经过日本帝国主义侵略战火的摧残，解放后才逐渐修复，但这些东西还来不及恢复原状。

下午2时在望湘亭进午餐时，毛泽东谈笑甚欢，丝毫没有疲倦的表现。周世钊觉得毛泽东还和青年时代一样，对他说："您是60以上的人了，还是这样健康！还能像今天这样横渡湘江，这样登上岳麓，大大赛过了许多年轻的人。如果把今天的真实情况讲给青年们听，一定会使他们感到无比的兴奋，认真向您学习。"毛泽东说："这算什么！爬山吧，仅仅这样一点路程。游水也不是什么难事情。我们不是每天都要走路么？游泳时有水的浮力帮助，比走路应该是容易多了。但是游水也容易出问题，不可粗心大意。我在第一师范学习游泳时，出过几次危险，不是同学的救护，险些'出了洋'。"这话引得两桌的人都笑了起来。

饭后已经是下午3点多了,天又下了一阵小雨,没有按预定的计划到爱晚亭去,就下山回来,渡江时,毛泽东站在船头眺望江景。周世钊看到他健壮的身躯,舒畅的神态,他的脑海中又涌现出毛泽东刚才游泳爬山时的印象,觉得毛泽东真是健康啊!

这天深夜,周世钊兴奋得不能就寝入睡,伏在桌前,想把今天陪毛泽东登云麓宫的事写一首旧诗,刚提笔写了"滚滚江声走白沙,飘飘旗影卷红霞。直登云麓三千丈,来看长沙百万家"四句后,就想不出怎样接续的句子了。后来续成了后四句:"故国几年空咒(si 音四)虎,东风遍地绿桑麻。南巡喜见升平乐,何用书生颂物华。"当晚,周世钊又在日记本上接续写道:"今天是我永远不能忘记的一天,也是我最幸福的一天,因为我看到我们伟大的领袖这样健康,这不仅是我个人的幸福,而是6亿人民的幸福。我希望他永远像今天一样健康,永远领导我们向着光明幸福的社会主义、共产主义大道上前进。这不只是我个人的衷心祝愿,也是6亿人民的衷心祝愿。"

周世钊的这篇散文,曾被发表在1958年的《新体育》杂志上。后来又被收入在他的著作《毛主席青少年时期锻炼身体的故事》中。1983年12月26日,《湖南日报》发表了这篇文字以作为对毛泽东的90周年诞辰的纪念。1985年,中国青年出版社出版的《难忘的回忆——怀念毛泽东同志》中收入了该文。等等。

这篇文章中的《七律一诗》后来正式定题为《七律·从毛主席登岳麓山至云麓宫》。1985年,这首诗被收入湖南人民出版社出版的、王毅编的《岳麓山诗词选》[29]。该书作者搜集了自唐朝以来的历代诗人歌咏岳麓山的1500多首诗词,从中选注了198首,入选作者只有144家,近代作者仅六七人。这六七人中就有毛泽东与周世钊。毛泽东的入选词为《沁园春·长沙》。作者简介中称毛是一位伟大的诗人,他的诗词是革命浪漫主义和革命现实主义相结合的光辉典范。周世钊的入选诗词为《七律·从毛主席登岳麓山至云麓宫》和《踏莎行·秋日游爱晚亭》。作者简介中称周世钊为毛泽东同志在湖南省第一师范读书时的同班同学、密友。解放后曾任湖南省副省长。喜爱文学,对诗词有造诣。1996年,这首诗还被收入中央文献出版社出版的《毛泽东诗词集》中,作为毛泽东诗作《七律·和周世钊同志》的原诗[6]。

苏幕遮·过橘洲

（1955 年）

1 周世钊原词

1955 年，周世钊著《苏幕遮·过橘洲》。

苏幕遮·过橘洲

绿苹轻，红叶瘦，橘子洲头①，万顷澄波皱。百舸争航宵复昼，挽粟飞棉，民物同殷阜。　　喜今朝，湔凤垢，浩浩湘江，不见洋船走。簇簇红旗光欲溜，瞻望低徊，豪气盈襟袖。

【注释】

①橘子洲，原名水陆洲，是长沙城畔湘江中的狭长沙洲，传长沙即因此而得名。

此词曾寄赠毛泽东请其审正。

2 依　据

引自 2000 年湖南人民出版社版《周世钊诗词选》。

浪淘沙·访修业学校

（1958 年）

1958 年，周世钊重访修业学校，填有《浪淘沙·访修业学校》一词。

浪淘沙·**访修业学校**

　　夏雨喜同游，重上东楼。卅年前事到心头。五四风云筹策地，胜迹长留。　　破碎叹金瓯，烟瘴谁收？独将大论正沉浮。要挽湘江千丈水，荡涤神州。

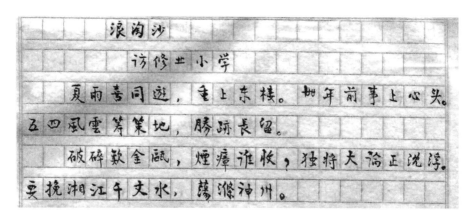

周世钊手书《浪淘沙·访修业学校》

江城子·国庆日到韶山

（1960 年）

1960 年国庆日，周世钊到韶山，写了一首《江城子·国庆日到韶山》。

江城子·国庆日到韶山[7]
（1960 年）

良辰嘉庆到韶山。赤旗边，彩灯悬。万朵红霞，荡漾碧峰前。似水人流流不尽，腾语笑，久留连。　　夜来场上响丝弦。鼓填填，舞翩翩。革命斗争，唱出好诗篇。唱到牺牲多壮志，人感奋，月婵娟。

此词是及时寄毛泽东请其审正的。

这首词与毛泽东《七律·到韶山》有着一定关系，它是周世钊读了《七律·到韶山》后的一首著作。

周世钊手书《江城子·国庆日到韶山》

王季范（左三）、周世钊（左四）在韶山毛泽东同志旧居

1961 年的周世钊诗词

　　1961 年，周世钊著有《江城子·靖港公社一日夜》《一剪梅·访新化燎原公社》《西江月·新邵道中》《减字木兰花·访洞口竹市公社》《清平乐·洞口书所见》《行香子·访黔阳熟坪公社》《望江南·辰溪两日夜》《沁园春·一九六一年国庆献词》等八首。这八首是被收入《周世钊诗词选》[7]的，其他没有收入的还有一些。根据文献记载，这些诗词是全部寄赠毛泽东，而其中三首确实是及时寄赠毛泽东请为其审正的。它们是：

江城子·靖港公社一日夜

　　秋风吹到水云乡，荻菰长，芰荷香。十里平畴，稻穗灿金黄。几处横塘迎夕照，鱼队队，鸭双双。　　夜来江上好追凉，弄笙簧，话耕桑，都道今年，户户有余粮。共约丰收农事了，烹芋栗，醉壶觞。

一剪梅·访新化燎原公社

　　小雨初晴夕照斜。红润秋花，绿晕秋瓜。社员干劲更高些。才剥黄麻，又榨芝麻。　　茅舍疏篱四五家。蒸了薯粑，沏了盐茶。村歌小调闹喳喳。笑倒爷爷，喜煞娃娃。

沁园春·一九六一年国庆献词

　　大地腾欢，白日增辉，湛露凝香。正一年好景，橙黄橘绿；八方同庆，舞纵歌狂。农挽银锄，工摇铁臂，大办粮钢早擅场。争翘首，看金轮抱珥，辉耀东方。　　更凭赤帜高张，使六亿神州气更扬，自燎原星火，终驱猛虎；渡江铁甲，痛扫贪狼。独竞东风，高擎正义，保卫和平力量强。江山迥，看雄图奋发，喜溢遐荒。

1962 年的周世钊诗词

　　1962 年，周世钊著有《临江仙·在湘鄂粤桂四省区民主同盟座谈会上作》《五律·游桂林》等 22 首诗词。[7]其实在 1962 年，周世钊还写了不少诗词。1962 年的 22 首诗词曾先后寄赠毛泽东请其审正。其中有《沁园春·访常德石板滩大队》《沁园春·访常德红云大队》《减字木兰花·安乡卫星大队姊妹棉花试验丘》《一剪梅·访南县武圣宫电力排灌站》及《水调歌头·湖上》等五首确实是及时寄赠毛泽东请为其审正的。它们分别是：

沁园春·访常德石板滩大队

　　雨霁烟村，黄覆稻田，青溢菘园。看含苞吐絮，棉花上岭；擎红缀绿，果树遮天。麦土条条，茶林片片，更种缘坡万竹竿。朝阳里，正吸风饮露，丛菊开颜。　　英雄不怕艰难，为改造穷乡战斗酣。仗红心毅魄，先驯恶水；银锄铁臂，再伏荒山。巧学愚公，力追大寨，烂板滩成样板滩。宏图展，要年年跃进，绝顶跻攀。

沁园春·访常德红云大队

　　雨敛烟收，水笑山欢，访问红云。喜平畴弥望，棉桃坠露；晨曦初照，谷粒堆金。圈卧肥豚，池嬉乳鸭，树下篱边鸡乱鸣。清溪畔，有儿童上学，一路歌声。　　座谈会集群英，尽知识青年好典型，正艺麻种豆，辛勤学稼；持枪荷戟，踊跃当兵。三敢为师，一心向党，四卷鸿文作指针。看成长，象苍松翠柏，冬夏青青。

减字木兰花·安乡卫星大队姊妹棉花试验丘

田家少女，才可年华十四五。不爱红装，草帽芒鞋送粪忙。　　飘香滴翠，叶密枝繁桃不坠。誉满南州，姊妹棉花试验丘。

一剪梅·访南县武圣宫电力排灌站

雨歇风扬过小桥。荷芰香飘，稻菽波摇。青年一路互招邀。手上镰刀，肩上船篙。　　老叟相逢笑语豪。铁塔高高，电线条条。千年旱涝永除消。人更丰饶，花更娇娆。

水调歌头·湖　上

昔访君山岛，屡泛洞庭船。今我重来湖上，俯仰一欣然。不见荒洲废垸，不见鹑衣菜色，满目尽芳妍。绿水朝浮鸭，红树夜鸣蝉。　　竖高塔，架长线，遍湖边。电气为人耕稼，此事忒新鲜。队队稻肥棉壮，处处女歌男唱，岁岁庆丰年。父老争相告，日月换新天。

诗一首·答周世钊同学

（1963 年）

　　1963 年 12 月，人民文学出版社出版了《毛主席诗词》，其中有《诗一首·答周世钊同学》打印稿，后被改成《七律·答友人》。其依据为：1986 年，人民文学出版社出版的《毛泽东诗词选》[28]对"答友人"的注释为："这首诗写作者对湖南的怀念和祝愿。友人即周世钊（1987—1976）。周是湖南宁乡人，作者在湖南省立第一师范学校的同学，后曾参加新民学会，这时任湖南省副省长。"这在文[6]中更加明确地指出："本诗作者手迹原题为'答周世钊同学'，后改为'答友人'"。文[30]中更是描述了该诗写作与发表的全过程："1963 年他（毛泽东）亲自主持编辑《毛主席诗词》[43]时，此诗在清样稿上标题原为《答周世钊》……随后，作者在这个标题的周世钊名字后加上了'同学'二字，最后，他将'周世钊同学'五字去掉，把标题改定为《答友人》。"

　　由此可见，1963 年毛在《毛主席诗词》付印前是写了《答周世钊同学》的。这就是毛泽东二写"友人是周世钊"。

《毛主席诗词》

（1963 年）

1963 年 12 月，为庆祝毛泽东 70 寿辰，人民文学出版社以线装宣纸本、毛边纸本、平装甲种本、平装乙种本四种版式隆重推出《毛主席诗词》[43]。书中除以前结集出版过的 27 首外，新收入没有发表过的 10 首，共 37 首。出版过的 27 首在收入本书时，作者做了进一步的校订和改动。书中除作者自注外，编者未加注释。这是一部在较长时间里影响较大的诗词专集，是迄今为止印数最多、发行量最大的一个版本，首次印数为 53 万册，其中线装本 3 万册，到 1966 年 5 月第 6 次印刷时，累计印数达 400 万册。1966 年 9 月重印为 64 开本后，印数进一步上升。在人民文学出版社出版《毛主席诗词》的同时，文物出版社也以集宋版书字体照相制版出版了线装宣纸本、毛边纸本、平装本三种版式的《毛主席诗词三十七首》[44]，版心分 7 行，每行 15 字，注释用小字双行排，字体是从宋浙本《攻媿先生文集》上集纳起来的，清逸俊美，装帧精致，古朴典雅，具有浓郁的民族传统特色。这两个出版社同时出版的版本从 1964 年元旦起，在北京、上海各大城市先后发行，并陆续在各地新华书店普遍发售。

"文革"时期，全国上下掀起了群众性学习、宣传、歌唱毛泽东诗词的热潮，人民对毛泽东诗词的热情空前高涨，毛泽东诗词被当作"最高指示"的重要组成部分，出版毛泽东诗词被当作贯彻"最高指示"的政治任务。毛泽东诗词通过出版、广播、表演等各种形式，广为传播，以至家喻户晓，人人能诵。全国各地的红卫兵等群众组织，纷纷加入编印毛泽东诗词的行列，出版的数量和品种之多，可谓倾墨泼漆，空前绝后。"文革"十年是毛泽东诗词出版最多的10年。据报道，1966年3月至1976年8月，全国29个省、自治区、直辖市共有1820家印刷厂承担了毛泽东著作的印刷工作，10年间共印刷《毛主席诗词》4亿册。

《毛主席诗词》由郭沫若题签。

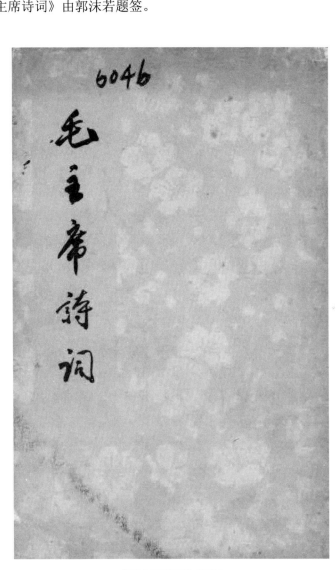

《毛主席诗词》封面

1963 年的周世钊诗词

1963 年，周世钊著有《望江南·新年颂四首》《南歌子·过坪山》《水调歌头·韶山毛泽东旧居陈列馆外宾留言册题词》等 12 首诗词[7]。其实在 1963 年，周世钊还写了不少诗词。1963 年的 12 首诗词曾先后寄赠毛泽东请其审正。其中有《江城子·秋日访红菱湖大队》等五首确实是及时寄赠毛泽东请为其审正的。

临江仙·参观湖南农业科学研究院试验场

早稻已收苗半熟，田园依旧青青。一年好景正宜人。香风生绿橘，雾色动黄橙。　　选种育苗除病害，钻研广集群英。棉粮增产最关心。才闻南岳雨，又看洞庭云。

江城子·秋日访红菱湖大队

红菱湖上又新凉。树经霜，谷登场。十里长堤，荷芰散清香。最是杯盘风月夜，歌窈窕，话丰穰。　　英雄奋战洞庭旁。固堤防，辟芜荒。废港穷湖，蓦地变粮仓。共举红旗长不倒，轻冻雨，傲骄阳。

胡愈之等函

（1964 年 1 月 7 日）

1963 年 12 月，随着《毛主席诗词》的出版，《七律·答友人》也正式发表了。1964 年 1 月 7 日，胡愈之等曾专函周世钊，信中说："据闻主席此诗是送给你的，可能是和你所作的诗。"如图。

在将《七律·答友人》翻译成英语时，袁水拍又专函周世钊，问询"友人"应是单数，抑或复数。文物出版社也函索借手稿。其他还有很多人和一些报刊编辑部函询过周世钊。

对于这些函件，周世钊均淡然处之，淡泊名利。

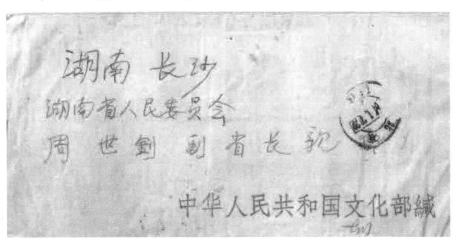

胡愈之致周世钊函

中华人民共和国文化部

安剑同志：

在京开会时，大家都忙，未及恳谈。回到湖南后，省人代改换和民盟只要开会传达，想仍迟不空闲，不知身体如何，新年很好释。

毛主席诗词的出版是今年开头一件大喜事。民盟同志，特别是父兄辈，正在进行匝读学习，大家要求从主席这些伟大诗篇中，领会主席的思想，认识革命的人生观，从而加强我们知识分子的自我改造。在新发表的十首诗词中，答友人这首七律，最难索解。据闻主席此诗是送给你的，可能是知你所作的诗。如果确是如此，希望你能够把你的原诗见示，或者把你的体会见告一二，对大家学习有很大帮助。当然你的原诗和意见只供内部传阅未得主席同志，是不会公开发表的。这一点希要注意。

等见如何，希望早日见示。顺祝新岁好，进励。

敬礼。

胡愈之 一月七日

文　物　出　版　社　（　　　　）

(6) 社方　字第 82 号

事由：请借用毛主席手稿《七律·答友人》来京照相

主致：湖南省　周副省长世钊同志

抄致：

附件：

拟办与批办：

　　今年二月承您借用毛主席手稿《水调歌头·游泳》来京照相，现已用毕，即日归还，请查收。裱装印制品俟后另寄。

　　据闻您还收藏有毛主席手稿《七律·答友人》，为了满足读者的需要，希您将此原件借我社，提来北京照相制版，用完即负责归还。

　　感谢您对我们工作的大力支持。

　　此致

敬礼

1/66.6.

"友人，指周世钊"

（1964 年）

1964 年 1 月 27 日，毛泽东应《毛主席诗词》英译者的请求就自己诗词中的一些词句，一一作了口头解释。其中第 22 题的问话为："《七律·答友人》中的'友人'指谁？"毛泽东答："'友人，指周世钊"[6]。这是最权威的论断，这是千真万确的"最高指示"。这里，毛泽东斩钉截铁地说，友人指周世钊，并无任何"可能""大致""或许"等含糊、不定的语气。

毛泽东自注诗词两次，一次是 1958 年 12 月 21 日对《毛主席诗词 19 首》的批注，共写 12 条。另一次就是 1964 年 1 月 27 日对《毛主席诗词》若干词句的解释，共有 32 条。两次总计 44 条。而毛泽东对《七律·答友人》的诗注有 6 条，为现有诗词中自注最多的。由此也可看出毛泽东对《七律·答友人》是颇为重视的。

1992 年，我为"友人"问题曾去毛诗英译者叶君健府上登门拜访请教。当时叶老因病住院。叶公子热情地接待了我，他找来好几种外文毛诗，其中"友人"都是单数。事后的 1993 年 1 月 7 日，叶老复函我，全函如下：

吴美潮同志：

我得到转来的您的电话，询问毛主席《答友人》一诗英译中所用是单数（即一人），还是复数（即数人），我查了一下英译，《答友人》译为"答一位朋友"，即 Reply to a friend。外文出版社出版的其他译本也是根据英文译的。英文参加翻译的有钱锺书、乔冠华、赵朴初、袁水拍和我，都是经过充分论证后确定的。

叶君健
93.1.7

叶君健致吴美潮函

"友人，指一个在长沙的老同学"

（1964 年）

1964 年 2 月 4 日，袁水拍就一些有争论，或者不太清楚的问题，请示了毛泽东。毛泽东对自己的诗词作了 14 点解释，其中第 8 点为"长岛"指长沙。长沙是沙洲变的，许多人住在那里，不知道那个地方的来历。友人，是一个长沙的老同学……此处的"友人，是一个长沙的老同学"一语，基本上等同于"友人是周世钊"，这就是毛泽东四写"友人是周世钊"。[46]

毛泽东在 1961 年、1963 年、1964 年一而再，再而三地书写"友人是周世钊"，是白纸上的黑字，是铁定了的史实。任何其他毫无证据的"回忆"、不是"友人"的自称"友人"都是应被否定的谣传，以还其历史本来面目。历史学的生命在于真实，为了彻底否定这种谣传，建议将《七律·答友人》恢复原题《七律·答周世钊》或《七律·答周世钊同学》，或拼题为《七律·答友人周世钊》。

对自己诗词的几点解释

（一九六四年二月四日）

×××堂：我就一些有争论的，或者不太清楚的问题，请示了主席。下面是主席的一些解释。

1. 主席说，诗不能喜实。

2. "到中流击水"，指游泳。

3. "飞鸣镝"，主席说，人民的力量，我们的力量。

4. "枯木朽株齐努力"，指自己，全民全军都在努力。

5. "黑手高悬霸主鞭"，指敌人。"霸主"指蒋介石。

6. 李进，江青也。她翻查宋景昉史料

21

曾用此名。

7. "谁主沉浮"；由无产阶级领导还是由资产阶级领导。

8. "长岛"：指长沙。长沙是沙洲变的。主席说，许多人住在那里，不知道那个地方的来历。友人，是一个长沙的老同学。"洞庭"，指湖南的大跃进。"我欲因之梦寥廓"，由李白诗"梦吴越"而来，浮想联翩。芙蓉国，出自唐时人谭用之诗："秋风万里芙蓉国"，指湖南，芙蓉，木本，非水芙蓉。

9. 《娄山关》，时令在二月。南方天暖，故有霜。如果不信，到南方一看便知。不是两天，是在同一天内。当时早晨从娄山关出发，遇强敌，改道入，乘黑面入。

10. "人间正道是沧桑"，正道，规律，变化规律。古人对沧海变桑田有无限感

毛泽东《对自己诗词的几点解释》

1964 年的周世钊诗词

1964 年，从《周世钊诗词选》中查到，周世钊撰有《五律·江上》《五律·高冲》《沁园春·初夏访五美学校》《沁园春·参观柘溪水电站二首》及《减字木兰花·周南女中同学聚会》等六首。这六首确实是寄赠毛泽东为其审正，其中《沁园春·参观柘溪水电站二首》是及时寄赠毛泽东为其审正的。它们是：

沁园春·初夏访五美学校

首夏清和，秧绿平畴，烟净晴空。喜芬香引路，桑麻百里；门墙映日，桃李千丛。满室图书，一园蔬果，俭学勤工五美风。歌声起，听峥嵘年少，同唱雷锋。　　回思往事重重，只徐老长如不老松。忆捐资设教，先施寒畯；①移家作校，②大庇童蒙，笑骂由人。③辛劳忘我，历尽艰难气更雄。低徊久，问今朝谁继，前辈高踪！

【注释】

①畯，音俊，鄙野之意。寒畯，即贫穷的读书人。

②辛亥革命后，徐特立在长沙市各校任教时，深感家乡五美山一带尚无小学，贫苦农民子女无处上学，乃以私人房屋作校舍，自己的教课薪金作经费，创办了五美小学。他全家节衣缩食，坚持将这所学校办下去。1949 年后，长沙县在这所学校的基础上，加办了中学。

③徐特立创办五美小学时，乡中一些顽固分子曾多方加以冷嘲热讽。

沁园春·参观柘溪水电站二首

一

横截资江，千仞高峰，百里平湖。看烟笼断岸，流丹滴翠；风生瀑布，溅玉飞珠。平地奔雷，晴天喷雨，万壑千丘共吸呼。须清夜，数繁星点点，都缀山隅。　　铜丝高挂空虚，似蛛网漫天把电输，使通都大邑，更添光彩；荒湖瘠岭，也庆丰馀。钢铁腾欢，稻棉含笑，七泽三湘气象舒。同歌颂，是英明领导，瑰纬宏图。

二

伫立堤边，共话当年，辛苦经营。忆幕天席地，不遮风雨；抟沙垦石，哪计昏晨。扶病出工，裹伤上阵，干劲冲天气绝伦。谁还问，费几番搏斗，几个冬春？　　群英磊落峥嵘，爱传统光荣甚爱身。看朝暾初上，冰崖练武；寒风正厉，云谷营耕。身在村中，心驰天下，誓作坚强革命人。榕塘畔，写高风伟绩，日夜江声。

以你的解释为准

（1965 年）

　　1965 年 1 月 11 日，毛泽东与周世钊、章士钊、程潜、王季范在北京人民大会堂相见。周世钊告诉毛泽东，现有一些人在为《毛主席诗词》作注释，理解不一致，急想得到您的指示，以便向学校的师生介绍。当今中等学校语文课讲授您的诗词很多，但不免各人都以意为之，发生很多错误，建议应该有统一的比较标准的版本。毛泽东告诉周世钊："以你的解释为准。"他还告诉周世钊，有人在为他的诗词作注释。[1]

采桑子·韶山道中

（1965 年）

1965 年，周世钊由长沙去韶山，在途中写下了《采桑子·韶山道中》。

采桑子·韶山道中[7]

黄花白露迎佳节，霜叶摇风，星帆飘空，浩荡江天一片红。　　相逢共道韶山去，笑脸融融，俊想重重，无限风光在望中。

此词是否寄赠毛泽东，无确实记载。可是因为与韶山有关应该是寄毛泽东的。

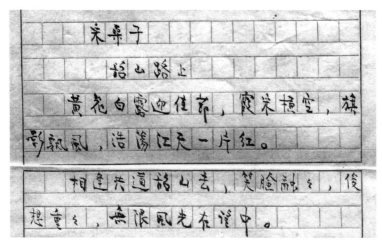

周世钊手书《采桑子·韶山道中》

1967 年的周世钊诗词

1967 年，周世钊著有《江城子·〈日出东方红创作集〉题词》《满江红·湖南第一师范五十五周年校庆》《临江仙·思永、陈重成婚》《临江仙·彦瑜、美潮成婚》等五首[7]。这四首确实是寄赠毛泽东请其审正的。其中《江城子》及《满江红》可能是及时寄赠毛泽东请其审正的。它们是：

江城子·《日出东方红》创作集题词

韶峰日出亮堂堂。自东方，到重洋。照醒工农，智慧发奇芳。革命豪情高万丈，争创作，好篇章。　　延安指示最煌煌。艺文乡，战争场。破旧立新，世界换红装。大海航行跟舵手，歌慷慨，气昂扬。

满江红·湖南第一师范五十五周年校庆

旭日晨霞，正照映、门墙生色。红旗下、高歌猛进，少年英杰。复课首开新气象，良辰欢庆双佳节。喜今朝、荡漾妙高峰，光和热。　　爱红日，心如结；跟舵手，情同切。继光荣传统，共争朝夕。四卷鸿文尊典范，五条宝训铭胸膈。做坚强、革命接班人，承洪业。

编著者考辨

周世钊的一生，从童年上学始，到晚年离开教务止，和课堂、教鞭、粉笔有 70 余年的关系。他是一位懂得教育、热爱教育、为振兴中华教育作出贡献的人民教育家。毛泽东是一位革命家，他对教育也十分关心，曾经提出"教育为无产阶级政治服务，教育与生产劳动相结合"的口号。

远在 1921 年 1 月 2 日，新民学会在长沙召开会议，讨论"达到目的须采用什么方法"的问题。会上，何叔衡、毛泽东等均赞成过激主义，而周世钊坦率陈言道："惟于过激主义不无怀疑，束缚自由，非人性所堪。宜从教育入手，逐渐进步，步步革新。"这可能是教育家周世钊对振兴教育的第一次呼吁。

40 多年以后的 20 世纪 60 年代中期，中国大地上进行一场史无前例的"文化大革命"。大中小学等各类学校停课闹革命。这种状态，周世钊是不能理解的。他在 1967 年写的《满江红·湖南第一师范五十五周年校庆》一词中，写出了"复课首开新气象"的诗句。1967 年，一师是长沙复课闹革命最早的学校。周世钊赞扬"复课闹革命"，而不赞成"停课闹革命"。

从周世钊诗词选中，我们看到周世钊在 1966 年无诗，1957 年也是无诗。我们是否可以作这样理解，周世钊对 1957 年的"反对资产阶级右派"和 1966 年的"无产阶级文化大革命"是不理解的，而是纳闷的。

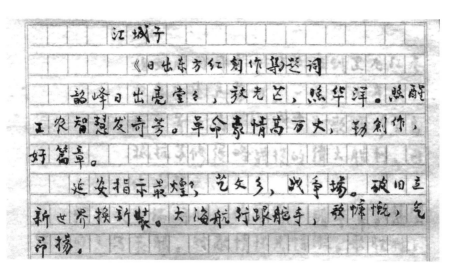

周世钊手书《江城子·〈日出东方红创作集〉题词》

1968 年的周世钊诗词

　　1968 年，周世钊著有《沁园春·湖南第一师范校史陈列室》《五律·纪梦》《五律·秋日感怀》《五律·中秋》《满江红·为杨开慧英勇就义纪念会作》《沁园春·一九六八年国庆献词》《踏莎行·从安源赴南昌》《七律·宿吉安》《五律·黄洋界胜利纪念碑》《江城子·毛泽东同志青年时期革命活动纪念馆开工典礼献词》等 10 首。这 10 首确实是寄赠毛泽东请其审正的。其中《沁园春·湖南第一师范校史陈列室》《满江红·为杨开慧英勇就义纪念会作》《沁园春·一九六八年国庆献词》及《江城子·毛泽东同志青年时期革命活动纪念馆开工典礼献词》等四首是及时寄赠毛泽东请其审正的。它们是：

沁园春·湖南第一师范校史陈列室

　　1968 年第一师范建设了一个校史陈列室，陈列内容主要是毛主席在校时期的革命活动。

　　舍馆重修，校史新陈，辉映南城。喜模型制就，宫墙面貌；画图绘出，领袖精神。冻井朝淋，风亭露宿，百炼成钢气绝伦。西斋里，正点圈万卷，朱墨纷纶。　　少年忧国忧民，为革命驰驱不顾身。任芒鞋踏破，农村问苦；孤灯挑尽，工校谈心。海国传书，春山结社，都是嘤嘤求友声。雄图远，看星星火种，燃遍寰瀛。

满江红·为杨开慧英勇就义纪念会作

　　清水塘边，早经历、峥嵘岁月。干革命，艰难险阻，志坚心决。睥睨王侯皆粪土，唤呼群众除蟊贼。更辛劳、翊赞树奇勋，参筹策。　　松柏劲，凌霜雪；珠玉碎，留晶洁。看从容笑对，敌人锋镝。碧海扬波迎浩气，青天焕彩昭芳烈。慰忠魂，胜利到全球，红旗密。

沁园春·一九六八年国庆献词

国庆良辰，伫望中原，郁郁葱葱。举大江南北，凯歌阵阵；长城内外，赤帜彤彤。玉宇澄清，东风浩荡，万里河山一片红。都兴奋，喜五洲雷动，八表风从。　　欢呼胜利重重，尽领袖英明领导功。靠工人阶级，坚持战斗；军民一体，共矢精忠。扫荡妖魔，驱除狗鼠，七亿神州步伐同。新天好，看东升红日，永丽晴空。

江城子·毛泽东同志青年时期革命活动纪念馆开工典礼献词

英风壮志自青年。斗强权，拯颠连。反帝反封，革命握真诠。唤起工农千百万，擎火炬，照人寰。　　光辉思想大宣传。建崇椽，碧峰前。经始今朝，亿众尽欢然。伫见环球都慕化，沿正道，换新天。

　　周世钊对词中写到的毛泽东在校时各种学习和革命活动，都作了有关部门背景的注释。这是周世钊描写毛泽东早期学习和革命活动最具体详尽而又高度概括的一首词。在校五年半的光辉史迹，尽收于尺幅之中。不是同窗知交和诗词高手，不能成此佳篇。[31]

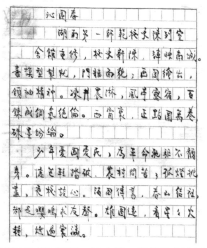

周世钊手书《沁园春·湖南第一师范校史陈列室》

周世钊致周彦瑜

（1969 年）

　　1969 年 1 月 9 日，周世钊写信给在西安的女儿周彦瑜一封信，信中多处谈到毛泽东诗词。信为：

彦瑜：
　　……
　　我在去年国庆前写了一信给毛主席，中间提了两个要求：①请指示近来各地编印的主席诗词注释本很多，究竟哪些是比较好的（因主席在 1965 年 1 月曾告我，有人在为他的诗词作注释）。②请为一师附小题写主席于 1920 年在一师附小任主事时所亲自撰写的一副对联"世界是我们的，做事要大家来"寄给附小。信中并说明一师附小已恢复主席当主事时的原貌。主席很谦虚地在回信中（10 月 9 日的）中这样说："此信今天收读，甚慰。前两信都未见，可惜。拙作诗词，无甚意义，不必置理。我不同意为个人作纪念，请告附小。对联更拙劣，不可用。"
　　……

父寄

1969 年 1 月 9 日

　　此处的 10 月 9 日，系中办发信给周世钊的日期，而毛泽东复信给周世钊的日期为 1968 年 9 月 29 日。

1969 年的周世钊诗词

1969 年，周世钊著有《七律·书感》《踏莎行·板仓杨开慧同志旧居》《江城子·赴宁乡》《七律·展墓》《临江仙·访南村》《鹧鸪天·农村即事》《七律·离乡》《满江红·建国二十周年纪念献词》《沁园春·韶山铁路通车庆祝典礼纪盛》《江城子·答用同》等十首。这 10 首确实是寄赠毛泽东请其审正的。其中《踏莎行·板仓杨开慧同志旧居》《满江红·建国二十周年纪念献词》及《沁园春·韶山铁路通车庆祝典礼纪盛》等三首是及时寄赠毛泽东请其审正的。它们是：

踏莎行·板仓杨开慧同志旧居

石泻清泉，花开高树，少年英杰曾游处。皈依革命斗艰危，追随领袖同趋步。　心系恫矜，身劳驰骛，松摧玉碎无回顾。青山有幸驻忠魂，风云万古长呵护。

满江红·建国二十周年纪念献词

笑对红旗，歌声壮，豪情横溢。同歌颂，廿年战斗，辉煌成绩。红雨涤除污与浊，东风吹去穷和白。喜今朝、强大又繁荣，新中国。　抓革命，争朝夕；为人类，诛残贼。仗英明领袖，擎天神力。牛鬼已凭金棒扫，苍龙再用长缨縶。看前途，胜利向高峰，全球赤。

沁园春·韶山铁路通车庆祝典礼纪盛

　　时节非春，气象皆春，热热烘烘。更人流不断，潮奔沧海；凯歌迭奏，响彻晴空。锦簇星旗，声腾万岁，迎得车来快似风。齐欢忭，喜韶山铁路，此日新通。　　朝阳光焰彤彤，使七亿神州遍地红。看工农踊跃，同登大道；毫倪络绎，共仰灵峰。万国衣冠，六洲豪杰，也历梯航竞向东。真堪庆，这交通红线，革命前锋。

给袁师母送终

（1970 年）

1970 年 6 月，毛泽东与周世钊的恩师袁吉六先生的夫人戴常贞去世，享年 88 岁。戴常贞女士之所以能够如此长寿，能够过个幸福的晚年，是因为袁先生培育了毛泽东、周世钊这样的好学生。学生们始终在关心着她，学生们践行着"一日为师，终身为父"的孝道。

师母去世后，1970 年 6 月 18 日，她的孙子在周世钊处领去毛泽东赠送的丧葬费 200 元。作为一个学子给袁师母送了终，此前，毛泽东和周世钊也曾多次关怀袁师母。

1950 年 10 月 5 日，毛泽东邀请周世钊等人在中南海作客。周向毛谈了袁先生已于 1932 年病故，张干、袁师母等年迈体弱，生活相当困难。同时，原一师历史教员罗元鲲先生致函毛泽东，述说"生活极苦"。于是，毛在 1950 年 10 月 11 日致函湖南省人民政府主席王首道说："又据罗元鲲先生来函说：曾任我的国文教员之袁仲谦先生已死，其妻 70 岁饿饭等语，亦请政府酌予接济……"

王首道接到毛泽东函后，即派员前往袁吉六家中，详细了解其家属生活困难情况，并向袁师母表示慰问。尔后，民政部门根据省政府的指示，每月发给袁师母 30 万元（合今币 30 元）的补助费。后来，袁师母患病住院，毛泽东通过周世钊赠送 400 元，此笔款是毛泽东从自己的稿费中提出来存在周世钊处，400 元钱由袁师母的儿子于 1964 年 1 月 14 日领去。1970 年袁师母病重住院，她的孙子于 1970 年 3 月 26 日又从周世钊处领去 100 元。

1970 年的周世钊诗词

　　1970 年，周世钊著有《减字木兰花·喜雨》《减字木兰花·妙高峰上毛主席风浴旧地》《七律·七二自寿》《蝶恋花·橘子洲头》《浪淘沙·湖畔丰收喜讯三首》《沁园春·王季范先生九十寿诞祝词》《七律·寄怀陈玉书教授》《七律·寄怀楚中元同学》等十首。这十首确实是寄赠毛泽东请其审正的。其中《减字木兰花·妙高峰上毛主席风浴旧地》《七律·七二自寿》《蝶恋花·橘子洲头》及《沁园春·王季范先生九十寿诞祝词》等四首可能是及时寄赠毛泽东请其审正的。它们是：

减字木兰花·妙高峰上毛主席风浴旧地

　　高峰独步，雨打风吹都不顾。振臂开怀，浩荡烟云眼底来。　　斗天斗地，盖世豪情谁得似？待扇东风，吹放春花万里红。

七　律·七二自寿

　　岁月蹉跎觉悟迟，行年七二愧顽痴。

　　平生早抱澄清望，老大常吟感遇诗。

　　万里河山春浩荡，五洲风雨气淋漓。

　　喜看革命洪潮涌，地覆天翻共一时。

蝶恋花·橘子洲头

　　潋滟波光晴照里。橘子洲头，风物长堪喜。领袖当年携百侣，指点江山无限意。　　亿兆疮痍来眼底。誓挽天河，痛把乾坤洗。革命洪潮冲地起，岂徒水击三千里。

沁园春·王季范先生九十寿诞祝词

爱日扬辉，梅蕊飘香，共寿我公。自遵时养晦，风高梓里；滋兰树蕙，望重黉宫。德量汪洋，襟怀光霁，一代人师众共崇。长期待，起神州衰敝，雄峙寰中。　　欣逢革命成功，喜祖国河山一片红。更丹帷献议，不辞宵旰；安车观化，几历西东。志切补天，计存填海，远略谁如矍铄翁！娱情甚，有孙枝能继，忠烈家风。

1970 年 12 月，熊瑾玎有一首《七律·奉和周世钊七二自寿》：

七　律·奉和周世钊七二自寿

才华炫耀不妨迟，大智原来貌若痴。
放步并无衰老气，拈毫写出崭新诗。
七二高龄红烂漫，许多妙句洒淋漓。
中华威望扬天下，自寿书怀正适时。

天安门上谈诗论词

（1971 年）

　　1971 年"五一"国际劳动节，首都北京和以往节日一样，盛装浓抹，红旗招展，一片热闹气氛，是晚，旅居北京的周世钊被邀请上天安门。晚年毛泽东到天安门城楼招呼了欢呼的百万群众，约半小时，他和周世钊、王季范、王曼恬等回到城楼休息室，毛和周等以其道地的湘音谈论毛泽东诗词等问题。毛仍主张那些注释本可不予置理，仍请周世钊可以以意为之，仍说以他的注释为准，等等。这是 50 多年以前的事了。原话我们难以全记准确，可自信其大概不差。我们拟根据有关资料和亲友们的回忆，将其谈话整理成文。

1971 年的周世钊诗词

　　1971 年，周世钊是诗情澎湃，作品多多。这一年，周世钊著有《七律·北上》《五律·病榻》《踏莎行·多国乒乓球队访京》《七律·往游八达岭途中》《五律·首都体育馆参观乒乓球友谊比赛》《五律·读报》《七律·答友人》《七律·赠熊瑾玎朱端绶两同志》《五律·"五一"感怀》《念奴娇·一九七一年天安门前庆祝晚会纪盛》《菩萨蛮·首都地下铁道参观志感》《五律·入潼关》《五律·丈八沟》《七律·自京赴延安》《七律·瞻仰延安革命圣地有感》《五律·捉蒋亭》《五律·新华池》《五律·喜晴》《七绝·陕游竹枝词》《七律·自延安返京后呈王季范先生》《五律·北戴河》《点绛唇·北戴河海滨》《七律·晨行海上》《鹧鸪天·北戴河海滨游泳场》《五律·夜坐》《五律·山海关》《五律·乡心》《凤栖梧·乡思》《七律·悼谢觉哉同志》《南乡一剪梅·寄陈、凌、袁、蓝诸老》《卜算子·久留北京》《七律·渡湘》《五律·游山归途访友不遇》及《江城子·答思源》等 36 首。这 36 首诗词确实是寄赠毛泽东请其审正的。一年中创作 36 首诗词，相比于毛泽东说的"衰落得多了"，更是"兴趣尚浓"得多了。这 36 首诗词中的《七律·北上》《五律·病榻》《百字令·一九七一年天安门前庆祝晚会纪盛》《七律·答友人》《五律·"五一"感怀》《七律·瞻仰延安革命圣地有感》《五律·捉蒋亭》《七律·悼谢觉哉同志》及《卜算子·久留北京》等九首可能是及时寄赠毛泽东请其审正的。它们是：

七　律·北　上

辚辚车声带碧烟，青春作伴向幽燕。

云山重叠三千里，风雨奔驰二十年。

尚有丹心思报国，愧无绵力助擎天。
京华盛事多如海，应许赓歌感遇篇。

五　律·病　榻

曙色窥窗白，风声拂树轻。
病床方辗转，天宇已晶明。
二竖苦相虐，孤怀事总萦。
何时临绿野，健步踏春晴？

五　律·"五一"感怀

大地烟尘净，高天雨露滋。
喜当衰老日，长见太平时。
四卷书常捧，孤怀我自知。
工人新领导，佼佼尽吾师。

念奴娇·一九七一年天安门前庆祝晚会纪盛

灯山人海，同欢庆，国际劳工佳节。灿烂满天光万丈，忽化千花百叶。飞雪迎春，流星泻地，上下都澄澈。缤纷变幻，奇妙难与君说。　　更喜舞队翩跹，歌群踊跃，浩荡豪情溢。万岁声声雷震荡，共祝中天红日，倾倒葵心，瞻依斗极，济济梯航客。工人世纪，问谁能忘今夕！

七　律·瞻仰延安革命圣地有感

北国风光著两间，延安灯火照人寰。
十年伏虎真奇伟，三座移山只等闲。
奔逸绝尘趋步晚，光华无极颂歌难。
欲知覆地翻天秘，四卷从头仔细看。

五　律·捉蒋亭

拾级骊山麓，同登捉蒋亭。
风云如带怒，草木尚含腥。

遗臭千年史，偕亡亿众情。

台澎余魅影，何日缚长缨！

七　律·悼谢觉哉同志

发硎初试自湘滨，觉字文章笔有神。

万里长征髯战士，十年久病瘼诗人。

每持宁静攻盘错，岂为艰危计苦辛。

叹息老成今永别，感怀畴昔泪沾巾。

卜算子·久留北京

我伴春风来，未逐春风去，夏雨冥冥遂及秋，犹共燕云住。　　唱彻东方红，踏遍长安路，仗有红心向日倾，不怕风和雨。

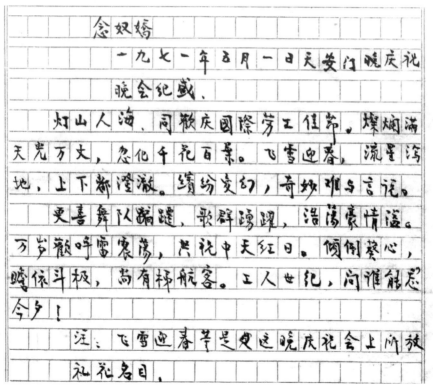

周世钊手书《念奴娇·一九七一年天安门前庆祝晚会纪盛》

1971 年 6 月 15 日，最后一批参加新民学会的会员谢觉哉与世长辞了。林彪、"四人帮"、康生一伙封锁消息，就连同时一起住院的董必武也不许通知，不准向遗体告别，不准开追悼会，不准吊唁，不准送花圈……然而，战友的情谊是封锁不住的。董必武来了，他打破"送花圈是复辟四旧"的禁令送了花圈。周恩来明确、坚定地下达指示说："要举行告别仪式，要发消息，要登照片！"朱德从报上看到这个不幸消息时，十分生气，用拐杖在地上一连顿了几顿，气愤地说："这是什么世道呀！"周世钊闻讯后，虽然当时形势严峻，他还是写了寄托深厚情谊的悼念诗《七律·悼谢觉哉同志》[7]：发硎初试自湘滨，觉字文章笔有神。万里长征髯战士，十年久病瘵诗人。每持宁静攻盘错，岂为艰危计苦辛。叹息老成今永别，感怀畴昔泪沾巾。诗中的"觉字文章"，意指在 1920 年秋，谢觉哉应何叔衡之邀，任《湖南通俗报》编辑，常在报上刊登署名"觉"的批评文章。

七 律·答友人

（1971 年）

1 周世钊原诗

七 律·答友人

暂别朋簪去故乡，^①天安门下沐晨光。

喜当草长莺飞日，展读金相玉质章。^②

万里河山新雨露，全球豪俊竞梯航。

东风劲拂吾侪老，敢忘赓歌祝寿昌？

【注释】

①朋簪：意即朋友，苏轼诗："寿樽余沥到朋簪，要与郎君语夜深。"

②金相玉质：相，外表；质，内在。意指形象到内容均很完美。

2 依 据

引自 2000 年湖南人民出版社版《周世钊诗词选》。

3 编著者考辨

1971 年 3 月 5 日，周世钊从长沙动身去北京，下午车到河南信阳，下车在站台上买了几个广橘，突然右手发麻，但上车后又好了。到北京后，右手仍间歇地发麻，他未十分重视。到3月8日吃中饭时，手拿不住筷子，将筷子跌落到地板上，才由王季范家送他入北京医院。开始被安排在二层普通病室住院，毛泽东闻讯后，派他的保健医生前去诊治，进行了仔细检查，病情较重，于是毛泽东嘱其安排到三层西国家领导人的316病室。入住国家领导人病室后，得到毛泽东的关怀，用中西医结合的4种方法进行治疗。周世钊认为，此次发生这种危险的病症可能发展为中风或半身不遂，幸而在北京，医疗条件好，治疗和护理都很周到，同时又得到多方面的关心照顾，使病症很快得到控制、好转。从3月8日入院，4月4日病愈出院，可说是不幸中的大幸。毛泽东的恩情令他终身不忘，在医院写下了《五律·病榻》。

1971年5月1日，毛泽东偕周世钊登上天安门城楼。这天使周世钊没齿难忘。他写下了《五律·"五一"感怀》及《念奴娇·1971年天安门前庆祝晚会纪盛》。

1971年5月、6月，周世钊在毛泽东的关怀、支持及批准下，会同王季范、张国基、楚中元等十余人赴西安和延安等地参观瞻仰，顺访西安女儿彦瑜家。以后又去北戴河、武汉、南京、上海等，毛泽东以自己的稿费支援了旅差费，还支援了粮票，情意真切。

周世钊沿途赋诗填词，不断寄赠毛泽东，其中就有《七律·答友人》。《答友人》是有感于友人毛泽东的屡次照顾安排而作的。有研究者认为，《七律·答友人》中的"友人"指毛泽东。我们研究后也认同这一说法，待考。

1972 年的周世钊诗词

1972 年，周世钊诗锋不减，共著诗词 21 首。从《周世钊诗词选》[7] 中查到，1972 年，他著有《七律·与友人同游岳麓山》《七律·六月八月作》《江城子·感事》《踏莎行·一九七二年到北京》《唐多令·与陈述教授等游颐和园》《一剪梅·赴房山参观东方红炼油总厂》《菩萨蛮·游小汤山》《江城子·赠廖静文》《南歌子·北京饭店屋顶平台》《五律·夏日游北京中山公园》《七律·驱旱魃》《五律·首都体育馆参观中古女子篮球赛》《七律·赠温振英、周泰应》《青玉案·往游西陵过卢沟桥》《七律·登钟山》《七律·重上台城》《七律·与友人游黄埔公园》《南歌子·访半淞园旧址》《七律·自上海往游苏州》《五律·江行》《减字木兰花·得家乡信》等二十一首。

这 21 首是确实寄赠毛泽东请其审正的。其中《七律·六月八月作》《江城子·感事》《七律·登钟山》《七律·重上台城》及《南歌子·北京饭店屋顶平台》等五首可能是及时寄赠毛泽东请其审正的。它们是：

七 律·六月八日作

1971 年 6 月 1 日自西安飞抵延安，8 日又从延安飞返西安，至今恰好一年。这一年发生林彪叛国投敌自取灭亡，美帝侵犯越南轰炸升级等事。

> 枣园杨岭别经年，万叠云山望不穿。
> 槛外榴花红似火，梦中延水碧如天。
> 心惊北鄙投豺虎，盼切南溟扫瘴烟。
> 独愧书生无计略，徒将忧愤寄诗笺。

江城子·感 事

王季范先生于 1971 年冬自京回湘，开春后返京寓，6 月间入医院疗养，7 月 11 日逝世。

寒冬送客忆机场。朔风凉，旅途长。别意拳拳，众口祝安康。更约明年秋色好，携友好，看家乡。　　惊闻二竖入膏肓。检行囊，趁民航。疾走京都，问病倚匡床。讵料沉疴终不起，人惨悴，夜苍茫。

七 律·登钟山

白下重游气尚雄，钟山绝顶立秋风。

烟云缥缈层峰外，楼阁峥嵘夕照中。

地转天旋星拱北，龙盘虎踞水流东。

神州七亿同歌颂，喜见梯航万国通。

《登钟山》诗中的"龙盘虎踞水流东"就是从毛泽东的《七律·人民解放军占领南京》中的"虎踞龙盘今胜昔"脱化而来的。

七 律·重上台城①

1921 年至 1927 年就读于南京东南大学时，暇日登城游眺，曾作《城上》一律，中有"四山争气势，一鸟入空冥"之句。

蹀躞②台城忆昔年，临风琢句寄狂癫。

三山③压顶含孤愤，一鸟④冲天入短篇。

岁月推移朝市改，江河浩荡画图妍。

重来腰膂⑤犹粗健，笑指红旗意万千。

【注释】

①台城：古城名，故址在今南京市鸡鸣山南乾河沿北。又今人习称鸡鸣寺北与明长城相接的一段为台城。

②蹀躞（diexie 蝶谢）：小步而行貌。古乐府《白头吟》："蹀躞御沟上，沟水东西流。"

③三山：山名，在南京市西南，长江东岸。李白《登金陵凤凰台》诗：

"三山半落青天外，二水中分白鹭洲。"

④"一鸟"句，作者昔日就读东南大学时，曾有《城上》一律，中有"四山争气势，一鸟入空冥"句，"短篇"当指此（据刘柏丽评注）。

⑤腰膂（旅）：腰背。膂：脊骨。

《七律·重上台城》一诗，被文[25]收入为六百七十一首"20世纪诗词"之一。上二联追昔，下二联抚今。万千登临之感，以"笑指红旗意万千"一句蔽之，可见新时代、新社会风貌。

南歌子·访半淞园旧址

故地馀秋草，凉风振客衣。半淞园里对晴晖，长记蔡罗教我撷芳菲。　　忠烈垂青史，风云卷赤旗。丹心碧血焕光辉，叹息斯人一去邈难追。

1973 年的周世钊诗词

1973 年，周世钊共著诗词六首[7]。它们是：《五律·春日渡江游岳麓山》《七律·八月二十日作》《七律·赴井冈山道中》《五律·过永新》《七律·赣游返湘夜宿浏阳》及《五律·到韶山》。这六首诗词都曾寄赠毛泽东审正的。其中《五律·春日渡江游岳麓山》《七律·赴井冈山道中》及《五律·到韶山》等三首及时寄赠毛泽东为其审正的。它们是：

五　律·春日渡江游岳麓山

时雨添新涨，春风绿旧枝。

渡江惊浩淼，陟磴挹芳菲。

出岫云多态，投林鸟自飞。

名山多胜迹，日晚竟忘归。

七　律·赴井冈山道中

瀼瀼白露酿严霜，莽莽平畴换异装。

卷地黄云粳稻熟，映山红焰橘林香。

川原壮丽连湘赣，峰崿崔嵬向井冈。

指点当年征战处，红旗招展浴初阳。

五　律·到韶山

到茶陵迎接江西参观学习团，陪同到韶山瞻仰毛主席旧居二首。

一

雨细千畦翠，风高万木丹。

嘉宾来赣水，圣地向韶山。

大道平如砥，层峦曲似环。

轺车共奔赴，直到彩云间。

二

日出韶峰晓，光辉万里开。

颂歌曾黾勉，薰沐又追陪。

老喜丹心在，时逢化雨催。

步趋当没齿，歧路敢徘徊。

应 景 诗 词

（1974 年）

1974 年，周世钊写了四首应景诗词。当时受了批林批孔的影响，他给自己在西安的女儿写了一封不得已的信件。全信为：

彦瑜：

你寄湖医附二院的信收到已久。所寄诗词稿本，不知已收到否？望即函告，以便补寄。

我仍住医院，左手麻木之症颇见好转，所以仍未出院之故，一则想趁此时根治，二则医院也可以避避客，比家里清静多了。

西安此时当入秋凉境界，长沙因天久不雨气温仍在 34 度左右，夜深则比较凉快了。

最近，长沙文艺刊物请我写了几首应景诗词，另纸抄寄。望美潮提提意见。

思永曾回家住了十多天，孟瑜近因参加报馆一些会议和写稿工作住在家里，家里大小均安好！

问

你们和两个小孩安好！

父母寄

一九七四年九月八日

七　律·咏　史

因时变革自商鞅，乘势驱除仗始皇。

郡县更新开百代，井田循旧陋三王。

刻舟骏客徒贻笑，待兔愚夫亦可伤。

千古竖儒常败事，焚坑业绩信煌煌。

附注："刻舟"两句或作"秦能致霸排甘杜，汉罢分封赖子房"。

沁园春·1974 年国庆献词

大好之时，大有之年，大庆之辰，喜丰穰万里，欢声动地；勤劳七亿，干劲凌云。洞邃仓盈，文修武备，南北东西百度新。同歌颂，是英明领导，宏伟经纶。　　紧抓路线斗争，正拨开寒雾庆回春。看批林批孔，清除毒腺；反修反帝，挖掘魔根。世界三分，风云四合，革命雷霆力万钧。齐欢忭，祝中天红日，永照寰瀛！

蝶恋花·过武汉赋感

林孔双批威力著，万里长风，劲拂江边树。黄鹤楼前迎旭曙，回汀曲浦馀轻雾。　　滚滚江声常似怒。碧浪排空，荡涤成今古。纵有龟蛇难锁住，洪涛毕竟东流去。

沁园春·瞻仰清水塘革命圣地志感
即以庆祝中国共产党 53 周年

清水塘前，巨手高擎，火炬煌煌。自党基初奠，旗张马列；湘区继建，载起工农。路线斗争，武装暴动，席卷东南早奏功。真奇伟，是星星火种，照彻长空。　　试看今日寰中，喜革命高潮气势雄。正狂飙震撼，长蛇封豕；洪流冲洗，魔雾妖风。掊击刘林，粃糠孔孟，玉宇晶莹万里红。惟吾党，为革新世界，永作先锋。

附注："长蛇封豕"或作"修蛇纸虎"，又或作"苏修美帝"。

彦瑜：

你弃湖医附二院的信收到已久，所寄诗词稿本，不知已收到否？望即函告，以便补寄。

我仍住医院，左手麻木之症颇见好转。所以仍未出院之故，一则想趁此时根治，二则医院此方极避之处，比家里清静多了。

西安此时当入秋凉境界，长沙则因天久不雨气温仍在34度左右，夜深则比较凉快了。

最近，长沙文艺刊物约我写了几首壶亭诗词方等构寄，谨呈湖校上意见。

思永曾回家住了十多天，玉瑞近因参加报纸一些会议和写稿工作住在家里，家里大小均安好。

问

你们和两个小孩安好！

父世钊 一九七四年九月八日

周世钊手书《致彦瑜》

蝶恋花

批林批孔运动高潮中过武汉赋感

林孔双挑威力着，万里长风，劲拂江边树。
黄鹤楼前迎旭曙，迴汀曲浦馀轻雾。

滚滚江声常似怒。碧浪排空，荡涤成今古。
纵有龟蛇难镇住，洪涛毕竟东流去。

沁园春

瞻仰清水塘革命圣地志感，并以庆
祝中国共产党五十三周年

清水塘前，巨手高擎、火炬煌々。自党基
初奠，旗张马列；湘区继建，战起工农。路绕
斗争，武装暴动，序接东南早奏功。真奇伟，
是星々火种，照彻长空。

试看今日寰中，喜革命高潮气势雄。正狂
飙震撼，蛇封冢，洪流冲洗，魔雾妖风。掊击
刘林，鞭鞑孔丘，玉宇朗莹万里红。推吾党，
为革新世界，永作先锋。

附注："长堤"作"修矩纸虎"，又或作
"芳修美草"。

七律

咏史

因时变革自商鞅，乘势驱除仗始皇。郡县
更新开百代，井田循旧陋三王。刻舟骏客徒贻
笑，待兔愚夫亦可伤。千古圣儒常败事，焚坑
业绩信煌々。

附注："刻舟"两句或作"秦能致霸排甘杜，汉
罢分封赖子房"。

沁园春

一九七四年国庆献词

大好之时，大有之年，大庆之辰，吾丰穰
万里，徵声动地；勤劳七亿，干劲凌云。洞远
会盈，文修武备，南北东西百度新。同歌颂，
是英明领导，宏伟经纶。

紧抓路线斗争，正撕开寒雾庆回春。看批
林批孔，清涤毒腺；反修反帝，把撅魔根。世
界三分，风云四合，革命霆力万钧。齐欢祝，
祝中天红日，永照寰瀛。

周世钊同志诗词稿存

（1974 年）

1974 年 3 月 3 日，《周世钊同志诗词稿存》油印本出版了。《稿存》共收入周世钊诗 107 首，词 110 首，总计 217 首。所收诗词起讫年限从 1946 年到 1974 年。《编著说明》做了如下介绍：

> "洞庭波涌连天雪，长岛人歌动地诗。"周世钊同志学习毛主席诗词，并努力实践，写了不少诗词作品，其中有一些已在报刊上发表，不少的诗词爱好者互相传抄。我们根据一些同志的建议，将周世钊同志的部分作品编印出来，以酬同好。这些诗词，周世钊同志尚未定稿，他很希望大家提出意见，以便进一步修改。在编印工作中，由于我们水平有限，可能有些缺点和错误，请大家批评指正。

1971 年林彪事件以后，中国的文艺界稍有松动。在长沙市文联工作的杨里昂为迎接毛泽东《在延安文艺座谈会上的讲话》30 周年，文艺刊物陆续恢复，就去找周老为《长沙文艺》写稿，情况如文[48]描述：

> "这时周老的心情很好，特别是毛泽东两次召他进京会见，他诗兴大发，接连写许多新作，我从中挑选了一组十多首发表了，这是'文革'以来他第一次发表诗作。当时除毛泽东之外，公开发表旧体诗词省内外都没有先例，因此社会上反响很大，诗人们都非常激动。不少人（包括周老在北京的诗友）都来索要刊载周老诗词的刊物，这是我当时没有预料到的。我的朋友、周老的学生陈志明同志因此建议将周老历年的诗词作品刊印出来。但是，那时出版社尚未恢复正常工作，正式出版自然不行，只能先油印。于是志明和我，

还有周老的诗友岩石先生，分别将散见于各个时期报刊上的周老作品搜集起来，周老自己又整理了一批手稿，共有三四百首之多，经大家商定，从中挑选了一百多首付梓。考虑到当时的政治气候，主要选了建国后的作品，建国前的只选了作于 1947 年的一首七律，因为这首诗曾在建国初送呈了毛泽东，得到他的嘉许。在当时的条件下即使油印也很不容易，首先得买一批纸张。周老手头也不宽裕，他出了一些钱购了一些纸，但仍然不够用。志明是个既热心又很有活动能力的人，动员了他所在的长沙市五中提供了一些纸张，并承担油印任务。长沙市一中一位长于刻写的老同志主动承担了刻字的任务，我们又找来擅长传统装订工艺的老工人帮助装订，篆刻家李立先生应约为周老诗集题了笺。经过几个月的努力，油印线装本周世钊先生诗词集便于 1974 年刊印出来了。周老将诗集送给毛泽东以及在京的朋友王季范、章士钊等人，以及在长沙的一些朋友。周老对此事十分谨慎，反复强调只印几十本在小范围内交流。但是，诗集印出来后，需要者很多，很快便分发完了。"

袁本良先生在文[25]中痛述：

"毛泽东关于旧体诗创作的指导性意见，人们印象最深刻的是 1957 年 1 月发表于《诗刊》创刊号的《关于诗的一封信》。信中说：'这些东西，我历来不愿意正式发表，因为是旧体，怕谬种流传，贻误青年；再则诗味不多，没有什么特色……诗当然应以新体诗为主体，旧诗可以写一些，但是不宜在青年中提倡，因为这种体裁束缚思想，又不易学。这些话仅供你们参考。'类似的意思，毛泽东还在其他场合谈到过。如在给蒋竹如的信中说：'律诗是一种少数人吟赏的艺术，难以普及，不宜提倡。唯用民间言语七字成句、有韵非律的诗，即兄所指民间歌谣体裁，尚是很有用的。'在给陈毅的信中说：'要作今诗，则要用形象思维方法，反映阶级斗争和生产斗争，古典绝不能要。但用白话写诗，几十年来，迄无成功。民歌中倒有一些好的，将来趋势，很可能从民歌中吸取养料和形式，发展成为一套吸引广大读者的新体诗歌。'

在 40 年后的今天来平心静气地细读毛泽东的这些意见，我们会觉得这样一来的看法似无过于偏颇之处。如果没有对那个时代'左'的禁锢的切身体验，我们很难想象上面这些的看法何以会成为指使旧体诗终于窒息的决定性因素——虽然旧体诗的式微并不是毛泽东说这些话的年代开始。

溯自本世纪初的新文化运动，伴随着白话文的兴起和文言文一统天下的结束，用当代人的语言结构形式来表达当代人的生活、心理的自由体白话新诗便应运而生。胡适之等人'诗界革命自何始，要使作诗如作文'的大声疾呼，促进了白话新诗的形成和发展。这是一个新的时代需要新的文学样式的历史性呼唤。在这种情况下，以仿古的文言为基本表达模式的旧体诗词逐渐失去读者并走上式微的道路就是不值得奇怪的了。今天有人批评五四新文化运动的'过激之举'，说它不该在反传统的大旗之下'把孩子和洗澡水一起泼掉了'。其实，旧体诗走上穷途是它命中注定，是历史的必然。只有在这种历史的必经的'磨难'之中，传统的旧体诗才能由涅槃而获得新生——摒除陈旧的思想和感情，抛弃完全因循守旧的文言口吻，融入现代人的思想、感情和语言，成为以'旧瓶'装'新酒'可以直接为新时代服务的'现代旧体诗'。"

"毛泽东是接受了中华传统文化深刻影响的诗人，所以他写旧体诗，钟爱旧体诗，厌恶一些新诗的散漫无味。但毛泽东同时又是革命思想家，他从历史唯物主义的观点出发，预见到新的历史时代应该有新的诗体出现，'发展成为一套吸引广大读者的新体诗歌。'因此，一方面他迫切希望改变白话写诗几十年迄无成功这一不如意的局面，早日形成从旧体诗和民歌中吸取营养的白话新体诗；另一方面他认为新诗与旧体诗应该是主次关系——'以新诗为主体，旧诗可以写一些'。应该说，这是既符合现实也符合历史发展规律的正确意见。不幸的是，在那个特别的年代，人们对毛泽东意见的理解撇开了新旧诗关系这个主题。有些人所注意到的只是'谬种流传，贻误青年''束缚思想，又不易学'这些旧体诗的弊病，而不顾及毛泽东说这些话时寄希望于新体诗形成的初衷、自谦自贬的态度和'仅供参考'的叮嘱。于是，'不宜提倡'在实际中成了禁止提倡，'仅供参考'也成了'理解要执行，不理解也要执行'的'最高指示'。于是，中国的社会政治文化生活中便出现了这样一来的怪现象：领袖才能写诗词，群众只能读、唱领袖的诗词；领袖可以提倡旧体诗（其创作本身就是身体力行的提倡），群众却不能、不敢提倡旧体诗。这样一来，除了少数人的少数旧体诗可以发表之外，旧体诗的创作一度活跃（抗战时期）之后复归岑寂——这是多年来旧体诗在文坛上未能占有一席之地的原因，也是旧体诗作者形成'断裂层带'，因而当前旧体诗复兴步履维艰的原因。毛泽东的诗词创作活动，对于旧体诗的复苏和发展起到了一定的推动作用，这是有目共睹，不言而喻的；而他关于旧体诗不宜提倡的意见，则在客观上对本世纪后半期旧体诗词的发展起到了负面的消极作用，这也是有史为证，毋庸讳言的。"

在 1974 年的政治文化气氛中，周世钊胆敢刻印自己的传统诗词集，并且赠送毛泽东及许多上层人士，其胆识不可谓不壮。

周世钊致毛泽东

（1974 年）

1974 年，周世钊给毛泽东写了一封信。其草稿为：

尊敬的主席：

久未笺候起居。敬维康强胜昔！

最近，到京参加四届人大第一次会议，因旧病未痊加以时间短促，匆匆与省代表团南归，亦未留函陈报，深抱歉疚。自念老病之身，谫陋之质，德不进，学不修，而过蒙垂注、屡予安排、只有以剩余岁月，认真加强学习与加强继续改造，以期对社会主义事业有涓埃之贡献而已。

去年十二月下旬住医院中，曾应《湖南日报》的及《湘江文艺》之嘱，写了一首《沁园春·韶山颂》。原拟及时寄陈，亦推迟未办。兹特补寄，敬祈审正！

去年十月及十二月曾写了《国庆颂》和《韶山颂》两首沁园春。特另纸抄陈，敬祈晒正！

余容续陈，敬祝健康！并贺春节！

1974 年的周世钊诗词

1974 年，周世钊约著诗词 8 首。其中文[7]中收录的有《五律·秋日游橘子洲头》《五律·病院吟》《七律·赠左大珏》及《沁园春·韶山颂》等四首，还有在上面《应景诗词》一节中的 4 首，即《七律·咏史》《沁园春·1974年国庆献词》《蝶恋花·过武汉赋感》《沁园春·瞻仰清水塘革命圣地志感，即以庆祝中国共产党 53 周年》。前四首为：

五 律·秋日游橘子洲头
秋气方萧瑟，芳洲独郁葱。

香风笼绿橘，曙色晕青松。

水落沙汀出，天高雾霁空。

凭栏频指点，感慨与谁同？

五 律·病院吟
翛然留病院，久矣寄危楼。

明月虚窗夜，清风老树秋。

灵台犹坦荡，世局几沉浮。

何日腰身健，江山赋远游？

七 律·赠左大珏
担簦志学自童年，横舍翩翩早着鞭。

琢玉久湔蓝镇雪，探珠深入夜郎渊。

树滋不倦耽三乐，钻仰弥高爱四编。

海宇澄清团结紧，殚精献力好争先。

沁园春·韶山颂

岳岳韶峰，旭日东升，岁月堂堂。自青年发愤，恨深腐恶；中宵起舞，誓拯痍疮。身乏半文，心忧天下，唤醒工农共激扬。旋天手，要倒颠历史，新写篇章。　　运筹导引前航，使暴雨惊雷起四方。看星星火种，原燎九域；彤彤赤帜，彩焕重洋。局划三分，势孤两霸，大地沉浮仗主张。东风里，喜五洲四海，遍被晴光。

这些诗词中有些是寄赠毛泽东为其审正的。

学好毛主席诗词 教好毛主席诗词

（1975 年）

1975 年第 7 期《语文战线》发表了周世钊的《学好毛主席诗词 教好毛主席诗词》[49]。该文曾被南京师范学院的《文教资料简报》总第 25 期转载，本文的内容基本雷同于《讲稿》，兹将雷同部分删去了。

各位同志：

一、从政治的内容学习毛主席诗词

二、从写作的特点学习毛主席诗词

从此，周世钊的 1971 年《学习〈毛主席诗词〉的报告》及 1974 年的《辅导学习〈毛主席诗词〉的讲稿》在 1975 年以《学好毛主席诗词 教好毛主席诗词》为题，正式发表了。

《周世钊诗词稿存》

（1976 年）

　　1976 年，《周世钊诗词稿存》刻印发表。《稿存》收著者 1946 年至 1974 年间的传统诗词作品 208 首，《周世钊诗词稿存》以 1946 年的《七律·感愤》开卷，以 1974 年的《沁园春·韶山颂》收卷。全部按写作时间排序。刻印得精美绝伦。曾赠寄毛泽东、张国基、楚中元、贺培真等许多旧好为其审正。《稿存》是 2000 年湖南人民出版社出版的《周世钊诗词选》的雏版。

　　《周世钊诗词稿存》由著名书法家周昭怡题签。

　　《周世钊诗词稿存》刻印后，受到社会各界热烈欢迎，不断来人来函索阅，初版很快发尽，重印了一次，不久也被索尽。

《周世钊诗词稿存》封面

派医生抢救周世钊

（1976 年）

1974 年和 1975 年，周世钊又两次住进北京医院。1975 年 10 月，毛泽东专门派遣他的保健医生到医院对周世钊进行仔细检查。因病情比较严重，遵照毛泽东的嘱咐，周世钊被安排到医院三层领导人病房医护。12 月，他的病情好转，回到了长沙。

1976 年初，周世钊旧病复发，住进了湖南医学院第二附属医院。因年迈体弱，他的病情日趋加重。1976 年农历 2 月初十，周世钊 80 岁生日时，他向医院请假返回故乡宁乡为父母扫墓，会见亲人。中共湖南省委和省委统战部的同志多次到医院去看望他。医院尽力对他进行各种治疗，但未能减轻他的病情。在这种情况下，中共湖南省委办公厅及时向中共中央办公厅和毛泽东作了汇报。有关领导在周世钊病危时作出了决定，于 4 月 20 日凌晨从北京医院选派了两名医生乘飞机专程到长沙为周世钊治病。时间定格在 1976 年 4 月 20 日凌晨 6 时，从北京来的医生虽然到了长沙还没来得及给周世钊治病，周世钊就在长沙与世长辞了。

此时的毛泽东也是重病缠身，对于诗交 63 年、诗交最早、时间最长、诗词信件最多、答和改赠均具的第一诗友周世钊同学的逝世，也如他在 1966 年 1 月 29 日致周世钊函中所述，我已衰落得多了，如之何，如之何？他已无力撰著悼周世钊的诗词了。他再也读不到周世钊不断撰著的清新的、质朴的、真诚的诗词了。

过了 142 天，时间来到 1976 年 9 月 9 日，毛泽东又遇见周世钊了。他们在另一个世界里，又在促膝长谈，又在酬唱奉和，又在改诗赠诗，谈笑风生，肝胆相照，情意拳拳，谱写友谊、永恒、传世的诗篇。

1976 年 2 月初十，周世钊在宁乡。

《周世钊诗词选》

（2000 年）

2000 年，在湖南省副省长唐之享的热情支持下，周世钊子女周思永、周彦瑜等积极筹措，在湖南人民出版社的大力协助下，《周世钊诗词选》终于出版问世了。

《周世钊诗词选》收进了作者自 1918 年的《五律·濯清亭》至 1974 年的《沁园春·韶山颂》止，计 197 首诗词。唐之享副省长为之作序。序中说："他是一位著名的教育家、诗人，为党和人民做过许多非常有益的工作。今天，我们出版《周世钊诗词选》，表达对这位革命老人的缅怀之情。"他还说，"周世钊先生的诗词，不仅有好的思想内容，而且有好的艺术价值，特别是他在诗词作品中和创作过程中，所表现和记述的与一代伟人毛泽东的情谊交流和艺术交流，值得格外珍视。"

《周世钊诗词选》由著名书法家赵朴初先生题签。

《周世钊诗词选》出版后，获得各界认可，陆焕平先生在《同在一个世界里——毛泽东与诗友的真诚情谊》[32]中指出："由此看来，毛泽东与周世钊诗交最早、时间最长、诗词信件最多，他们是互为'第一诗友'的，其深厚友谊，将万古长存！

这些年来，我们又收集整理了周世钊先生诗词遗稿数百首，希望有机会再出版《周世钊诗词集》。

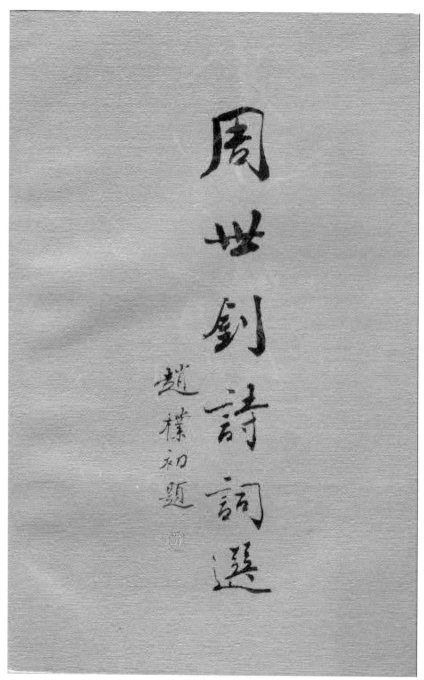

《周世钊诗词选》封面

答和赠改释、论代挽注评

诗人之交，莫过于唱和。季世昌、徐四海编著的《毛泽东诗词唱和》[59]一书，收录了他人与《毛泽东诗词集》中与之唱和的诗词117首。其中收录了周世钊的4首，即《庆祝长沙解放》《从毛主席登岳麓山至云麓宫》《过许昌》及《国庆日到韶山》，占3%。实际上，他们之间的唱和赠答更多，它是一个未被完全开采的矿藏，有待我们共同挖掘与开发，尤其在《周世钊诗词集》出版后，其内容将更加广泛了。

毛泽东与周世钊的诗交是全面的、传奇的，答和赠改释、论代挽注评，面面俱到。

周世钊对毛泽东诗词：答，1971年周世钊著《七律·答友人》，友人指毛泽东；和，1960年著《江城子·国庆日到韶山》；赠，1976年赠《周世钊诗词稿存》等；释，1971年解释毛诗；论，1971年天安门上谈诗论词及本书《周世钊论毛泽东诗词》等；代，1950年代拟《要做人民的先生　先做人民的学生》；挽，1915年同挽易昌陶；注，1964年简注毛诗；评，1964年的《体会》及1974年的《讲稿》。

毛泽东对周世钊诗词：答，1956年12月5日及1961年答周世钊诗词；和，于1955年10月4日和周世钊诗词；赠，于1917年等赠周世钊诗词；改，于1949年11月15日、1972年10月2日改诗词送周世钊；释，于1951年8月21日、1958年10月5日解释诗词寄周世钊；论，于1950年3月14日论诗词商讨于周世钊；代，于1950年12月29日同意代拟的对联；挽，于1915年同挽易昌陶；注，1964年1月27日注解"友人，指周世钊"；评，于1955年10月4日"读大作各首甚有兴趣"，1959年12月29日的"甚快"。1963

年 3 月 24 日的"极为高兴"……

与毛泽东同时代的柳亚子、郭沫若、黄炎培、李淑一、杨开慧、罗章龙、丁玲、彭德怀、陈毅、李进、周恩来、谢觉哉、程潜、臧克家、袁吉六、罗学瓒、蒋竹如、徐特立、朱德、田汉、萧子升、周世钊……他们都是能诗善词之人。除周世钊外，其他的人均只有与毛泽东局部的、单方面的诗交，均无全面的答和赠改释、论代挽注评。为什么？因为毛泽东与周世钊的诗词同源同宗，同学，对诗词同好，有两颗互动的诗心。周世钊成为毛泽东诗交的幸运儿绝不是偶然的事。

毛泽东诗词与周世钊诗词是两座富矿，有待于诗人们去勘探采掘。

毛泽东与周世钊的传奇诗交[56]

吴美潮　周彦瑜

摘要记述了毛泽东与周世钊六十余年的诗词交往的主要史实，夹议了中国近代诗坛上两位标杆性人物把对方作为第一诗友而终生相交的情谊。

关键词：毛泽东；周世钊；诗友；第一诗友

引　言

在毛泽东和周世钊相交的 63 年中，俩人情意拳拳，过从甚密，书信不断，诗词频频。一位是伟大领袖，伟大导师，一位是民主人士，中学教师。一在上上，一在下下，天地之差与龙蛇之别。然而，他们怎么能成为"诗友"的呢？他们又怎样成为"第一诗友"的呢？本文根据丰富的史实揭开传奇色彩的面纱。

1913 年始的同学诗交

1　1915 年同挽易昌陶

1913 年春，毛泽东与周世钊同时考入湖南省立第四师范。1914 年春，第四师范并入第一师范，直到 1918 年毕业。

1915 年，同班同学易昌陶于 1915 年 3 月病死家中。毛泽东与周世钊写了《五古·挽易昌陶》。毛的挽诗长达 40 句[1]，周的挽诗则为 38 句[2]，均是他们诗词中最长的一首。两首诗都是凄楚悲壮，如出一人。可见他们的思想与诗词同源同宗，且相互影响。

2 1917年的赠诗

1917年，湖南一师学友会改选，选举结果，毛任总务兼教育研究部部长，周被选为文学部部长[3]。根据周世钊回忆，毛一次就赠送答和周的诗词有50首之多，可惜后来失散了[4]。周还能回忆起其中有一首《五律·赠周世钊》，诗中有一联为："侯季多肝胆，刘卢自苦辛。"这两句诗后来曾刊于《嘤鸣集》1989年第45期。十分可惜的是其余的都忘记了[5]。

周的诗友彭靖先生在《斯人一去邈难追》一文[6]中说："周世钊同志在湖南省立第一师范学校学习时即以其超群的品德和文学才华为师友所赞许。据他说，当时作为他的极好同学的毛泽东主席曾经赠过他几首五言律诗，因为种种原因，他未能保存下来，只记得有这么两句：'侯季多肝胆，刘卢自苦辛'。毛主席在这里，还不是称赞他的诗才，而是称赞他的为人。毛主席以侯嬴、季布、刘琨、卢谌为比，既可见周世钊同志当时的英风侠骨，亦可见他们之间的不同寻常的友谊。诗如其人。周世钊同志的这种品德、风义，正是他作为一个真正的诗人的基本条件。"

3 互为第一名和第二名（1917年）

1917年6月，湖南一师曾进行了"人物互选"活动。选举结果，票数第一的是毛，获49票，票数第二的是周，获47票。在文学票数上，周获22票，得第一名；毛获9票，得第二名。

彭靖先生说："周世钊同志诗词功力之深，与这时打下的基础是分不开的。毛主席于诗词，每有所作便寄给他，谦逊地征求他的意见。毛主席深深地了解：周世钊同志是真正懂得诗和词的。"[6]

1918年的联诗

1918年6月，毛泽东从湖南一师毕业后，于9月第一次去北京过许昌时，毛与罗章龙作了《过魏都》联诗一首："横槊赋诗意飞扬（罗），《自明本志》

好文章（毛）。萧条异代西田墓（毛），铜雀荒伦落夕阳（罗）。当时，新民学会会员之间交流频繁，这首七绝想必为周所阅读并深深记忆[7]。就是由于这首《七绝·过魏都》，导引了 32 年后的周世钊的作品《五律·过许昌》，再导引了 38 年后的毛的作品《水调歌头·游泳》。

1920 年的对联

在毛任一师附小主事（即校长）的 1920 年，手书了一副富有感召力的对联：

世界是我们的；做事要大家来。

这副对联由学生们刻在竹板上，然后悬挂在附小的礼堂内。[3]1968 年，这副被历史尘埃湮没了 48 年的对联，又被周回忆起来了。

1925 年毛泽东著《沁园春·长沙》

1925 年，毛著《沁园春·长沙》：词中的百侣、同学与书生都是包括了周的，这首词导致周于 1962 年创作了《一曲沁园春》。

1936 年毛泽东作《沁园春·雪》

1936 年 2 月，毛作《沁园春·雪》。就是这首《沁园春·雪》，导引了周与毛在 1951 年 8 月 21 日的谈诗论词[8]。

1949 年，周世钊赠诗《七律·感愤》

1949 年 10 月 28 日，周致函毛说："记得在抗战的末期我曾写了一些旧诗，中有一律：'人世纷纷一戏场，独惊岁月去堂堂。沐猴有冕终为笑，载鬼同车亦自伤。卅载青毡凋骏骨，九州明月乱离肠。长沙自古称清绝，我欲高歌学楚狂。'如此，可见我生活烦恼的一斑了。"[9]毛于 11 月 15 日复函："兄为一师校长，深庆得人，可见骏骨未凋，尚有生气。倘有可能，尊著旧诗尚祈抄寄若干，多多益善。"周世钊遵照毛的嘱示，以后不断给毛抄寄旧诗。

1950 年毛泽东最早的诗论

1950 年 3 月 14 日，毛致函蒋竹如，说：

"……律诗是一种少数人吟赏的艺术，难于普及，不宜提倡，惟用民间言语七字成句有韵而非律的诗，即兄所指民间歌谣体制，尚是很有用的。弟于律诗，不会作而好读，前复东园兄信请他抄旧作寄我，未见寄来，却似乎因此引出尊兄寄来的诸多大作，使我非常高兴。韩信将兵，多多益善，寄重庆诗未收到，倘蒙多寄大作，极表欢迎。函此奉复，敬颂教礼！问候东园兄。"

此信中两次写到的"东园兄"，即周世钊。可以说这封信是毛最早的关于谈论诗歌的文稿，既是最早的诗论，也是最深刻的诗论文字。而此信与周有着密切关系。

1950 年周世钊赠诗《五律·过许昌》

1950 年 9 月 26 日清晨，周受毛之邀，北上相会。因故在河南许昌停留一日。周口吟《五律·过许昌》：

野史闻曹操，秋风过许昌。荒城临旷野，断碣卧斜阳。满市烟香溢，连畦豆叶长。人民新世纪，谁识邺中王！

这首诗与《过魏都》联诗对比，可以明显看出，周曾读到过《过魏都》。不久周即将这首五律寄赠毛，并导引出毛泽东的著名诗作《水调歌头 •游泳》。

《过许昌》与《过魏都》有其相似之处：两首诗所称颂的人物都是曹操，都流露浓厚的苍凉悲壮的情调；两首诗不但合拍押韵，而且还有"落夕阳"与"卧斜阳"字词的重复。[7]

1950 年的准对联

1950 年 10 月某日，毛泽东约王季范和周世钊等到中南海吃饭。周和王告别前，毛对周说，"你要我对一师师生提出一点希望，你为我写一个草稿何如？"周世钊考虑一会后说："我写不好，但您这样吩咐了，只好试试看。"
这就是毛嘱周代拟为一师的题词草稿。

1950 年 12 月 29 日，毛泽东致函周世钊说："嘱写的字给你写了，不知
可用否……"[10]

"嘱写的字"系指毛应周所求而书写的校牌"第一师范"和题词"要做人
民的先生，先做人民的学生"。毛的题词属于准对联。

1951 年毛泽东解释《沁园春·雪》

1951 年 8 月 21 日，周在其日记中记载了毛说："《沁园春》一词，只批
评了秦皇汉武、唐宗宋祖的不大行，并没有说明谁是行的；至于'数风流人
物，还看今朝'的说法，也并没有说明有谁行，指个人也好，指群众也可。"

毛泽东唯一一次对《沁园春·雪》的注释是 1958 年 12 月 21 日的自注，
两次解释有些不同。在 1951 年时，没有说明有谁行，今朝的风流人物既可以
是个人，也可以是群众。可是到了 1958 年，毛泽东斩钉截铁地指出，今朝的
风流人物只能指无产阶级了，既不是群众，也不是个人了。[8]

1955 年周世钊赠诗《七律·从毛主席登岳麓山至云麓宫》

1955 年 6 月 20 日，周等陪同毛重游湘江与岳麓山。这天深夜，周兴奋
得不能就寝入睡，写了一首旧诗，"滚滚江声走白沙，飘飘旗影卷红霞。直登
云麓三千丈，来看长沙百万家。故国几年空兕虎，东风遍地绿桑麻。南巡喜
见升平乐，何用书生颂物华。"此诗即时寄赠了毛。这首诗还被收进 1996 年
由中央文献出版社出版的《毛泽东诗词集》中，作为毛泽东诗作《七律·和
周世钊同志》的原诗[1]。

1955 年毛泽东著《七律·和周世钊同志》

1955 年 10 月 4 日，毛致函周，并和诗一首。

"读大作各首甚有兴趣，奉和一律，尚祈指政。春江浩荡暂徘徊，又踏层

峰望眼开。风起绿洲吹浪去，雨从青野上山来。尊前谈笑人依旧，域外鸡虫事可哀。莫叹韶华容易逝，卅年仍到赫曦台。"

1956 年毛泽东答词《水调歌头·长江》

1956 年 12 月 5 日，毛因周于 6 年前寄赠的《五律·过许昌》而致函周："时常记得秋风过许昌之句，无以为答。今年游长江，填了一首水调歌头，录陈审正。

水调歌头·长　江

才饮长沙水，又食武昌鱼。万里长江横渡，极目楚天舒。不管风吹浪打，胜似闲庭信步，今日得宽馀。子在川上曰；逝者如斯乎！　　风樯动，龟蛇静，起宏图。一桥飞架南北，天堑变通途。更立西江石壁，截断巫山云雨，高峡出平湖。神女应无恙，当惊世界殊。

1958 年毛泽东解释《七律·送瘟神二首》

1958 年 10 月 25 日，毛复函周释诗。摘要如下[10]：

"赐书收到，10 月 17 日的，读了高兴。受任新职，不要拈轻怕重，而要拈重鄙轻……

你的勇气，看来比过去大有增加。士别三日，应当刮目相看了。我又讲了这一大篇，无非加一点油，添一点醋而已。坐地日行八万里，蒋竹如讲得不对，是有数据的……"

1959 年周世钊著《一曲沁园春》

1959 年 4 月×日的《工人日报》及 5 月 3 日的《成都日报》刊登了周的《回忆毛主席"五四"前后在长沙》[11]，文章写道：

"这首诗不仅欣赏麓山秋水的秋色宜人，而因物兴感，充分表现了他英伟豪迈的气概，爽朗阔大的襟怀。'指点江山，激扬文字，粪土当年万户侯'正是他这时候恰如其分的写照。他的头脑中没有丝毫个人名利得失的尘滓，所以能够上天下地，自在翱翔；往古来今，略无罣碍。这种革命的乐观主义精神，使他在追求真理、组织革命的斗争中，战胜了一切紧张、艰苦、阻碍、危难和无数顽固的敌人，而勇往直前，毫无所惧。"

这是周最早对毛诗词的正式书面阐述。

1962 年，周世钊撰写《少年毛泽东的故事》书稿，其中有一篇《一曲沁园春》为其对毛泽东《沁园春·长沙》的论述[12]。

究竟是哪些人一起活动的呢？周没有写出，据文[13]披露：

"1917 年中秋节，毛泽东邀请罗学瓒、张昆弟、邹蕴真、彭道良、李端伦、张超、周世钊、邹彝鼎、李维汉、萧植藩、陈绍休、罗章龙、蔡和森等16 人，租用木船两只，环绕水陆洲游览了一圈。接着，席地坐在橘子洲头的草地里，漫谈"个人及全人类的生活向上问题"。

......

周世钊说：欲达此目的，非从学生时代开始不可。

......

讨论热烈非凡，不知不觉已过二更。清风明月，醉酒歌诗，大家还不愿散会。当晚，罗学瓒作《与诸友人雇舟畅游水陆游》诗词二首。

毛泽东、周世钊也开怀和诗。可惜，没有保存下来。当晚参加游览湘江、一起吟诗高歌的陈绍休，对毛泽东的诗赞赏道："润之气质沉雄，确为我校一奇士，但择友甚严，居恒骛高远而卑流俗，有九天俯视之慨。观其所为诗文，戛戛独造，言为心声，非修养有素不可臻此！"

1959 年毛泽东著《七律·到韶山》

1959 年 6 月，毛著《七律·到韶山》。我们是否可以推断，在 1959 年 6 月 27 日毛会见同学诗友周时，他就以当时新作示周，并征求意见。周读了这首《七律·到韶山》后，于次年导引著了《江城子·国庆日到韶山》。

1959 年毛泽东的"甚快"

1959 年 12 月 29 日，毛致函周，全信为[10]：

东园兄：

　　信及诗收读，甚快。我尚好。某先生楚辞，甚想一读。请你代候蒋竹如兄。又请你代候曹子谷先生，谢谢他赠诗及赠南岳志。顺祝
　　平安

毛泽东
12 月 29 日

　　毛对人对事的评价，往往言简意赅，一言九鼎。毛泽东读了这些诗词，其感受是"甚快"，这也是很高的评价了。

1960 年周世钊著《江城子·国庆日到韶山》

1960 年国庆日，周到韶山，写了一首词：

江城子·国庆日到韶山[2]

良辰嘉庆到韶山。赤旗边，彩灯悬。万朵红霞，荡漾碧峰前。似水人流流不尽，腾语笑，久留连。　　夜来场上响丝弦。鼓填填，舞翩翩。革命斗争，唱出好诗篇。唱到牺牲多壮志，人感奋，月婵娟。

　　此词是及时寄毛请其审正的。

1961 年毛泽东著诗《诗一首·答周世钊》

　　1961 年，毛在接到周的许多书信和诗词后，兴奋地挥笔撰著《诗一首·答周世钊》：

诗一首·答周世钊

九嶷山上白云飞，帝子乘风下翠微。

斑竹一枝千滴泪，红霞万朵百重衣。

洞庭波涌连天雪，长岛人歌动地诗。

我欲因之梦寥廓，芙蓉国里尽朝晖。

2003 年，中央文献出版社出版了《毛泽东诗词全编鉴赏》[14]。它在第 315 页上说："顺便提一下，在林克留存的抄件上标题也是《答周世钊》，推断可能抄自该诗的初稿。"[14]由此可见，1961 年，毛在撰著该诗初稿时是写了《诗一首·答周世钊》，这就是毛一写"友人是周世钊"。

1961 年毛泽东的生日书信

1961 年 12 月 26 日，毛 68 岁生日时，他致函周，全信为：

世钊同志：

惠书收到，迟复为歉。很赞成你的意见。你努力奋斗吧。我甚好，无病，堪以告慰。"秋风万里芙蓉国，暮雨朝云薜荔村"。"西南云气来衡岳，日夜江声下洞庭"。同志，你处在这样的环境中，岂不妙哉？

毛泽东
1961 年 12 月 26 日[10]

文[1]在其《七律·答友人》诗后的注释中写道："《答友人》这首诗写作者（指毛泽东）对湖南的怀念和祝愿。友人即周世钊（1897—1976）。周是湖南宁乡人，作者在湖南省立第一师范学校的同学，曾加入新民学会。这时任湖南省副省长。文[1]还说此信可以和《答友人》印证。

1963 年毛泽东的极为高兴

1963 年 3 月 24 日，毛致函周。摘要如下：

"去年及今年惠寄数函并附诗词，都已收到，极为高兴……嗣后如有所见，或有诗作，尚望随时见示为盼……"[10]

1963 年毛泽东著《诗一首·答周世钊同学》

1963 年 12 月的《毛主席诗词》中的《答友人》原为《答周世钊同学》。其依据为：文[16]说；友人即周世钊。文[1]中更加明确地指出："本诗作者手迹原题为'答周世钊同学'，后改为'答友人'"。文[14]中更是描述了该诗写作与发表的全过程："1963 年他（毛泽东）亲自主持编辑《毛主席诗词》时，此诗在清样稿上标题原为《答周世钊》……随后，作者在这个标题的周世钊名字后加上了'同学'二字，最后，他将'周世钊同学'五字去掉，把标题改定为《答友人》。"这就是二写"友人是周世钊"。周世钊外孙吴起凡曾于2006 年去中央档案馆目睹了此一珍贵文献。

1964 年毛泽东说"友人指周世钊"

1964 年 1 月 27 日，毛应《毛主席诗词》英译者的请求就自己诗词中的一些词句，一一作了口头解释。其中第 22 题的问话为："《七律·答友人》中的'友人'指谁？"毛答："'友人'指周世钊"[1]。这是毛三写"友人是周世钊"。

1964 年毛泽东书"兄可以意为之"

1964 年 1 月 31 日，毛致函周："两次惠书及大作两首，另附余同学信，均已收到……拙作解释，不尽相同，兄可以意为之，俟见面时详谈可也。"

1964 年毛泽东说"友人，指一个在长沙的老同学"

1964 年 2 月 4 日，毛答袁水拍：友人，是一个长沙的老同学……此处的"友人，是一个长沙的老同学"一语，基本上等同于"友人是周世钊"，这就是毛四写"友人是周世钊"。

毛是绝对聪明、绝对精明的人，怎么可能连自己一辈子唯一的一篇答友人中的"友人"也搞不清，要别人来纠正是三个人，岂非咄咄怪事？

毛在1961年、1963年、1964年一而再，再而三、三而四地书写"友人是周世钊"，是白纸上的黑字，是铁定了的史实。任何其他毫无证据的"回忆"、不是"友人"的自称"友人"都是应被否定的谣传，以还其历史本来面目。历史学的生命在于真实，为了彻底否定这种谣传，建议将《七律·答友人》恢复原题《七律·答周世钊》或《七律·答周世钊同学》，或拼题为《七律·答友人周世钊》。[17][18]

1964年周世钊撰著《毛主席诗词十首简注》

1964年2月14日，周撰著了《毛主席诗词十首简注》

1964年2月16日，周撰著了《毛主席诗词十首略释》

1964年周世钊著《伟大的革命号角　光辉的艺术典范》

1964年7月号，《湖南文学》刊发了周著的《伟大的革命号角　光辉的艺术典范——读毛主席诗词十首的体会》。

1964年周世钊谈毛泽东的诗词韵律

1964年周在《体会》中写道：他（指毛）创作的诗词，基本上采用了古典诗词的形式和它的格律，但为了更好地更自然地表达他的思想、感情，就不完全按照旧框框办事，而作出一些改革。如《蝶恋花·赠李淑一》一词，按照词律，上下两阕同韵，但毛主席却于下阕换了另一个韵；《人民解放军占领南京》本是用的阳韵，但第二句押了江韵，这种采取古典诗词格律、形式，而又不死守古典诗词格律、形式，在有必要的时候就突破旧框框的做法，也是毛主席对古典诗词又继承又革新的一个方面。

1965 年毛泽东说"以你的解释为准"

1965 年 1 月，毛与周在北京人民大会堂相见。周告诉毛泽东，现有一些人在为《毛主席诗词》作注释，理解不一致，建议应该有统一的比较标准的版本。毛告诉周："以你的解释为准。"

1966 年毛泽东的"极为高兴"与"如之何？"

1966 年 1 月 29 日，毛致周，信为："数接惠书及所附大作诗词数十首，均已收读，极为高兴。因忙，主要因懒，未及早复，抱歉之至。看来你的兴趣尚浓。我已衰落得多了，如之何，如之何？谨复。"

1968 年周世钊函吉林师大释毛诗

1968 年 7 月 16 日，周复函吉林师范大学中文系毛主席诗词学习班。信中写道："'斑竹''红霞'两句，可以把它比照《到韶山》'为有牺牲多壮志，敢教日月换新天'两句"。可见《七律·答友人》与《七律·到韶山》关系密切，《到韶山》也正是周《国庆日到韶山》的诗源。《到韶山》——《国庆日到韶山》——《答友人》形成"毛—周—毛"的答诗全过程。

1968 年毛泽东书"对联更拙劣"[3]

毛泽东在 1968 年 9 月 29 日复函周世钊说："拙作诗词，无甚意义，不必置理。我不同意为个人作纪念，请告附小。对联更拙劣，不可用。"

1969 年周世钊致周彦瑜

1969 年 1 月 9 日，周写信给女儿周彦瑜一封信。

"我在去年国庆前写了一信给毛主席，中间提了两个要求：①请指示近来各地编印的主席诗词注释本很多，究竟哪些是比较好的（因主席在 1965 年 1 月曾告我，有人在为他的诗词作注释）。②请为一师附小题写主席于 1920 年在一师附小任主事时所亲自撰写的一副对联"世界是我们的，做事要大家来"寄给附小。信中并说明一师附小已恢复主席当主事时的原貌。主席很谦虚地在回信（10 月 9 日的）中这样说："此信今天收读，甚慰。前两信都未见，可惜。拙作诗词，无甚意义，不必置理。我不同意为个人作纪念，请告附小。对联更拙劣，不可用。"

1971 年毛周在天安门上谈论诗词

1971 年"五一"国际劳动节，旅居北京的周世钊被邀请上天安门。毛和周等以其道地的湘音谈论毛泽东诗词等问题。毛仍主张那些注释本可不予置理，仍请周可以以意为之，仍说以他的注释为准，等等。

1971 年周世钊作学习《毛主席诗词》的报告

1971 年 11 月 27 日，周在长沙市中学语文教师学习《毛主席诗词》报告大会上的讲话。由长沙市教育局中学语文教学辅导站整理为《记录稿》。其中有："今年 3 月初，主席电召我到了北京，8 月 27 日返长。5 月初晋见了主席。我说，现在中小学都教《毛主席诗词》，可不可以搞一班子人搞点注解，让大家有个遵循。主席说，不要这样做，别人高兴怎么讲就怎么讲，不必限制人家。《诗经》讲了几千年，汉、唐、清各有讲法。"

1972 年周世钊的"龙盘虎踞水流东"

1972 年周著《七律·登钟山》。《登钟山》诗中的"龙盘虎踞水流东"就是从毛的《七律·人民解放军占领南京》中的"虎踞龙盘今胜昔"蜕化而来的。

1949 年 8 月，长沙和平解放，周思绪翻滚，写下了一首《七律·庆祝长沙解放》。诗中的"百万雄师奋迅雷"与毛的"百万雄师过大江"有着惊人的相似之处。

1972 年毛泽东赠《两般秋雨盦随笔》

1972 年 9 月，周旅居北京，时间久了，不免思乡。谁料毛于 1972 年 9 月 4 日赠书一套。书名《两般秋雨盦随笔》。书共 8 册，线装本。毛在书的扉页上写道：惇元兄阅存。并署上"毛泽东"三字。

1972 年毛泽东戏改古诗画林彪

1972 年 10 月 2 日，两位老人在中南海畅谈，也是他们最后一次面谈，谈话持续三个小时。谈到林彪问题时，毛、周都极度愤慨。毛念了一首古诗。诗为："豫章西望彩云间，九派长江九叠山。高卧不须窥石镜，秋风怒在侍臣颜。"念罢，毛接着说，如将"侍臣"改为"叛徒"，将此诗送给林彪是最恰当不过的。毛谈兴正浓时，又念了一段杜甫的诗："群山万壑赴荆门，生长明妃尚有村。一去紫台连朔漠，独留青冢向黄昏。"念罢，毛泽东又说："明妃"指的是林彪。

1974 年周世钊赠《诗词稿存》

1974 年 3 月 3 日，《周世钊同志诗词稿存》油印本出版了。《稿存》共收入周世钊诗 107 首，词 110 首，总计 217 首。所收诗词起讫年限为从 1946 年到 1974 年。

在 1974 年的政治文化气氛中，周世钊胆敢刻印自己的传统诗词集，并且赠送毛泽东及许多上层人士，其胆识不可谓不壮。

1974 年周世钊著《沁园春·韶山颂》

1974 年，周著《沁园春·韶山颂》，在创作不久即寄赠毛为其审正的。当时周给毛写了一封信。其草稿为：

尊敬的主席：

久未笺候起居。敬维康强胜昔！

最近，到京参加四届人大第一次会议，因旧病未痊加以时间短促，匆匆与省代表团南归，亦未留函陈报。深抱歉疚。自念老病之身，谫陋之质，德不进，学不修，而过蒙垂注、屡与安排、只有以剩余岁月，认真加强学习与加强继续改造，以期对社会主义事业有涓埃之贡献而已。

去年十二月下旬，住医院中，曾应湖南日报及湘江文艺之嘱，写了一首《沁园春·韶山颂》。原拟及时寄陈，亦推迟未办。兹特补寄，敬祈审正！

去年十月及十二曾写了《国庆颂》和《韶山颂》两首沁园春。特另纸抄陈，敬祈晒正！

余容续陈，敬祝健康！并贺春节！

1974 年周世钊讲稿

1974 年 8 月，《周世钊同志辅导学习〈毛主席诗词〉讲稿》由长沙市教学辅导站印出，它与 1971 年的纪录稿《周世钊同志在全市中学语文教师学习〈毛主席诗词〉报告大会上的讲话》大同小异，不过从《讲话》到《讲稿》，是经过周世钊再创作的。当然，它们都不可避免地存在大量时代的烙印。也只能由之。

1974 年周世钊曾写应景诗词

1974 年，周写了 3 首应景诗词。当时受了批林批孔的影响，他给自己在西安的女儿写了一封不得已的信件。信为："你寄湖医附二院的信收到已久。所寄诗词稿本，不知已收到否？望即函告，以便补寄。

我仍住医院，左手麻木之症颇见好转，所以仍未出院之故，一则想趁此时根治，二则医院也可以避避客，比家里清静多了。

西安此时当入秋凉境界，长沙因天久不雨气温仍在 34 度左右，夜深则比较凉快了。

最近，长沙文艺刊物请我写了几首应景诗词，另纸抄寄。望美潮提提意见。"

1975 年周世钊顶风评孔子

叶君健先生在文[23]中写道：

1975 年，毛诗英译定稿小组由袁水拍任组长，乔冠华、钱钟书、叶君健、赵朴初及英文专家苏尔·艾德勒任组员。当时为了译文的最后定稿，袁水拍建议由袁和叶一起去上海、南京、长沙、广州等地，向那里的一些大学外语系的师生及有关人士（如毛泽东的老友周世钊老人）征求意见。

袁水拍受当时政治气候的影响。对《游泳》一词中的"子在川上曰：逝者如斯夫"句，作了这样的修改和引申："孔丘，春秋时代政治上的顽固分子，反动思想家。他一生致力于维护和复辟奴隶制。由于他逆历史潮流而动，就哀叹过去的一切像流水似的一去不复返。"

这样一解释，"逝者如斯夫"的调子就很低沉了。这显然与原诗的意境不尽符合。我心里很不踏实，在长沙访问周世钊老人时，我特别就此句向他求教。他说：原文"逝者如斯夫"后面还有"不舍昼夜"句，这是"川流不息"的意思，并非"批孔"，也毫无消极的含义，而是号召人们要不断努力，积极建设社会，因为接着的一阕是"……起宏图。一桥飞架南北，天堑变通途……"这个理解很重要，使我意识到注释里面也有很大的政治，与原作的内容具有极为紧密的有机联系。我想这种情况对任何文学作品的翻译和注释都是如此。

1975 年周世钊论毛诗

1975 年第 7 期《语文战线》发表了周的《学好毛主席诗词，教好毛主席诗词》。该文曾被南京师范学院的《文教资料简报》总第 25 期转载。

1976 年周世钊读毛泽东的两首新作

1976 年 1 月号的《诗刊》发表了毛泽东的两首新词，当时周重病住院，他还抄写了一篇文献。

世上无难事　只要肯登攀

一九七六年来到了。今天发表了伟大领袖毛主席一九六五年的词两首：《水调歌头·重上井岗山》和《念奴娇·鸟儿问答》。这两篇光辉的作品，以高度的革命现实主义和革命浪漫主义相结合的艺术形象，描绘了国内外"天地翻覆"，"旧貌变新颜"的大好形势，歌颂了革命人民"可上九天揽月，可下五洋捉鳖"的英勇气概，揭示了马列主义必胜，修正主义必败的历史规律……

1976 年周世钊赠《诗词稿存》

1976 年《周世钊诗词稿存》刻印发表。《稿存》收著者 1946 年至 1976 年间的传统诗词作品，刻印得精美绝伦。曾赠寄毛等许多旧好为其审正。

《周世钊诗词选》出版后，获得各界认可，陆焕平先生在《同在一个世界里——毛泽东与诗友的真诚情谊》[20]中指出："由此看来，毛泽东与周世钊诗交最早、时间最长、诗词信件最多，他们是互为'第一诗友'的，其深厚友谊，将万古长存！

互为第一诗友

1. 何谓诗友？

检索了不少字典、辞典、辞源、辞海等，均找不到诗友的定义。唯在百度网上查到诗友的定义为：常在一起以诗词唱和的朋友。按此定义，诗友的标准是十分严格的，必须有唱和，当然答和也可以。

要研究毛与其诗友间的交往，必须首先弄清楚谁是毛的诗友的问题。笔者认为：毛泽东与其有诗词答和的诗友，只有周世钊、柳亚子、郭沫若、黄炎培与李淑一五人，称为毛泽东的五大诗友。毛的 10 首答和诗词中，只有 2 首有"毛—周—毛"答和过程，即所谓"二毛式"答和诗词；其他的均为"×—毛"："柳—毛""郭—毛""黄—毛"及"李—毛"的，即所谓"一毛式"答和诗词。五大诗友都是民主人士。可以说，毛以他的诗词进行一些统战工作。

2. 互为第一诗友[24]

周与毛的诗词交往，可以追溯到学生时代。当时周与毛诗词交流甚多，毛一次就赠送给周 50 首诗词。《毛泽东诗词集》中的毛三首答和周的诗词均可找到周之原诗[25]。1976 年初，周还写下了学习毛新发表的诗作的体会文字。纵观周的诗词史，在众多诗友中，毛是他的第一诗友。同样，纵观毛的诗词史，周是他的第一诗友。人称，周与毛是诗交最早（1915 年，甚至更早）、诗交时间最长（60 年，甚至更长）、谈诗论词信件最多、酬唱奉和颇欢的互为"第一诗友"的诗友。

结　语

（1）毛泽东与周世钊是诗交 60 多年的诗友，也是毛泽东诗《七律·答友人》中唯一的友人。

（2）毛泽东与周世钊是互为第一诗友的诗友。

参考文献

[1]毛泽东：毛泽东诗词集.中央文献出版社，1996

[2]周世钊：周世钊诗词选.湖南人民出版社，2000

[3]周彦瑜、吴美潮：毛泽东与周世钊.吉林人民出版社，1993

[4]吴美潮、周彦瑜：也谈毛泽东诗词的研究与出版.毛泽东思想研究，1985（4）

[5]季世昌：毛泽东诗词鉴赏大全. 南京出版社，1998

[6]彭靖：斯人一去邈难追. 新创作增刊，1984（4）

[7]吴美潮、周彦瑜：毛泽东的两首"毛—周—毛"答和诗词.东方红，2006（2）

[8]吴美潮、周彦瑜：毛泽东自注自释《沁园春·雪》的研究比较.东方红，2006（1）

[9]吴美潮、周彦瑜：毛泽东致周世钊书信手迹（待出版）

[10]毛泽东：毛泽东书信选集.人民出版社，1983

[11]周世钊：回忆毛主席"五四"前后在长沙. 成都日报，1959.5.3

[12]周世钊：少年毛泽东的故事.上海：少年儿童出版社，1979

[13]唐振南、周仁彦：学生时代的毛泽东.中央文献出版社，2007

[14]吴正裕、李捷、陈晋：毛泽东诗词全编鉴赏.中央文献出版社，2003

[15]吴功正：毛泽东诗词鉴赏.江苏古籍出版社，2001

[16]毛泽东：毛泽东诗词选.人民文学出版社，1991

[17]吴美潮、周彦瑜：周世钊是毛泽东《七律·答友人》中的唯一友人.信阳师范学院学报，2008（1）

[18]周彦瑜、吴美潮：评毛泽东《七律·答友人》中的"友人"三人说.信阳师范学院学报，2008（1）

[19]周彦瑜、吴美潮：周世钊三谏毛泽东.纵横，2006（1）

[20]吴直雄、陆焕平等：毛泽东诗词研究丛刊（Ⅱ）.中央文献出版社，2005

[21]杨里昂：诗海潮天.湖南文艺出版社，2005

[22]钱理群、袁本良：20世纪诗词注评.广西师范大学出版社，2005

[23]叶君健：回忆翻译毛泽东诗词.华东师范大学出版社，2008

[24]吴美潮、周彦瑜：互为第一诗友的毛泽东与周世钊.毛泽东思想研究，2000（3）

[25]吴美潮、吴起凡、周彦瑜：毛泽东答和周世钊三首诗词的周著原诗考.上海交通大学学报，2001（2）

湖南一师校长童小娇一行
赴北京拜访八班校友后人

2021年第1期的《湖南第一师范学院校友会简讯》刊出《湖南一师校长童小娇一行赴北京拜访八班校友后人》。[57]全文如下：

2021年5月30日，校长童小娇带队赴北京，拜访了我校八班校友后人毛主席的孙子毛新宇及其夫人刘滨、周世钊的女儿周彦瑜及女婿吴美潮。随行人员有副校长蒋蓉、"毛泽东与第一师范"纪念馆馆长艾建玲、国际合作与交流处处长何晓斓。

童校长感谢大家对主席母校的关心和支持，并向大家介绍了学校的发展近况和规划。交谈中，毛新宇夫妇非常关心学校的师范教育，就如何加强师德师风建设、培养学生的教育情怀等方面提出了很好的意见，建议学校加强毛泽东教育思想研究，并希望明年能来湖南长沙看看爷爷的母校。

周彦瑜夫妇对童校长一行的到来表示热烈欢迎，热情地介绍了在北京的一师校友后代情况，对学校校友联络和宣传工作提出了宝贵的建议。他们回忆起父亲周世钊讲述的一师相关情况，并找出了很多父亲的手稿，向学校赠送了由周世钊著，周彦瑜、吴美潮等整理的《毛泽东青少年时代的故事》一书。

童校长对他们为学校发展和校友工作提出的意见和建议表示衷心感谢，并特别感谢他们给学校提供了许多宝贵的信息和资料，并诚挚地邀请他们来学校指导工作。

校长童小娇一行赴北京拜访八班校友后人

5月30日，校长童小娇带队赴北京，拜访了我校八班校友后人毛主席的孙子毛新宇及其夫人刘滨、周世钊的女儿周彦瑜及女婿吴美潮，随行人员有副校长蒋蓉、"毛泽东与第一师范"纪念馆馆长艾建玲、国际合作与交流处处长何晓斓。

童校长感谢大家对主席母校的关心和支持，并向大家介绍了学校的发展近况和规划。交谈中，毛新宇夫妇非常关心学校的师范教育，就如何加强师德师风建设、培养学生的教育情怀等方面提出了很好的意见，建议学校加强毛泽东教育思想研究，并希望明年能来湖南长沙看看爷爷的母校。

周彦瑜夫妇对童校长一行的到访表示热烈欢迎，热情地介绍了在北京的一师校友后代情况，对学校校友联络和宣传工作等提出了宝贵的建议，并表示愿意协助学校做好校友后人的联系工作。他们回忆起父亲周世钊讲述的一师相关情况，并找出了很多父亲的手稿，向学校赠送了由周世钊著，周彦瑜、吴美潮等整理的《毛泽东青少年时代的故事》一书。

童校长对他们为学校发展和校友工作提出的意见和建议表示衷心感谢，特别感谢他们给学校提供了许多宝贵的信息和资料，并诚挚地邀请他们来学校指导工作。

童校长一行拜访八班校友后人

参 考 文 献

[1]周彦瑜、吴美潮：毛泽东与周世钊[M].吉林长春：吉林人民出版社，1993

[2]周一平.毛泽东生平研究史[M].北京：中共党史出版社，2006

[3]杨飞、童小珍、谭鑫. 人生要读的一百本书[M].北京：中国和平出版社，2006

[4]孙海林、葛意诚. 湖南第一师范名人谱[M].湖南长沙：湖南第一师范，2003

[5]莫志斌.青年毛泽东思想研究[M].湖南长沙：湖南师范大学出版社，2003

[6]毛泽东.毛泽东诗词集[M].北京：中央文献出版社，1996

[7]周世钊.周世钊诗词选[M].湖南长沙：湖南人民出版社，2000

[8]季世昌.毛泽东诗词鉴赏大全[M].江苏南京：南京出版社，1998

[9]尹高朝.毛泽东和他的 24 位老师[M]北京：中央文献出版社，2001

[10]戴梅汉.青年毛泽东与他的湘籍师友[M].湖南长沙：湖南人民出版社，1993

[11]吴美潮、周彦瑜.也谈毛泽东诗词的研究与出版[J].毛泽东思想研究，1985（4）

[12]彭靖.斯人一去邈难追[J].新创作增刊，1984（4）

[13]杜忠明.毛泽东对联赏析[M].北京：中共文献出版社，2005

[14]吴美潮、周彦瑜. 毛泽东的两首"毛—周—毛"答和诗词[J].东方红，2006（2）

[15]周世钊.毛主席青年时期的故事[M].北京：中国少年儿童出版社，1977

[16]周世钊.回忆毛主席"五四"前后在长沙[N].成都日报，1959.5.3

[17]周世钊.少年毛泽东的故事[M].上海：少年儿童出版社，1979

[18]周世钊.伟大的革命号角　光辉的艺术典范——读毛主席诗词十首

的体会[J].湖南文学，1964（7）

[19]周世钊.长沙市中学语文教师学习《毛主席诗词》报告会上的讲话[J].长沙，1971.11.27

[20]唐振南、周仁秀.学生时代的毛泽东[M].北京：中央文献出版社，2007

[21]毛泽东.毛泽东年谱[M].北京：中央文献出版社，2013

[22]吴美潮、周彦瑜.毛泽东自注自释《沁园春·雪》的研究比较[J]. 东方红，2006（1）

[23]周世钊.毛主席诗词十首简注[J].长沙，1964.2.16

[24]周世钊.毛主席诗词十首略释[J].长沙，1964.2.16

[25]钱理群、袁本良.20世纪诗词注释[M].广西桂林：广西师范大学出版社，2005

[26]毛泽东.毛泽东书信选集[M].北京：人民出版社，1983

[27]李子建.毛泽东诗词美学新探[M].北京：中央文献出版社，2003

[28]毛泽东.毛泽东诗词选[M].北京：人民文学出版社，1991

[29]王毅. 岳麓山诗词选[M].湖南长沙：湖南人民出版社，1985

[30]吴正裕、李捷、陈晋.毛泽东诗词全篇鉴赏[M].北京：中央文献出版社，2003

[31]龚国基.诗家毛泽东[M].北京：中央民族大学出版社，2004

[32]中国毛诗会.毛泽东诗词研究丛刊[M].北京：中央文献出版社，2005

[33]周世钊.毛泽东青少年时期锻炼身体的故事[M].北京：人民体育出版社，1978

[34]周世钊.永远难忘的一天[J].北京：中国青年出版社，1985

[35]叶君健.回忆翻译毛泽东诗词[J].中外书摘，1997（1）

[36]季世昌.从《水调歌头·游泳》看毛泽东对作品的反复推敲[N].南京日报，1995.12.2

[37]何舟.毛主席雕像群运抵湘潭[N].北京晚报，2005.12.5

[38]齐得平.毛泽东三封书信写成年份考[J].党的文献，1998（3）

[39]吴功正.毛泽东诗词鉴赏[M].江苏南京：江苏古籍出版社，2001

[40]徐涛.毛泽东的保健养生之道[J].缅怀毛泽东，北京：中央文献出版社，1993（3）

[41]张步其.红墙里的桑梓情[M].北京：八一出版社，1993

[42]何联华.毛泽东诗词新探[M].湖北武汉：武汉出版社，1996

[43]毛泽东.毛主席诗词[M].北京：人民文学出版社，1963

[44]毛泽东.毛主席诗词三十七首[M].北京：文物出版社，1963

[45]毛泽东.重上井冈山[J].诗刊，1976（1）

[46]吴美潮、周彦瑜．毛泽东四写"友人是周世钊"[J].文史拾遗，2006（4）

[47]吴直雄.毛泽东对杜甫诗并未妄加贬抑[J].毛泽东思想研究．哈尔滨：黑龙江人民出版社，2003（6）

[48]杨里昂.诗海潮天[M].湖南长沙：湖南文艺出版社，2005

[49]周世钊.学好毛主席诗词　教好毛主席诗词[J].语文战线，1975（7）

[50]毛系瀛、朱光岳．解读毛泽东诗词的几把钥匙[J].中国毛诗会研究丛刊，2005

[51]周彦瑜、吴美潮.长岛人歌动地诗[M].肝胆相照见真情，北京：中国文史出版社，1999

[52]周彦瑜、吴美潮.长岛人歌动地诗[M].相遇贵相知，辽宁沈阳：辽宁教育出版社，1987

[53]吴美潮、周彦瑜.互为"第一诗友"的毛泽东与周世钊[J].毛泽东思想研究，2000（3）

[54]吴美潮、周彦瑜.周世钊是毛泽东《七律·答友人》中的唯一友人[J].信阳师范学院学报，2008（1）

[55]周彦瑜、吴美潮．评毛泽东《七律·答友人》中的"友人"三人说[J].信阳师范学院学报，2008（1）

[56]吴美潮、周彦瑜.毛泽东与周世钊的传奇诗交[J].中国毛泽东诗词研究会第11届年会论文集，陕西延安，2011（12）

[57]湖南一师校友会.校长童小娇一行赴北京拜访八班校友后人[J].湖南第一师范学院校友会简讯，2021（7）

[58]陈晋.独领风骚——诗人毛泽东[M].相遇贵相知，辽宁沈阳：万卷出版公司，2004

[59]季世昌、徐四海.毛泽东诗词唱和[M].河南郑州：河南文艺出版社，2015

后　记

2006 年，是毛泽东、周世钊逝世 30 周年纪念，我们受周用宜的启发，萌生了编著本书的愿望。

2023 年，是毛泽东、周世钊相识 110 周年的纪念年，也是毛泽东 130 周年诞辰。我们在有关领导与友好的支持与启示下，经过十余年的努力，终于完成了这本《周世钊论毛泽东诗词》的编撰。

陈晋在《诗人毛泽东》的第二集[58]中写道："1973 年 7 月，在中南海游泳池那间卧室兼书房里，毛泽东和来访的诺贝尔奖获得者杨振宁有过一次别有深意的对话。

"杨振宁：'我读到主席的《长征》那首诗，很受鼓舞。'

毛泽东：'长征是我们同蒋介石在作斗争，那首诗是我们长征快要结束的时候写的。'

杨振宁：'毛主席的诗我都念了，起先不懂，看到注释后，懂得多一点。'

毛泽东：'有些注释不大对头，就像《诗经》，是两千多年以前的诗歌，后来作注释，时代已经变了，意义也不一样，百把年以后，对我们的这些诗都不懂了。'"

毛泽东希望有同代人注释他的诗词。

毛系瀛、朱光岳在文[50]中说：自从毛泽东诗词发表以来，毛泽东的战友和当代多位专家、学者，就陆续发表评论，有的还出版了专著，早期如臧克家、周振甫、吴石天的专著，郭沫若、谭佛雏、周世钊的专论，均具权威性，是探询毛泽东诗词这座宝塔山的最早的路标，是我们的必读之书，启蒙之书。

我们将周世钊论毛泽东诗词搜集、梳理是有价值的。

1973 年 7 月，毛泽东对杨振宁说："百把年以后，对我们这些诗都不懂了。"《周世钊论毛泽东诗词》涉及的史实均是 50 多年以前甚至 100 多年以前的文字，时过境迁，肯定存在时代烙印，为尽力保持原貌，照史实录，尚望读者注意、理解。

我们是学理工的，对于文学与诗词纯属门外汉。因此本书必然存在不足之处，亟盼专家与读者们的教正与指导。

本书幸运地蒙华国锋同志题字。华国锋是毛泽东与周世钊的老友，我们十分感谢他的赐墨。

本书责任编辑全秋生给予我们良多帮益与指导，一并致谢！

在编撰过程中，中央档案馆提供了档案复印件；周思源、陈出亚提供了文献资料；我们表示感谢。同时十分感谢参加本书审阅、编辑、出版、校对、印刷、发行的所有工作人员，大家辛苦了。

图书在版编目（ＣＩＰ）数据

周世钊论毛泽东诗词 / 毕桂发主编 ；吴起凡，周彦瑜，吴美潮编著. -- 北京 ：中国文史出版社，2023.5
（毛泽东谈文论史全编）
ISBN 978-7-5205-4577-8

Ⅰ.①周…Ⅱ.①毕…②吴…③周…④吴…Ⅲ.
①主席诗词－研究Ⅳ.①A841.4

中国版本图书馆 CIP 数据核字 (2023) 第 245031 号

责任编辑：全秋生

出版发行：中国文史出版社
地　　址：北京市海淀区西八里庄路 69 号　　邮编：100142
电　　话：010－81136602　　81136603　　81136606　（发行部）
传　　真：010－81136655
印　　装：廊坊市海涛印刷有限公司
经　　销：全国新华书店
开　　本：787mm×1092mm　　1/16
印　　张：25　　字数：400 千字
版　　次：2024 年 1 月北京第 1 版
印　　次：2024 年 8 月第 3 次印刷
定　　价：76.00 元